21世纪普通高等院校系列教材

旅行社经营与管理

主　编　刘　燕
副主编　郭　凌　胡家镜
　　　　吕兴洋　林　爽

西南财经大学出版社
中国·成都

图书在版编目(CIP)数据

旅行社经营与管理/刘燕主编.—成都:西南财经大学出版社,2021.6
ISBN 978-7-5504-4774-5

Ⅰ.①旅… Ⅱ.①刘… Ⅲ.①旅行社—企业经营管理
Ⅳ.①F590.63

中国版本图书馆 CIP 数据核字(2021)第 005779 号

旅行社经营与管理

LÜXINGSHE JINGYING YU GUANLI

主　编:刘　燕
副主编:郭　凌　胡家镜　吕兴洋　林　爽

策划编辑:邓克虎
责任编辑:李特军
封面设计:杨红鹰　张姗姗
责任印制:朱曼丽

出版发行	西南财经大学出版社(四川省成都市光华村街 55 号)
网　　址	http://cbs.swufe.edu.cn
电子邮件	bookcj@swufe.edu.cn
邮政编码	610074
电　　话	028-87353785
照　　排	四川胜翔数码印务设计有限公司
印　　刷	郫县犀浦印刷厂
成品尺寸	185mm×260mm
印　　张	12.5
字　　数	299 千字
版　　次	2021 年 6 月第 1 版
印　　次	2021 年 6 月第 1 次印刷
印　　数	1— 2000 册
书　　号	ISBN 978-7-5504-4774-5
定　　价	35.00 元

前言

近年来，我国旅行社行业环境和商业模式都处于剧烈的变革中。首先，随着国民旅游稳居我国旅游经济运行的绝对主体地位，特别是出境旅游的持续繁荣，使我国成为亚洲最大的国际旅游客源国。在这一背景下，传统旅行社的经营活动重心逐步转向客源的组织和产品的开发。其次，在以互联网为代表的技术环境和散客化、自助游的消费环境的共同作用下，大量面向散客市场、以单项旅游产品预订为主的新型业态和商业模式被创新出来。这些新模式和新业态既对传统的旅行社形成了一定冲击，也在市场上扩大了旅行服务运营商的服务空间。最后，由于政治经济活动持续推进，政府对旅行社行业的行政规制也在不断调整中，总的方向是旅行社的特殊性质趋于淡化，除了出境旅游业务，政府主管部门对旅行社的行政管理更加强调其企业共性的一面。

《旅行社经营与管理》是为高等学校旅游管理专业主干课程“旅行业务管理”“旅行社经营与管理”编写的教材。本书在编写过程中坚持了科学性和实用性的原则，注重教材内容的完整性和系统性，使它既能反映我国旅行社经营管理的水平，也能反映国际旅行社业的发展趋势。本书共分为十章，分别为旅行社概述、旅行社的设立、旅行社产品开发、旅行社产品营销、旅行社计调管理、旅行社接待业务管理、旅行社质量管理、旅行社风险管理、在线电商发展与经营、旅行社发展战略与趋势。本书内容丰富，结构合理，理论与实践紧密结合，在注重理论阐述的同时，也强调了技能的实际应用。同时，本书引用了大量案例，深入浅出地阐述了相关理论及其应用，有助于学生快速掌握相关知识。

本书是集体创作的结果，参与本书编写的人员有四川农业大学的刘燕副教授（第三、五、八、九章）、郭凌教授（第一、十章）、胡家镜副教授（第二、七章），以及西南财经大学的吕兴洋副教授（第四章）、河南财经政法大学的林爽博士（第六章）。全书由刘燕副教授负责框架与大纲的设计以及统稿工作。感谢四川农业大学旅游学院的硕士研究生李谦、赵盼、肖琛琛、屈智瑞、葛鸿、刘和芳为本书所做的大量资料收集与校稿工作。在本书的编写过程中，全体参与人员在各自繁重的教学科研任务中，共同努力，按时完成编写，让我们感受到了跨院校团队的合作精神。值此本书出版之际，向全体参与人员表示衷心的感谢。

在本书的编写过程中，我们参阅了大量有关旅行社经营与管理的文献和著作。但由于作者能力有限，本书可能存在不足及待完善之处，我们诚挚地期待广大读者批评指正。我们相信，读者的参与和批评是推动中国旅游教育和学术进步重要的因素之一。

编者

2021 年 1 月

目录

第[illegible]章 旅行社发展战略与趋势

第一章 旅行社概述

【任务要求】

1. 了解旅行社的产生与发展过程，能够对旅行社有基本认识。
2. 理解旅行社的概念，熟悉旅行社的性质，掌握旅行社的职能。
3. 不同国家和地区的旅行社在分工体系方面存在差异，从而导致旅行社分类存在差异，了解欧美国家旅行社的分类，认识日本旅行社的分类，掌握中国旅行社的分类。

第一节 旅行社的产生与发展

一、旅行社产生的背景

旅行社的产生是经济、科技和社会分工发展的直接结果，同时也是旅游业长期发展的必然产物。旅行社是为人们的旅游活动提供服务的专门机构，旅游活动的发展是旅行社得以产生和发展的前提。随着世界范围内旅游活动的发展与繁荣，旅行社已经成为世界旅游业的三大支柱之一。

旅行社产生于19世纪40年代，是旅游业中最具有代表性的行业，它是一定经济和社会背景下的产物。旅行社的产生和发展经历了一个较长的过程，古代商人、朝圣者、文人、游牧民族的出行都可视作旅行。18世纪60年代的工业革命为现代旅游业的产生创造了基本条件，改变了人们在世界范围内的出行方式和旅游业的发展方向。它对旅游发展的影响主要表现在四个方面。

（一）工业革命加速了城市化的发展

城市化使得人们的工作重心从农村转移到城市和工业区。人们生活在节奏快和环境污染严重的工业城市，产生了适时逃离紧张、嘈杂的环境和回归大自然的需求。

（二）工业革命改变了工人的工作性质

随着城市化进程的加快，大量人口涌入城市，原先随农时变化忙闲有致的多样性农业变成了枯燥、重复的单一性大机器工业劳动。长时间的机械操作使工人们倍感疲劳，他们渴望远离这种压抑枯燥的城市生活。因此，他们对旅行度假产生了强烈的需求，渴望回归田野、追求宁静，这也进而促使他们的生活方式发生变化，外出旅行成为经常性活动。

（三）工业革命促进了交通服务设施的进步

1769 年，瓦特发明的蒸汽机技术很快被用于制造新的交通工具，如蒸汽机轮船、蒸汽机车等快速省时、低价方便、容量大的交通工具为旅行提供了便利，尤其是铁路运输的发展，极大地提高了运输能力，缩短了运输时间。同时，在铁路、公路沿线和港口码头建立起了供行人和游客使用的旅馆、餐馆、咖啡厅及现代饭店的雏形。这些服务机构不仅为旅途中的人们提供了方便，而且也促使铁路、公路沿线的主要城镇、交通枢纽等产业结构发生了相应的变化。这些都为旅行社的发展和成熟提供了条件和机会。

（四）工业革命改变了社会结构

工业革命促进了社会生产力的发展，资产阶级规模日趋扩大，为旅游的发展奠定了必要的基础。工业革命以前，只有少数富人和贵族才有时间和精力参与消遣性旅行活动；工业革命以后，社会结构发生改变，旅游不再是上层社会的专利，新兴资产阶级有了时间和金钱的保证，也将度假、旅游看作生活中的重要内容。另外，随着生产力的提高和工人阶级的不懈斗争，资本家在增加工资和实行带薪假期方面做出让步，使广大劳动者有可能进入旅行行列。

二、世界旅行社的发展历史与现状

（一）世界旅行社的产生

受工业革命的影响，旅行活动的条件逐渐成熟，大众旅行逐渐成为可能。在这一背景下，托马斯·库克（Thomas Cook）作为世界上第一位专职旅行代理商登上了历史舞台，他是近代旅游之父。

1841 年，托马斯·库克在创造性地以包租火车的形式组织 570 人从莱斯特到拉夫伯勒参加禁酒大会之后，又多次组织类似铁路旅行的活动。1845 年，托马斯·库克在家乡莱斯特成立了世界上第一家旅行社——托马斯·库克公司，成为世界上第一个专职旅行代理商，这标志着近代旅游业的诞生。

1845 年夏天，托马斯·库克组织了世界上第一个为期一周的团体观光消遣旅游团，从莱斯特到利物浦，他先考察确定了沿途各参观旅游点，并安排了当地的餐饮和住宿，回来之后又编写了一本《利物浦之行手册》发给游客，且为其配备了专职导游。这次活动被视为托马斯·库克公司旅游业务的真正开端。

1851 年，托马斯·库克组织了 16.6 万人次参加“伦敦水晶宫”博览会。

1855 年，托马斯·库克创造性地组织了从英国莱斯特前往巴黎的旅游，这是世界上组织出国包价旅游的开端，全程一次性包价，其中包括在巴黎的住宿和往返旅费，总计 36 先令。他先后组织了 50 万人次参加此类活动。到 1864 年，经托马斯·库克组织的旅游人数已达 100 多万。

1874 年，考虑到游客在旅途中携带现金既不方便又不安全，托马斯·库克推出流通券。持券人凭券不仅可在指定的运输公司和饭店中支付，还可以在外国的一些银行兑取现金，后来的旅行支票便是由这种流通券发展而来。

1878 年，托马斯·库克退休，公司业务由其子约翰·梅森·库克经营。

1829 年，托马斯·库克父子的公司与欧洲国际卧车公司合并，成为全球最大的旅行社之一。

（二）世界旅行社的发展历程

1. 旅行社发展的萌芽阶段（1845—1918 年）

为满足各地人们日益增长的旅行需求，从 1845 年托马斯·库克创办第一家商业旅行社开始，各种类似的旅游机构在世界各地迅速发展起来。这一时期的旅行社已初具现代旅行社的特点，其具体表现为规模较小，数量有限，业务种类相对单一，经营业务多为国内旅游和近程境外旅游。

2. 旅行社发展的成长阶段（1919—1949 年）

旅行社的成长期从第一次世界大战结束开始，到第二次世界大战结束为止。这个时期的旅行社数量有了较大的增长，规模也有所扩大。市场出现了旅行社业三大巨头，即美国运通公司、英国托马斯·库克公司和比利时的铁路卧车公司。同时，旅行社经营项目也扩大到长途旅游项目，经营地区扩大到欧美以外的亚非和拉美等地区。此外，参与旅游的客人越来越多，需求种类多样化使旅游产品多样化，由纯观光旅游发展成观光、探险等多个旅游品种。

3. 旅行社发展的繁荣阶段（1950—1989 年）

第二次世界大战以后，科技的进步、交通运输业的发展以及新技术的广泛应用，都促进了社会生产力的提高。喷气式客机等新型交通工具的出现为人们进行长途旅行提供了便利的交通条件，极大缩短了旅途中的交通时间。人们的可支配收入大幅度增加、西方社会“带薪休假”的普遍实施、人们闲暇时间的增多……这都为旅游业的迅速发展和快速普及奠定了物质基础，加上这一时期交通条件的改善，旅行社行业进入繁荣发展时期。同时，全球大型旅游企业纷纷到世界各地设置分支机构，组成了遍布世界的旅游服务网络。

（三）世界旅行社的发展现状

20 世纪 90 年代以来，旅游市场开始出现个性化旅游的新特征。而互联网的出现为人们个性化旅游的实现提供了更加丰富的信息。人们可以从旅行社网站、旅游目的地网站获得自己想要的旅游资讯，传统的旅行社企业开始利用网络技术提升企业经营管理能力，网络化旅行成为旅行社发展的必然趋势。

与此同时，世界旅行社出现两极分化的趋势，以超大型旅行社和数量庞大的小旅行社为主，共同构成世界旅行社业。欧美发达国家的一些大型旅行社企业，利用自身强大的资本实力，进行全球范围的兼并、收购与战略联盟，逐渐形成了一批实力雄厚、市场占有率高、经营业务广、能够对市场产生重要影响的旅行社业巨头。

三、中国旅行社的发展历史与现状

（一）中国旅行社的产生

中国最早的旅行社——中国旅行社产生于20世纪20年代。1923年，上海商业储蓄银行总经理陈光甫先生在上海商业储蓄银行设立了“旅行部”，为游客代售车船票，预订舱位、铺位和旅馆，承担接待业务，派遣导游代管行李，发行旅行支票等。1924年，上海商业储蓄银行旅行部组织了首批由上海赴杭州游览的国内旅行团。经过几年努力，旅行部业务逐渐拓展，先后在铁路沿线和长江各主要港口城市设立办事机构11处。1927年7月，该旅行部独立并更名为“中国旅行社”，这是中国第一家旅行社，即现在的香港中国旅行社股份有限公司的前身。

（二）中国旅行社的发展

纵观中国旅行社的发展，可分为四个阶段，即新中国成立以前的萌芽阶段、改革开放以前的初创阶段、中国旅行社的恢复发展阶段、中国旅行社的全面发展阶段。

1. 新中国成立以前的萌芽阶段（1923—1948年）

中国旅行社产生于20世纪20年代。这一时期，由于战乱和中国经济的不发达，中国的旅游业规模较小、发展缓慢，在其艰苦的创业过程中，其业务范围遍及华东、华北、华南等地区。之后相继出现过不少类似的旅游中介机构，如中国汽车旅行社、公路旅游服务社、萍踪旅行团、现代旅行社等，虽然它们中的大多数在后来的竞争中自然解体，规模和影响也不如中国旅行社，但其对促进中国旅游业的发展同样功不可没。

2. 改革开放以前的初创阶段（1949—1978年）

自1949年新中国成立到1978年，是中国旅游业的政治接待时期。新中国第一家旅行社是1949年11月19日成立的厦门华侨服务社（现名厦门中国旅行社），其当时是为满足华侨和侨眷出入国探亲旅游而设立的。此后，为进一步加强与世界各国的交流与合作，满足对外接待工作的需要，经国务院批准成立了两个旅行社系统。一个是1954年成立的中国国际旅行社总社及其分支社；另一个是1957年由各地的华侨服务社组建而成的华侨旅行社（1974年改名为中国旅行社）总社及其分支社。20世纪50年代到20世纪70年代末，按行政和事业单位运转的中国国际旅行社系统垄断了中国的旅行社行业。从规模上看，尽管其业务都有所发展，但接待量一直不大。这一时期，两家旅行社一直从事以政治目的为主的对外接待工作，但因其不以营利为目的，所以基本上不具备企业的性质。

3. 中国旅行社的恢复发展阶段（1979—1989年）

党的十一届三中全会后，特别是随着旅游业被纳入国民经济发展计划以后，旅行社逐步转变为以经营服务为主的经济性产业。1979年中国青年旅行社成立，这标志着中国旅行社业三足鼎立局面的形成。1980年，这三家旅行社接待的来华旅游者占到全国有组织接待人数的80%，其余20%由其他政府机构组织接待。

随着旅游业的进一步发展，为适应旅游业发展的新形势，1984年，国务院就我国旅行社的体制改革做出了两项决定：一是打破垄断，允许各旅行社之间展开竞争；二是旅行社由行政或事业单位改为企业。同年，国家旅游局决定将旅游外联权下放，允许更多的旅行社经营国际旅游业务，并授予它们业务经营所必需的签证通知权。

4. 中国旅行社的全面发展阶段（1990 年至今）

在此期间，我国旅行社行业进行了结构调整，撤并了一批规模小、经济效益差、服务水平低的旅行社，扶持壮大了一批骨干旅行社，使旅行社市场竞争秩序明显好转，企业接待规格有所提高，实现了在结构调整中的平稳发展。1996 年，全国的旅行社发展到 4 252 家，2011 年全国共有旅行社 23 865 家。与此同时，我国旅行社又大力发展国内旅游市场，有的放矢地推出各种适应国内旅游者特点的产品，取得了良好的效果。为了适应我国旅行社行业的变化和发展，1995 年国家旅游局颁布了《旅行社质量保证金暂行规定》，使我国旅行社行业的宏观管理更趋严谨和合理。2009 年 5 月中华人民共和国国务院颁布实施的《旅行社条例》，降低了旅行社准入门槛。2009 年 12 月国务院关于加快旅游业发展成为国家战略性支柱产业的政策出台，为我国旅行社行业的进步、发展提供了有利条件，我国旅行社业逐步进入一个前所未有的大发展时期。

旅行社这类企业存在和发展的原因，在于创造了一种新的信息传递方式和资源组合方式。这两种方式的结合形成了在这一领域的富有效率的经济组织，以企业的规模性替代了个体旅游服务的零散性和游击性；以企业的整体形象降低了市场销售变化的冲击；以集团化、网络化、高新科技化创造了更新、更好的信息传递机制，从而在旅游市场竞争中得以生存和持续发展。

第二节　旅行社的性质与职能

一、旅行社的概念与性质

（一）旅行社的概念

旅行社是为人们旅行提供服务的专门机构，在不同的国家和地区有着不一样的含义。其主要表现为五类。

（1）世界旅游组织（World Tourism Organization，简称 UNWTO）对旅行社的定义是：零售代理机构向公众提供关于可能的旅行、居住和相关服务，包括服务酬金和条件的信息；旅行组织者、制作商或批发商在旅游需求提出前，以组织交通运输、预订不同方式的住宿和提出所有其他服务为旅行和旅居做准备。

（2）美洲旅行社协会（American Society of Travel Agents，简称 ASTA）对旅行社的定义是：接受一个或一个以上法人委托，从事旅游销售业务或提供有关服务的个人或公司。

（3）欧美国家对旅行社的定义是：旅行社是一个以持久营利为目标，为旅客和游客提供有关旅行及居留服务的企业。

（4）中国台湾地区将旅行社称为“旅行业”，在其《发展观光条例》第二条第八款中，对旅行业的性质做出如下定义：旅行业是指为旅客代办出国及签证手续，或者安排观光旅客旅游、食宿及提供有关服务而收取报酬的事业。

（5）中华人民共和国国务院2009年5月1日颁布的《旅行社条例》规定：旅行社是指从事招徕、组织、接待旅游者等活动，为旅游者提供相关旅游服务，开展国内旅游业务、入境旅游业务或出境旅游业务的企业法人。这里所称的“招徕、组织、接待旅游者”“提供相关旅游服务”，主要包括安排交通服务，住宿服务，餐饮服务，观光游览、休闲度假等业务，导游、领队服务，旅游咨询、旅游活动设计服务。此外，旅行社还可以接受委托，提供下列旅游服务。

①接受旅游者的委托，代订交通客票、代订住宿和代办出境、入境、签证手续等。

②接受机关、事业单位和社会团体的委托，为其差旅、考察、会议、展览等公务活动代办交通、住宿、餐饮、会务等事务。

③接受企业委托，为其各类商务活动、奖励旅游等代办交通、住宿、餐饮会务、观光游览、休闲度假等事务。

④其他旅游服务。所列出境、签证手续等服务，应当由具备出境旅游业务经营权的旅行社代办。其中，《旅行社条例》中所称的国内旅游业务是指旅行社招徕、组织和接待中国内地居民在境内旅游的业务。入境旅游业务是指旅行社招徕、组织、接待外国旅游者来中国旅游，中国香港特别行政区、中国澳门特别行政区旅游者来内地旅游，中国台湾地区居民来大陆旅游，以及招徕、组织、接待在中国内地的外国人，在内地的中国香港特别行政区、中国澳门特别行政区居民和在大陆的中国台湾地区居民在境内旅游的业务。出境旅游业务是指旅行社招徕、组织、接待中国内地居民出境旅游，赴中国香港特别行政区、中国澳门特别行政区和中国台湾地区旅游，以及招徕、组织、接待在中国内地的外国人，在内地的中国香港特别行政区、中国澳门特别行政区居民和在大陆的中国台湾地区居民出境旅游的业务。

（二）旅行社的性质

1. 服务性

旅行社属于第三产业服务业，其主要业务是为旅游者提供服务，包括食、住、行、游、购、娱六个方面，全方位为旅游者服务。旅行社可以为旅游者提供单项服务，也可以将各项服务组合成包价旅游产品提供给旅游者。旅行社的服务性是经济效益和社会效益的双重体现，是一个国家、一个地区形象的代表之一，因此旅行社行业被称为“窗口行业”。

2. 营利性

旅行社是一个以营利为目的的独立企业法人，能够独立承担民事责任，这是旅行社的根本性质。其依照国家和地方的相关法律进行经营，通过向旅游者或其他经营旅游业务的企事业单位提供旅游服务获取利润。旅行社在经营过程中要努力做到自主经营、自负盈亏、自我约束和自我发展。旅行社的最终目的是追求利润最大化，具有营利性的特点。

3. 中介性

旅行社担任着旅游者与旅游服务供应商之间的纽带和媒介角色，主要依托各类旅游目的地的吸引物和各个旅游企业及相关服务企业提供的各种接待服务设施。所以，旅行社作为一个具有中介性的服务企业，主要依附于客源市场、供应商和其他协作单位来实现其生产销售职能。

二、旅行社的职能

1. 生产职能

旅行社的生产职能是指旅行社设计、开发和组合旅游产品的职能。在我国，旅行社大多以低于市场价的价格向饭店、旅游交通和其他相关部门批量购买旅游者所需的各种服务项目，然后进行组装加工，并融入旅行社自身的服务内容，形成具有自己特色的旅游产品。旅行社出售的是一件完整的旅游产品，其他相关部门提供的服务只是旅行社产品中的“生产原料”，而非产品本身。因此，旅行社具有生产职能。

2. 销售职能

旅行社的销售职能主要体现在两个方面：一方面，旅行社招徕旅游者，促进了单项旅游产品生产企业的销售；另一方面，作为旅游产品的销售渠道，旅行社也代预订各种单项旅游产品，便于旅游者进行统一购买，大大简化了旅游过程中的交换关系。这种旅游产品的无形性和生产与消费的同一性，使得旅游产品的销售较一般的物质产品更为复杂，同时也使得旅游产品的销售对销售渠道的依赖变得更强。

3. 组织协调职能

旅行社是组织者。旅游活动涉及食、住、行、游、购、娱等众多方面，旅行社要保障旅游活动的顺利进行，就离不开旅游业各部门和其他相关行业的合作与支持。旅游业各部门之间以及旅游业与其他行业之间存在的都是一种相互依存、互利互惠的合作关系，旅行社作为其中的一个组成部分，并不具备对其他部门的管辖指挥权。旅行社要想确保旅游者旅游活动的顺利进行，就必须进行大量的组织与协调工作，在确保合作各方实现各自利益的前提下，协同旅游业各有关部门和其他相关行业，保障旅游者旅游活动过程中各个环节的衔接与落实。

4. 分配职能

旅行社是分配者。旅游者在旅游活动过程中的消费是多种多样的，特别是在包价旅游的情况下，旅游者通常为其各种旅游活动一次性预付全部或部分费用。这意味着旅行社不仅要根据旅游者的要求，在不同的旅游服务项目之间合理分配旅游者的支出，最大限度地满足旅游者的需要，而且要在旅游活动结束后，根据接待过程中各相关部门提供服务的数量和质量合理分配旅游收入。

5. 提供信息职能

旅行社是信息的发布者。旅行社提供信息的职能主要表现在两个方面：一方面，旅行社作为旅游产品重要的销售渠道，始终处在旅游市场的最前沿，熟知旅游者的需求变化和市场动态，因此应向旅游者提供旅游供给方面的信息咨询服务，使其了解有关线路、交通、景点、饭店、娱乐等方面的产品情况，激发旅游动机；同时，其也应充当旅游决策顾问，向旅游服务部门提供旅游市场需求，并将之传递给相关企业，调节供给。另一方面，旅行社应及时、准确、全面地将旅游目的地各相关部门最新的发展和变化传递到旅游市场上去，使旅游者进行正确的选择。

【技能训练】

教师指导学生研读资料，学生通过案例分析与讨论，理解旅行社的职能，并写出分析报告。

第三节　旅行社的业务和分类

一、旅行社的业务

一般来说，按照旅行社的操作流程，其基本业务主要有五大项：旅行社产品设计与开发、旅游服务采购、旅游产品销售、接待旅游者服务和提供代理服务。

1. 旅行社产品设计与开发

旅行社产品的设计与开发业务，包括了产品设计、产品试产与试销、产品投放市场和产品效果检查评估。旅行社在调查研究的基础上，依据市场预测与分析，结合旅行社自身的特点与条件，设计出能吸引旅游者的产品，然后将其进行试销，当试销成功后，便将其产品批量投放市场以获取收益，旅行社定期对产品进行检查、评估，进而对产品进行完善和改进。

2. 旅游服务采购

旅游采购业务是指旅行社为生产旅游产品而向有关旅游服务供应部门或企业购买各种旅游服务要素的一种业务活动。旅行社的采购业务涵盖旅游活动的食、住、行、游、购、娱，主要涉及交通、住宿、餐饮、景点游览、娱乐和保险等部门。另外，组团旅行社（简称组团社）还需要向旅游线路沿途的各地接待旅行社采购接待服务。

3. 旅游产品销售

旅行社产品销售业务包括制定产品销售战略、选择产品销售渠道、制定产品销售价格和开展旅游促销。旅行社根据其所处的外部环境和内部环境来分析企业面临的机会和挑战，并在发现企业的优势和劣势的基础上制定产品销售战略并根据产品销售战略和目标市场选择适当的产品销售渠道，再根据产品成本、市场需求、竞争力状况等因素制定产品价格，最后通过各种形式推销旅游产品，激发潜在的游客对旅游产品的兴趣。旅行社还要采取各种不同的销售策略和销售手段，推广旅游产品以招徕众多的游客，使旅游消费者认识到旅游产品所能带给他们的利益，从而达到激发其购买旅游产品的目的。

4. 接待旅游者服务

旅行社通过向旅游者提供接待服务，全权负责旅游者在旅途中和旅游点逗留期间的所有活动，最终实现旅游产品的生产与销售。旅行社接待业务是旅行社的重要任务，其体现了旅行社企业的服务性。接待业务包括团体旅游接待业务和散客旅游接待业务。

5. 提供代理服务

当今旅行社提供的代理业务是指为旅游者和其他顾客代购、代订交通票，代订餐饮、住房、游览、娱乐事务，代办出入境及签证手续，代办行李托运及交通集散地接送服务等相关服务。代理业务主要有五种。

（1）办理旅行证件，如护照和签证。

（2）代旅客购买或预订车、船和机票及各类联运票。

（3）出售特种有价证券，如信用卡，旅游者持有这种证券便可在各游览地逗留期间得到食宿等服务。

（4）发行和汇总旅行支票、信贷券，组织兑换业务。

（5）为旅游者办理旅行期间的各种保险等。

二、旅行社的分类

（一）欧美国家的旅行社分类

欧美国家的旅行社一般分为旅游经营商和旅游代理商两大类型，这是一种由执行不同职能的旅行社在经营活动的时间方面先后承接，不同类型的旅行社分为上游企业和下游企业，在经营业务范围方面互相补充所形成的垂直分工体系。

1. 旅游经营商

旅游经营商是指将其购买的各类异质旅游产品进行设计组合，并融入自身的服务内容，使之成为能满足旅游者整体性需要的旅游产品的旅行社。

在西方，旅游经营商主要以设计组合及批发旅游产品为主要业务，其利润来源主要为由采购规模而形成的批零差价以及设计组合的垄断性创新利润。

2. 旅游代理商

旅游代理商又称旅游零售商，是指通过向旅游者销售由旅游经营商生产的各种旅游产品获得销售佣金，同时还向旅游者提供相关旅游咨询服务的旅行社。

在西方，旅游零售商规模不大但分布广泛。它们利用拥有的地理优势和便利条件，或直接向旅游者代售旅游经营商的旅游产品，或代旅游者直接向旅游生产者预订某些相关的服务项目。

（二）日本旅行社的分类

日本的旅行社行业由经营各种旅游业务的旅行社、专门经营国内旅游业务的旅行社和只经营旅游代理业务的旅行社构成，是一种兼有水平分工和垂直分工特点的混合分工体系。

2005 年 4 月 1 日，日本实施新版《旅行业法》，将旅行业划分为旅行业和旅行业者代理业两种类型，并以旅行社是否从事全包价旅游和可选择旅游两种业务为标准对旅行业做了进一步细分。

1. 旅行业

旅行业进一步细分为第Ⅰ种旅行业、第Ⅱ种旅行业和第Ⅲ种旅行业三种。第Ⅰ种旅行业是能够经营包括国内和国外全包价旅游业务和可选择包价旅游业务的旅行业；第Ⅱ种旅行业是能够经营国内全包价旅游业务和国内外的可选择包价旅游业务的旅行业；第Ⅲ种旅行业是不能够经营全包价旅游业务，但可经营国内外的可选择包价旅游业务的旅行社。

2. 旅行业者代理业

旅行业者代理业是一种具有独立法人资格的销售型旅行业，新版《旅行业法》规定：它们在与上述三类旅行业中任意一家签约后，即可代理销售该旅行业以及该旅行业代售的其他旅行业产品。

（三）我国旅行社的分类

2009 年发布的《旅行社管理条例》中对旅行社的分类没有进一步说明，因此，根据国务院 1996 年发布的《旅行社管理条例》，我国的旅行社按照经营市场和业务范围分为国际旅行社与国内旅行社，这是一种由执行同一职能的旅行社按服务的市场和业务范围划分而成的水平分工体系。

1. 国际旅行社

国际旅行社是指经营入境旅游业务、出境旅游业务和国内旅游业务的旅行社。其经营范围具体包括五个方面。

（1）招徕外国旅游者来中国旅游，为其代理交通、游览、住宿、饮食、购物、娱乐事务及提供导游、行李等相关服务，并接受旅游者委托，为旅游者代办入境手续。

（2）招徕我国旅游者在国内旅游，为其代理交通、游览、住宿、饮食、购物、娱乐事务及提供导游、行李等相关服务。

（3）经国家旅游局批准，组织中华人民共和国境内居民到境外旅游，为其安排领队、委托接待及行李等相关服务，并接受旅游者委托，为旅游者代办出境及签证手续。

（4）经国家旅游局批准，组织中华人民共和国境内居民到规定的与我国接壤国家的边境地区旅游，为其安排领队、委托接待及行李等相关服务，并接受旅游者委托，为旅游者代办出境及签证手续。

（5）其他经国家旅游局规定的旅游业务。须特别注意的是，国际旅行社经营范围包括出境业务，但并不意味着所有国际旅行社均可经营出境业务。未经国家旅游局批准，任何旅行社不得经营中华人民共和国境内居民的出国旅游业务、港澳台旅游业务和边境旅游业务。

2. 国内旅行社

国内旅行社是指专门经营国内旅游业务的旅行社。其经营范围具体包括以下几方面：

（1）招徕我国旅游者在国内旅游，为其代理交通、游览、住宿、饮食、购物、娱乐事务及提供导游等相关服务。

（2）为我国旅游者代购、代订国内交通客票，提供行李服务。

（3）其他经国家旅游局规定的与国内旅游有关的业务。

3. 外商投资旅行社

2001 年 12 月，为履行我国加入世界贸易组织（WTO）的承诺，国务院在修订的《旅行社管理条例》中增加了一章“外商投资旅行社的特别规定”。2009 年 2 月颁布的《旅行社管理条例》中规定，外商投资旅行社包括中外合资经营旅行社、中外合作经营旅行社和外资投资旅行社。

外商投资旅行社的经营范围主要包括入境旅游业务、国内旅游业务。但要求不得经营中国内地居民出国旅游业务以及赴中国香港特别行政区、中国澳门特别行政区和中国台湾地区旅游的业务，国务院决定或我国签署的自由贸易协定和内地与中国香港、中国澳门关于建立更紧密经贸关系的安排另有规定的除外。

【拓展阅读】

中国第一家旅行社

20世纪20年代初期，中国的旅游业还处于空白状态，当时旅游业务皆由外国在中国的金融机构包揽。1923年8月，上海商业储蓄银行旅行部正式宣告成立，以后又在各地设立分部。陈光甫满腔热血，本着为国争光的精神，在经营方针上下足功夫。他以“服务社会”为宗旨，确立了“发扬国光、服务行旅、阐扬名胜、改进食宿、致力货运、推进文化”24字方针，开创了旅行部早期艰难的创业道路。

陈光甫要求员工对旅客做到以下几点：第一要“笑脸迎人”。改变当时国人面貌死板的通病，“使人于见面之时就有好感”。第二要“面手清洁，衣服整齐”。第三要“造成柜台上热闹气氛”。陈光甫说：“顾客之生意，无论巨细，即百元以及一元，客既来访，则其惠顾之厚意已可以感谢。对营业不必急于近利，最要使柜台上顾客有热闹气氛。为社会服务，即无利亦须为之……”

旅行部早期业务以客运为主，其服务项目众多，诸如代售国内外火车、轮船票，预定舱位，代办出国手续，运输行李，发兑旅行支票等，均包罗其中。办理这些事繁利微，甚至纯属义务，为洋商旅行社不屑一顾的业务正反映了旅行部“服务社会”的特色，旅行部对前来购票的旅客均一一赠予烫金的特别票夹，以资纪念。为了满足旅客的特殊要求以及保持本部的信誉，有时连经理也自驾汽车代客购票。陈光甫以“人争近利，我图远功，人嫌细微，我宁繁琐”的服务态度赢得了众多的旅客。

1927年6月1日，旅行部自立门户，改名“中国旅行社”，经向国民政府交通部注册、核准，领到了第一号旅行执照，与此同时，加强经营管理，增加服务项目。1929年秋，我国民航开办之初，中国旅行社便开始为旅客代售机票。

中国旅行社先后与英、美、苏、日等国的著名旅行社订立互惠合作协议，组织团体旅游，这也是中国旅行社的主要业务之一。另外，中国旅行社又设立了游览部，加强了对旅游业务的指导。旅游节目多种多样，丰富多彩，既有长短之分，又有远近之别。此外，中国旅行社还多次组织游客赴日本、德国等观光游览。

1930年12月，陈光甫聘赵君豪为主编，创办了我国第一家旅游刊物《旅行》，该杂志图文并茂，介绍国内外名胜古迹，启发并提高了国人对祖国大好河山的热爱及旅游兴趣。

1931—1937年，随着交通线的不断开辟，中国旅行社的业务有了长足的发展，先后在西安、广州等处设立了56所分支社及办事处；同时，还在中国香港和新加坡设有分社。

中国旅行社以其热情的态度、周到的服务招徕了业务，赢得了顾客，很快便由创办初期的亏损转为日后盈利。正如陈光甫先生所说：“上天不负有心人，为社会服务，利在其中矣！”

【复习思考题】

1. 名词解释：旅行社、旅游批发商、旅游代理商、入境旅游业务、处境旅游业务、国内旅游业务。
2. 简述旅行社产生的背景。
3. 旅行社的基本业务有哪些？
4. 欧美旅行社是如何分类的？
5. 请举例说明旅行社可以接受的委托业务。
6. 简述旅行社的性质和职能。

【参考文献】

[1] 杜江. 旅行社经营与管理［M］. 天津：南开大学出版社，2001.
[2] 陈永发. 旅行社经营管理［M］. 2版. 北京：高等教育出版社，2008.
[3] 刘建章，刘光荣. 旅行社运营管理实务［M］. 西安：西北工业大学出版社，2010.

第二章 旅行社的设立

【案例导入】

2017年5月，某旅行社成立三年有余，由于经营有方，经济效益连年攀升，成为其所在城市旅行社行业的龙头。此时，旅行社总经理李某退休，由关某接任。但作为法定代表人，关某并未到旅游局办理变更登记手续。

同年7月，为了扩大业务范围，提高企业经济效益和社会知名度，关某提出在该市所属的6个县设立分社，这个提议经旅行社董事会商讨后通过。于是，该旅行社未经主管部门审批，便在6个县设立分社，开展旅游招徕接待业务，并在分社办公场所挂上了3年前旅游行政管理部门颁发的《旅行社业务经营许可证》的副本复印件。该旅行社后因其某一分社在接待旅游活动中侵犯了游客的合法权益，被客人投诉后，当地旅游行政管理部门才发现这一违法行为，并依据我国有关法规对其进行了处罚。

问：这个旅行社的主管犯了哪些错误？

【案例分析】

1. 该旅行社未经我国旅游局和工商部门批准，擅自设立分社。
2. 该旅行社法定代表人的变更未到原审批的旅游行政管理部门办理变更登记手续。
3. 该旅行社的《旅行社业务经营许可证》已经超过3年有效期限，不但没有申请换发，反而在各“分社”悬挂。

【任务要求】

1. 了解旅行社设立的外部影响因素和内部影响因素。
2. 了解并掌握我国关于旅行社设立的法律规定和基本程序。
3. 掌握直线职能制和事业部制这两种旅行社最常用的组织结构的特征和构成情况。
4. 掌握旅行社的行业特点。
5. 了解旅行社的行业组织。

第一节 旅行社的设立条件及程序

一、旅行社设立的影响因素

（一）影响旅行社设立的外部因素

所谓外部因素，是指旅行社本身无法控制而又必须受其约束和影响的因素，概括起来主要有两方面。

1. 旅游市场环境

旅游业的发展，受宏观政治、经济和社会环境的制约。其中，国际环境、政治和法律环境等会为旅行社经营和发展带来各种机会和威胁；宏观经济环境决定着整个国家或地区国民经济的发展状况，而国民经济发展状况的好坏又影响着这个国家或地区的旅行社业能否有一个稳定发展和不断增长的趋势；社会环境中人口成分的变化能够为旅行社的经营和发展创造有利机会；科学技术的进步会给旅行社的经营和发展提供动力。

2. 国家有关政策和法律规定

任何企业都要受到国家和地方有关政策及法律规定的制约，而国家在一定时期内对旅行社的设立规定，一般都要与宏观经济形势相吻合。因此，任何人或任何单位在设立旅行社之前，都要仔细研究与旅行社的设立密切相关的政策和法律规定，要在法律许可的范围内行事。各国对旅行社的设立都有不同的规定，综合起来，主要包括申办者的从业经验、法定的注册资本、质量保证金和旅行社业务经营许可制度等。

（二）影响旅行社设立的内部因素

1. 资金的筹措

资金的筹措是旅行社可以自行控制的最主要和最关键的内部条件。在外部条件许可的前提下，要开设一家旅行社，人们面临的首要问题就是资金问题，没有足够的资金，开设旅行社便成为一纸空谈。《旅行社管理条例》对各类旅行社的注册资本额和质量保证金提出了具体要求，因而申办者必须根据自己的实际情况，通过各种渠道筹措资金，以满足开办旅行社的资金需要。资金筹措的渠道主要有自有资金、合股资金和银行贷款等。

2. 营业场所

设立旅行社必须拥有能够满足业务经营要求且相对固定的营业场所。所谓“固定的营业场所”，是指在较长的一段时间里能够为旅行社所拥有或使用，而不是频繁变动的营业场所。该场所还要具备“足够的营业用房”，即拥有适合本旅行社发展所必需的、满足旅行社业务经营需求的房屋面积。旅行社营业场所的选址对其经营管理以及今后的发展有着至关重要的作用。对于旅行社这样的服务企业来说，其竞争力将直接受到其地理位置和环境的影响，因此选址问题直接影响着旅行社业务的供求关系。

3. 协作网络

在旅游业发展水平较高的情况下，旅行社能否联络各有关部门、行业，形成为旅游者提供相关服务的网络，主要取决于旅行社自身的努力。所以，人们也将协作网络归为内部条件的构成因素。至于协作网络的组织形式和规模，则取决于旅行社的性质、业务范围和组织能力。

4. 客源渠道

客源是旅行社的生命线，客源组织情况将最终决定旅行社的经营状况。在外部条件具备之后，旅行社能否吸引客源、保证客源的稳定性、建立自己的销售网络或加入某个销售网络之中，将最终决定旅行社能否顺利发展。在申办旅行社的可行性研究报告中，旅行社必须对未来客源市场进行研究论证，对企业经营前景做出分析预测。

5. 员工的录用

从整体上看，旅游业从业人员的素质会受到旅游教育发展程度的制约，但旅行社可根据自身的规模、实力及业务经营范围，以相应的条件选聘旅行社所需的专业人才。

二、中国关于旅行社设立的法律规定

（一）基本规定

《中华人民共和国旅游法》第四章第二十八条对中国旅行社的设立做了以下规定：

（1）有固定的经营场所；

（2）有必要的营业设施；

（3）有符合规定的注册资本；

（4）有必要的经营管理人员和导游；

（5）满足法律、行政法规规定的其他条件。

（二）注册资本

1. 国际旅行社

设立国际旅行社，注册资本不得少于150万元人民币，每设立一个分社，应当增加注册资本75万元人民币。

2. 国内旅行社

设立国内旅行社，注册资本不得少于30万元人民币，每设立一个分社，应当增加注册资本15万元人民币。

3. 外商投资旅行社

从2008年7月1日起，中国对外商投资旅行社的注册资本作出新的规定，将注册资本的限制从400万元人民币降低至250万元人民币。

（三）旅游服务质量保证金

根据《旅行社管理条例》第十三条规定，旅行社应当自取得旅行社业务经营许可证之日起3日内，在国务院旅游行政主管部门指定的银行开设专门的质量保证金账户，存入质量保证金，或者向作出许可的旅游行政管理部门提交依法取得的担保额度不低于相应质量保证金数额的银行担保。经营国内旅游业务和入境旅游业务的旅行社，应当存入质量保证金 20 万元；经营出境旅游业务的旅行社，应当增存旅游服务质量保证金 120 万元。旅行社每设立一个经营境内旅游和入境旅游的分社，应当向其旅游服务质量保证金账户增存 5 万元；每设立一个经营出境旅游业务的分社，应当向其旅游服务质量保证金账户增存 30 万元。

《中华人民共和国旅游法》第四章第三十一条规定："旅行社应当按照规定交纳旅游服务质量保证金，用于旅游者权益损害赔偿和垫付旅游者人身安全遇有危险时紧急救助的费用。"

（四）拥有固定的营业场所和必要的营业设施

设立国际旅行社应具有足够的营业用房，拥有传真机、直线电话、电子计算机等办公设备和业务专用汽车。

设立国内旅行社应具有足够的营业用房，拥有传真机、直线电话、电子计算机等办公设备。

三、旅行社设立的基本程序

（一）申请营业许可

旅行社业务许可证制度的确立是由其业务性质决定的。旅行社业务属于一种综合性的服务，作业范围广、环节多、投资少、风险大，这就要求旅行社业务的开展具有一定的经营规范和较高的市场准入条件。申请开办旅行社的单位在申请业务许可证时，应向旅游行政管理部门提交以下文件：

（1）设立申请书。设立申请书的内容包括申请设立旅行社的类别、中英文名称和设立地址，企业形式、投资者、投资额和出资方式，申请人、受理申请部门的全称、申请报告名称和呈报申请的时间。

（2）设立旅行社可行性研究报告。其内容包括设立旅行社的市场条件、资金条件、人员条件及受理申请的旅游行政部门认为需要补充说明的其他问题。

（3）旅行社章程。旅行社章程的内容应当包括旅行社的名称、地址、联络办法、经济性质、宗旨和目的、业务经营范围、注册资本金额及资金来源、组织机构、财务管理制度、对旅游者承担的责任及其他应说明的问题。

（4）资格证明文件。旅行社申请营业许可应提供的资格证明包括旅行社经理、副经理履历表及相应规定的省、自治区、直辖市以上人民政府旅游行政管理部门颁发的资格证书。

（5）验资报告。由开户银行出具的资信证明，注册会计师及其会计师事务所或审计师事务所出具的验资报告。

（6）经营场所证明。

（7）经营设备情况证明。

（8）旅行社服务质量保证金承诺书。

设立国内旅行社者直接向所在省、自治区、直辖市旅游行政管理部门或其授权的地、市级旅游行政管理部门提出申请，受理申请的旅游行政管理部门，在征得拟设地县级以上旅游行政管理部门的意见后，根据条例的规定进行审批。

申请经营出境旅游业务的国际旅行社，应当向国务院旅游行政主管部门或其委托的省、自治区、直辖市旅游行政管理部门提出申请。需要注意的是，旅行社取得经营许可满两年，且未因侵害旅游合法权益受到行政机关罚款以及处罚的，才可申请经营出境业务。

申请后，有关旅游行政管理部门根据旅游业发展规划和市场需要进行审批，在收到申请书之日起20个工作日内做出批准或不批准的决定，并通知申请人。对批准者发给《旅行社业务经营许可证》，许可证有效期为3年，旅行社应在其到期前3个月内到原颁证机关换证。申请人可凭许可证向工商行政管理部门申领营业执照。

在实际工作中，中国旅行社的审批采取“先筹备、后验收、再审批”的做法，即申办者首先提交有关文件，申请获准筹备旅行社，并在接到获准筹备通知后一年内达到验收标准。

筹备的目的主要有两个方面：一是在筹备期自然淘汰那些不具备旅行社经营能力的申办者；二是帮助那些有条件的申办者创造开展业务的必要条件，以便在注册后能够尽快进入经营状态。如果申办者自接到筹备通知后一年内仍未达到验收标准，旅游行政管理部门将依照规定取消其筹备资格，并规定该单位3年内不得再开办旅行社。

申办者经过一段时间的筹备后，认为自己已经具备经营业务条件的，可填写审批旅行社技术报告（申请材料、审批意见和必要的用表），正式申请验收。经旅游行政管理部门实地验收合格者，可缴纳旅行社质量保证金，获得旅行社业务营业许可证。

（二）办理注册登记

经旅游行政管理部门批准后，旅行社的申办者必须在收到营业许可证后的规定期限内，持有关批准文件和许可证到工商行政管理部门办理注册登记手续，领取营业执照。旅行社营业执照签发日期，为该旅行社的成立日期。

（三）办理税务登记

旅行社应在领取营业执照后的30个工作日之内，向当地税务部门办理开业税务登记，并在办妥银行账号之后，申请税务执照。旅行社在办理税务执照时，应向当地税务部门领取统一的税务登记表，如实填写各项内容，经税务机关审核后，发给税务登记证。税务登记结束后，申领发票，开张营业。

（四）设立分支机构

旅行社的分支机构是指旅行社设立的不具备独立法人资格、以设立社名义开展旅游业务经营活动的分支机构。旅行社根据业务经营和发展的需要，可以设立非法人分社和门市（包括营业部）等分支机构，但不能设立办事处、代表处和联络处等办事机构，旅行社分社的经营范围不得超出其设立社的经营范围。从2008年2月1日起，我国全面取消了对旅行社异地设立分支机构的限制。

1. 分社的设立条件及程序

旅行社设立不具有法人资格的分社，须具有以下条件：①年接待旅游者达到10万人次以上；②进入全国旅行社百强排名；③分社经理必须取得《旅行社经理资格证书》；④符合《旅行社条例》中规定的注册资金和质量保证金的要求。

旅行社设立分社，应当向原审批的旅游行政管理部门办理核准该旅行社每年接待旅游者达到10万人次以上的证明文件，按条例规定数额到设立地有质量保证金管理权的旅游行政管理部门缴纳质量保证金，并到原审批的旅游行政管理部门领取许可证，然后凭此证明文件和许可证到设立地的工商行政管理部门办理登记注册手续。

旅行社应当在办理完分社登记注册手续之日起的30个工作日内，报其主管的旅游行政管理部门和分社所在地的旅游行政管理部门备案。

2. 旅行社门市部的设立程序

旅行社门市部是指旅行社在注册地的市、县级行政区以内设立的不具备独立法人资格，为设立社招徕旅游者并提供咨询、宣传等服务的分支机构。其设立程序如下：征得拟设地县级以上旅游行政管理部门的同意；在办理完工商登记注册手续后的30个工作日内，报原审批的旅游行政管理部门、主管的旅游行政部门和门市部所在地的旅游行政管理部门备案。

旅行社的分社和门市部都应当接受所在地的旅游行政管理部门的行业管理。

第二节　旅行社的组织设计与组织管理

一、旅行社组织设立的原则

组织是一种管理机构设置，是企业为了完成特定的目标与任务，依照一定的原则，通过一定的规章制度建立起来的企业内部管理体系。组织设计是指管理者将组织内部要素进行合理组合，建立和实施一种特定组织结构的过程。组织设计属于管理中的组织职能，一般来说，组织职能就是把总任务分解成具体任务，然后再把它们组合起来分配给各单位或部门，同时把权力分别授予每个部门的管理人员。组织设计是有效管理的必备手段之一，其合理性将直接影响旅行社的运行效率。旅行社在组织设计过程中应遵循四大原则。

1. 目标任务原则

目标任务原则是指根据旅行社的经营目标来确定旅行社的组织机构。旅行社为了实现经营目标，就要通过设立相应的部门，将旅行社的各类业务与管理职能分解到各个部门和各个岗位，明确任务和工作量，再配置必需的人员。

2. 分工协作原则

细化和专业化的劳动分工，往往能产生比较高的劳动生产率。行业不同，管理的方法与重点就要有区别，组织机构也就有差别。旅行社管理的重点对象是市场，旅行社以对外销售和接待为主，因此其各部门间的协作很重要。

3. 集权与分权原则

旅行社组织权力的集中与分散，是通过统一领导与分级管理来实现的。在组织设计中，旅行社要充分考虑职权和职责的明确和配套，这样才能调动员工的积极性和工作热情。职权是管理职位所固有的发布命令和希望命令得到执行的一种权力；职责是与被授予的权力相匹配的“责任”。授权不授责只会给滥用职权提供机会，授责不授权只能束缚员工的创造力和做事的积极性。

4. 精干高效原则

旅行社要严格控制旅行社员工的整体规模，按需设岗，尽量减少职能部门闲散人员，防止机构臃肿，人浮于事；要实行满负荷工作法，制定科学、合理、详细的岗位职责，培养一支勤奋高效的员工队伍。

二、旅行社组织设计的影响因素

影响旅行社组织设计的因素是多方面的，而旅行社业务的特点与生产的专业化程度、部门化的基础、管理的跨度和社会适应性是影响旅行社组织设计的重要因素。

（一）旅行社业务的特点与生产的专业化程度

生产的专业化就是一个人或组织减少其生产活动中不同职能的操作的种类，或者说，将生产活动集中于较少的不同职能的操作上；而分工作为专业化生产的基础，则是指两个或两个以上的个人或组织，将原来一个人或组织生产活动中包含的不同职能的操作分开进行。专业化和分工的发展水平越高，一个人或组织的生产活动就越集中于更少的不同职能的操作上。其优点在于：

（1）使复杂的工作变得简单；

（2）使每一个具体操作环节易于掌握；

（3）有助于操作精度与速度的提高；

（4）便于对从事每一具体环节的人进行工作考核与指导。

与此同时，生产专业化也存在不足之处，其主要表现在：工作变成了简单机械的重复，易使人产生厌烦情绪；从事具体工作环节的人，难以看到自己工作的完整意义，无法体验到工作的成就感。

旅行社通常以低于市场的价格，向住宿、交通和参观游览点等旅游服务供应商批量购买旅游者在旅行过程中所需的服务要素，并经过自己的组合加工，形成最终产品，销售给旅游者。旅行社并不是其产品各主要“零部件”的生产者，而是采购者，是实现重新组合的“组装者”。所以在许多情况下，由一个人扮演“采购者”“组装者”“销售者”三种角色是可能的。更直接地说，在旅行社工作中，一个人或一个部门负责对外销售、采购和接待等旅行社产品的整个生产与销售过程是可能的。这就要求旅行社在进行生产专业化分工时，必须充分考虑旅行社业务的特点，避免人为地将旅行社的专业化分工过度细化，造成旅行社各部门间不必要的协调障碍，增加经营成本。

此外，旅行社工作的繁杂性和联系的广泛性，使得旅行社始终处于与其他部门错综复杂的关系之中。为保证合作关系的稳定与巩固，旅行社采取专人协调的做法显然具有很大的优势。

（二）部门化的基础

部门化是对细分工作按照某种需要进行组织。古典管理理论中，部门化具有以产业为中心的三种形式，即产品导向的部门化、顾客导向的部门化和地理位置导向的部门化。同时，部门化还具有以内部作业为基础的两种主要形式，即职能导向的部门化和生产过程导向的部门化。

产品导向的部门化，是将企业生产的产品划分为几大类别而独立划分部门的做法，其特点是便于企业在工艺、组织和销售等方面发挥专业化优势；顾客导向的部门化，则是以其服务的顾客为基础进行部门划分，这样做便于企业对生产、需求和相应的配套服务实行有针对性的管理；地理位置导向的部门化，是按其业务涉及的地点进行部门划分，这使得每一部门能对每一地区全面负责，便于活动的组织和区域市场的巩固与发展，有利于部门业务的总体策划。同时，这也有利于增强部门的责任观念，并便于上级部门对该部门实施业务考核与管理，减少内部恶性竞争和管理、协调的难度。

职能导向的部门化，是以每个单位所进行的作业为设计基础，对某一大项工作中有关联的几大环节分解后的结果；生产过程导向的部门化，是根据技术作业将工作进行分组。中国旅行社传统的部门化方法既含有职能导向的成分，也包括了生产过程导向的成分，但基本都属于以内部作业为基础的部门化形式。

（三）管理的跨度

管理跨度通常是指一个管理人员所拥有的直接下属的数量，它决定着组织的层次和管理人员的数目。管理跨度小，意味着直接下属少，管理工作负荷量较小；管理跨度大则相反。目前的发展趋势是越来越多的企业采用以大管理跨度设计的扁平结构的组织体系。

在组织设计中，需要明确的关键是如何确定合适的管理跨度。这里所说的“合适”意指既能使管理工作易于进行，又利于专业化分工优势的发挥。旅行社要确定这样合适的标准，就要考虑不同组织的具体情况，主要包括管理人员的能力、任务性质和人员素质三个方面。

1. 管理人员的能力

管理人员的管理能力较强，其控制跨度便可以适当扩大；相反，其控制跨度应适当缩小。

2. 任务性质

一般而言，任务本身需要的协调与统筹的工作量跨度呈现反比关系。

3. 人员素质

当工作人员素质较差时，控制跨度不宜过大；而当工作人员素质较高、工作自律性较强时，控制跨度即可放宽。

企业依照一定的管理跨度和特定的部门化基础进行部门划分之后，权力分配或授权便成为不可避免的问题。企业授权时应遵循的原则包括：

（1）所授予的权力应为下属完成任务所必需的，避免授权过度和授权不充分。

（2）授权时要考虑接受对象行使不同程度或类型权力的能力，避免盲目投权。

（3）授权本身的关键是“权、责、利”三位一体的统一，避免“有权无责”“有责无利”“有责无权”等不合理现象的发生。

（四）社会适应性

社会适应性是指旅行社的组织设计应与当地政治、经济及社会制度保持同步，这也是业务联系的需要。

三、旅行社的组织机构设计

（一）直线职能制

这是一种比较常见的旅行社组织结构模式。它的基本特征是权力高度集中统一，企业领导拥有全部权限，尤其是经营决策与指挥权，上下级实行单线从属形式管理，如图 2.1 所示。各部门按事务集中方式划分，其中负责旅行社经营活动的业务部门包括产品设计与开发、产品销售、旅游团体和散客接待、旅游服务采购等，这些部门被称作“一线部门”；管理部门则包括办公室、财务管理、人力资源开发等部门。由于各地旅行社发展进程不一，业务经营范围也不尽相同，因此按照职能划分的部门组织结构、部门的名称和所起的作用略有差异，但是旅行社设立的主要业务部门和管理部门却基本一致。

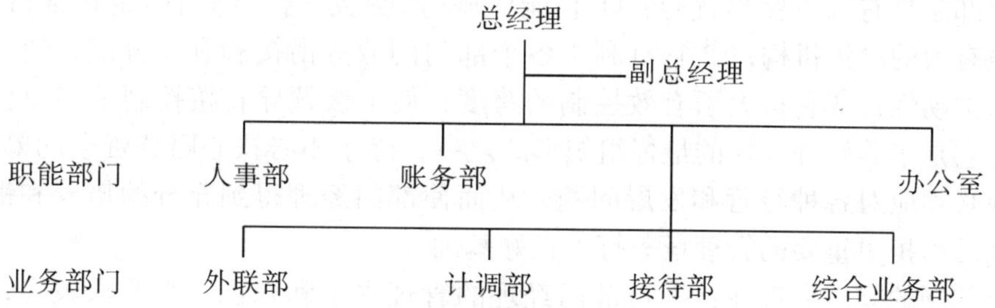

图 2.1　直线职能制组织结构

直线职能制的优点：①部门之间分工明确，能够有效地减少部门内部和部门之间相互推诿扯皮的现象，有利于提高工作的效率；②组织结构稳定，不同部门之间的人员流动较少，有利于员工长期钻研某项业务；③符合专业化协作原则，每一个部门和岗位都配备具有该部门或岗位所需专业知识和专业特长的员工，能够有效地使用旅行社所拥有的各种人力资源；④旅行社的经营决策权和管理决策权高度集中于旅行社的最高管理层，他们对旅行社经营的最终结果全权负责，这既提高了管理者的权威，也保证了旅行社制定的各种经营和管理决策能够得到充分的贯彻执行；⑤由于员工们对本岗位的业务熟悉，在实际工作中能够最大限度地提高工作效率。

直线职能制的弊端：①在机构设计方面，增加了工作的复杂性，要求主管负责人要通晓多种知识技能，亲自处理各种业务，增加了管理中协调的难度；②劳动分工的专业化程度较低，专业化生产优势得不到发挥；③各业务部门利益分配不均，组织内部冲突增加；④组织机构缺乏弹性，难以及时调整其部门结构，以适应瞬息万变的市场；⑤不利于横向沟通和合作，不利于员工的情感交流。

（二）事业部制

事业部制将旅行社划分成与各个市场细分有关的多个事业领域或部门，每一个事业部都是多种职能或多个部门的组合，这些职能或部门共同运作生产产品。

从理论上，事业部结构有三种形式，即按产品结构进行组织的事业部、按地域结构组织的事业部和按市场结构组织的事业部。旅行社通常授予事业部营利的责权。从财会角度看，事业部门也称作利润中心，或者称为责任中心。

在这种组织结构中，旅行社把政策制定与行政管理分开，实行政策管制集权化和业务营运分权化。旅行社的最高管理层是最高决策管理机构，他们以实行长期计划为最大的任务，集中力量来研究和制定企业的总目标、总方针、总计划以及各项政策。旅行社的各个部门则具有外联、计调和接待功能，他们在不违背总目标、总方针、总计划的前提下，自行处理各项业务经营活动，成为日常经营活动的中心。

为了使旅行社保持完整性，避免高层领导"大权旁落"，并保证事业部不至于形成"各行其是""群雄割据"的局面，旅行社的最高管理层必须保持三方面的决策权：第一，事业发展的决策权，即旅行社的最高管理层保持对整个旅行社的经营方针、价格政策、竞争策略等基本原则的决策权；第二，资金分配权，即由旅行社最高管理层控制旅行社的资金供应和资金分配；第三，人事安排权，即各事业部重要的人事安排必须由旅行社最高管理层来决定。

事业部制具有以下突出优点：①它能使旅行社高层管理部门摆脱日常行政事务，成为坚强有力的决策机构；②它有利于各个部门的业务衔接和利益分配，使其发挥经营管理的主动性；③它扩大了有效控制的跨度，使上级领导直接控制下层单位的数目增加；④它是培养管理人才的最好组织形式之一，除了不必操心财务资金的筹措之外，部门经理必须应对各种经营和发展问题，从而使部门经理得到充分的培养和锻炼，为他们在今后承担更重要的管理任务打下良好基础。

事业部制的弊端表现在：①对部门经理的管理水平和知识水平要求较高，在这种组织结构中，每个部门都相当于一个独立的旅行社，部门经理要熟悉全面业务和管理知识才能胜任工作；②集权与分权关系比较敏感，这一类问题一旦处理不当，可能削弱整个旅行社的协调性；③不利于横向沟通和合作，不利于员工的情感交流。

从目前中国旅行社的经营实践来看，直线制组织结构多适用于小型旅行社和新开业的旅行社，而大中型旅行社则多采用事业部制的组织结构。

四、旅行社的组织管理

组织的部门化是将为实现组织目标而要求完成的各项工作任务进行划分，并分配给组织各成员承担的过程。组织的各项工作任务不是一个人能单独完成的，因此必然要求分配给组织各成员承担，而将各成员分别承担的任务组合起来也必须能够实现组织的目标。将组织因分化而形成的各项任务组合成一个整体的过程称为整合。旅行社组织管理的主要任务，就是借助职权关系和纵向、横向的沟通，把各部门联系在一起，即整合各部门的工作，确保组织目标的实现。

目前，中国旅行社行业较为流行的组织管理模式主要包括岗位责任制、目标责任制、承包责任制三种。

1. 岗位责任制

这是针对中国旅行社传统的经验管理与低效率"大锅饭"提出的一种组织管理模式。该模式的基本内容可以概括为旅行社将上级主管部门下达的任务进行分解，通过定岗、定责、定人，最终把责任通过岗位落实到具体的个人，并将任务的完成情况与员工的工资奖金相联系。

岗位责任制的最大优点，是可以根据科学的方法确定各个部门和每个员工的工作数量与质量，这种要求是依据科学方法获得的，而非少数人的个人经验。此外，岗位责任制自身也存在明显的弊端：①管理只是管理者的管理，人为地增加了少数管理者与多数被管理者之间的隔阂，一方面会造成管理者陷入孤立和矛盾的漩涡，经营决策缓慢，企业创新意识不强；另一方面会使得被管理者积极性不高，组织适应能力较差。②岗位责任制的中心是岗位责任，很少改变原有的分配制度，这会致使有限的奖惩难以充分调动多数员工的积极性。

2. 目标责任制

目标责任制与岗位责任制相比具有明显的进步，这主要表现在部门的划分不再以事务集中进行，而改为以市场集中为主，部门成为利润中心而不再是单纯的责任中心，利润指标被分解落实到各个部门，而且与分配之间的联系更为密切。但是，目标责任制也造成了许多新的问题：①收入分配不平等问题造成部门间关系紧张，特别是公共服务的职能部门职工的工作难以用利润来衡量，其积极性受到影响；②部门间外部经营条件的差异掩盖了部门间分配的不平等；③对部门放权与控制成为企业突出的矛盾。

3. 承包责任制

承包责任制是在目标责任制的基础上发展起来的。在承包责任制条件下，旅行社将业务经营特许权和牌子全部或部分租赁给一个或多个人员，依据一定的承包合同转嫁经营风险，分享经营利润，坐收承包租金。承包者拥有极大的经营管理权，包括独立的财务管理权；同一旅行社中的不同承包者之间存在相互竞争关系；承包期限一般较短。承包责任制的上述特点致使承包责任制产生了许多的问题，其具体表现为承包者短期行为严重，大都存在严重的财务问题，而且助长了行业不正之风。因此，承包责任制遭到许多业内人士的指责和非议，国家旅游局对此也已明令禁止。

第三节　旅行社的行业管理

一、旅行社的行业特点

1. 劳动密集性

除了少数大型旅行社外，绝大多数的旅行社所拥有的固定资产数量和价值均很小。由于旅游业的产品是以提供劳务为主的旅游服务，同制造业相比，其不存在销售成本或销售成本较少的问题，这使其工资成本在全部营业成本和费用中占据了较高的比重。正是由于这一点，才决定了旅游业为劳动密集型行业。

2. 智力密集性

无论是旅行社的管理人员、导游人员，还是产品设计人员和旅游服务采购人员，都必须接受过比较系统的专业教育，具有较强的学习能力和对知识的运用能力，必须具有较高的旅游专业知识、管理专业知识和文化知识水平。

3. 服务性

旅行社通过导游人员、门市接待人员、旅游服务采购人员等的服务劳动向旅游者提供旅游过程中所需的各种旅游服务。旅行社行业服务性的特点，要求旅行社必须坚持服务的规范和标准，制定实施规范化的服务规程，以保证其服务内容和程序的确定性、一贯性，并符合国家及行业的相关质量标准。

4. 关联性

旅行社行业与交通行业、住宿行业、餐饮行业等上游行业及其他行业之间存在着相互依存、互利互惠的合作关系。旅行社行业的经营和发展，与其他旅游行业及相关行业的经营和发展应是均衡和同步的。因此，旅行社必须与其他旅游行业及相关行业保持密切的合作关系，以保障旅游者在旅游活动过程中各个环节的衔接与落实。

5. 敏感性

旅行社行业受旅游需求和旅游供给两个方面的影响和制约，具有较强的敏感性。旅行社产品具有较大的替代性和需求弹性，所以，多数旅行社产品价格的涨落或质量的升降都可能造成旅游客源和经营效果的大起大落；旅行社产品的生产和销售受相关企业的供给状况的影响较大，一旦相关企业对旅行社的供给发生变化，就会导致旅行社产品的成本和价格产生剧烈的变动，造成旅行社经营的不确定性，影响旅行社的经营效果及其在旅游市场上的形象和声誉。

另外，外部环境对旅游者的消费行为具有显著的影响，如国际政治气候与国家间关系的变化，经济的繁荣与萧条，物价与汇率的升降，战争、灾害、恐怖活动等不安全因素的发生，都可能导致旅游客源市场的需求产生迅速而明显的上升或下降，或者造成大量旅游者从某个旅游目的地迅速转移到其他旅游目的地，从而给旅行社经营带来意想不到的影响。

6. 波动性

由于旅游需求的季节性，各类突发事件、产品格局变化引发的地域性波动造成旅游需求的波动性变化。一般来说，温暖适宜的气候环境有利于吸引大量旅游者前往观光、度假等，而严寒、酷暑等恶劣气候则不利于进行旅游活动。同时，旅游客源地的休假制度、余暇时间是开展旅游活动的重要前提条件。

旅游需求的旺季和淡季就是在以上两个因素的共同作用下形成的。在旅游旺季时，旅行社受接待能力的限制，往往只能满足其中一部分人的需求，无法接待更多的旅游者；在旅游淡季，旅游者人数的减少，会造成旅行社接待能力的闲置和各种旅游资源的浪费。

二、旅行社的行业组织

对于任何一个行业来说，行业组织都是一种不可忽视的力量，它会对特定行业内企业的发展产生极为重要的影响。因此，旅行社经营管理人员应当具备相关行业组织的基本知识，并在旅行社获准营业后就是否申请计入某个行业组织作出决策。

（一）旅行社行业组织的性质与功能

1. 旅行社行业组织的性质

旅行社行业组织又称行业协会，是指旅行社为实现本行业的共同利益和共同目标，在自愿加入的基础上组成的民间组织。它具有以下几个方面的特征：①旅行社行业组织是民间组织，而非官方机构或行政组织；②旅行社行业组织是旅行社为实现单个企业无力达到的目标而组成的共同利益集团；③旅行社是否加入行业组织完全出于自愿，而且随时可以自愿退出。

2. 旅行社行业组织的功能

（1）服务功能。旅行社行业组织的服务功能体现为：行业协会可以作为协会成员的代言人，与政府机构或其他行业组织商谈有关事宜；加强协会成员之间的信息沟通，定期发布统计分析资料；调查研究协会成员关心的问题，向协会成员提交研究报告；定期出版刊物，向协会成员提供有效信息；开展联合促销和联合培训等活动。

（2）管理功能。旅行社行业组织的管理功能是指拟定协会成员共同遵循的经营标准，制定行规会约，进行仲裁和调解。但需要指出的是，首先，行业协会的管理职能不同于政府旅游行政管理部门的职能，它不带有任何行政指令与法规性，其有效性取决于协会本身的权威性和凝聚力；其次，旅行社行业协会管理的范围取决于自愿加入该行业协会的旅行社的数量，只要有一家旅行社不愿意入会，那么行业协会便不可能实现全行业管理，而政府旅游行政管理部门始终具有全行业管理的功能。作为民间团体，旅行社行业协会的经费主要来自成员缴纳的会费，政府拨款或各种捐助不是经常性的经费来源。旅行社行业协会的章程应符合国家有关法律和政策，其解释权在理事会。

（二）旅行社的国际性组织

1. 世界旅行社协会

世界旅行社协会（World Association of Travel Agencies，简称 WATA）经瑞士法律批准，于 1949 年正式成立，总部设在日内瓦。世界旅行社协会是一个由私人旅行社组织而成的世界性非营利组织，其宗旨是将各国可靠的旅行社组建成一个世界性的协作网络。协会每年召开一次地区性会议，讨论地区问题，协调地区活动，并在一个或两个同一语种的国家内任命一名副总裁，负责协调各会员国的活动，包括组团、合作促销、各国文件的提供等。设在日内瓦的常设秘书处会向会员提供各种帮助和一些服务性项目，如提供旅游信息、文件和统计资料等。

自 1951 年开始，协会每年出版一本综合性的世界旅游指南——《万能钥匙》（*Master Key*），它对 6 000 多家饭店的价格和设施做了详细介绍，同时对 70 多个国家旅行游览胜地和价格情况进行了全面讲述。

凡财政机构健全、遵守本行业规定的旅行社，均有资格成为世界旅行社协会的会员。超过 300 万人口的城市，可获得 1 个旅行社代表的名额参加该组织，400 万人口以上的城市可再增加 1 个名额。会员旅行社必须同时经营出境和入境旅游业务，如果同一城市内没有同时经营出、入境旅游业务的旅行社，协会可以指定一家专营出境旅游业务和另一家专营入境旅游业务的旅行社成为其会员。申请入会者须向日内瓦常设秘书处递交申请书。

协会帮助会员享有特定的优惠权。会员可凭借预订交换证在世界任何地方为其顾客预订饭店和旅行社的服务项目。

2. 世界旅行社协会联合会

世界旅行社协会联合会（United Federation of Travel Agents' Association，简称 UFTAA）于 1996 年 11 月 22 日成立于意大利的罗马，它由 1919 年在巴黎成立的欧洲旅行社组织和 1964 年在纽约成立的美洲旅行社组织合并而成，总部设在比利时首都布鲁塞尔。

世界旅行社协会联合会是一个专业性和技术性组织，其会员是世界各国的全国性旅游协会。每个国家只能有一个全国性的旅游协会代表该国参加。联合会的组织机构包括全体大会、理事会、执行委员会和秘书处。其主要活动为每年一次的世界旅行代理商大会，及出版月刊《世界旅行社协会联合会信使报》（*Courier UFTAA*）。中国旅游协会于 1995 年 8 月正式加入该会，作为国家级会员，属亚太地区联盟。

（三）中国旅行社协会

中国旅行社协会（China Association of Travel Services，简称 CATS）成立于 1997 年 10 月 24 日，是由中国境内的旅行社、各地区性旅行社协会或其他同类协会等单位，按照平等自愿的原则结成的全国旅行社行业的专业性协会，是经中华人民共和国民政部正式登记注册的全国性社团组织，具有独立的社团法人资格。协会接受国家旅游局的领导、民政部的监督管理和中国旅游协会的业务指导。协会总部设在北京市。

中国旅行社协会的宗旨是遵守国家的法律法规和有关政策，遵守社会道德风尚，代表和维护旅行社行业的共同利益和会员的合法权益，努力为会员服务，为行业服务，在政府和会员之间发挥桥梁和纽带作用，为中国旅行社行业的健康发展做出积极贡献。《旅行社之友》为中国旅行社协会会刊，每月一期，免费为会员单位送阅。

中国旅行社协会的主要任务包括：

①宣传并贯彻落实国家旅游业的发展方针和旅行社行业的政策法规；

②总结交流旅行社的工作经验，开展与旅行社行业相关的调研，为旅行社行业的发展提出积极且切实可行的建议；

③向主管单位及有关单位反映会员的愿望和要求，为会员提供法律咨询服务，保护会员的共同利益，维护会员的合法权益；

④制定行规行约，发挥行业自律作用，督促会员单位提高经营管理水平和接待服务质量，维护旅游行业的市场经营秩序；

⑤加强会员之间的交流与合作，组织开展各项培训、学习、研讨、交流和考察等活动；

⑥加强与行业内外的有关组织、社团的联系、协调与合作；

⑦开展与海外旅行社协会及相关行业组织之间的交流与合作；

⑧编印会刊和信息资料，为会员提供信息服务。

中国旅行社协会实行团体会员制，所有在中国境内依法设立、守法经营、无不良信誉的旅行社及与旅行社经营业务密切相关的单位和各地区性旅行社协会或其他同类协会，承认和拥护本会的章程，遵守协会章程，履行应尽义务的均可申请加入协会。

中国旅行社协会的最高权力机构是会员代表大会，每 4 年举行一次。该协会设立理事会和常务理事会，理事会对会员代表大会负责，是会员代表大会的执行机构，在会员代表大会闭会期间领导协会开展日常工作；常务理事会对理事会负责，在理事会闭会期间行使其职权。

中国旅行社协会对会员实行年度注册公告制度。每年年初会员单位必须进行注册登记，协会会将符合会员条件的会员名单向社会公示。

【拓展阅读】

国外旅行社选址的有关规定

美国空中交通协会（ATC）就旅行社的选址做了如下规定：①旅行社不能设于家中，必须设在公众出入方便的商业区，并保证正常营业时间；②旅行社不能与其他业务部门合用办公室，且必须有独立的出口；③如果没有直接通街的通道，旅行社不能设于饭店内。

美国旅游学者帕梅拉·弗里蒙特（Pamela Fremont）根据自己的实践经验，就旅行社的选址问题提出如下见解：①旅行社应设在繁华的商业区，以便吸引过往行人；②旅行社营业处应有足够的停车场地，便于公众停留；③应尽量避免选择旅行社林立的地区，以减少竞争压力；④旅行社应选择中等收入家庭相当集中的地区，且附近有较大规模的企业，以便吸引人们参加旅游；⑤旅行社营业场所以底楼为好，方便顾客。

国外旅游学者对旅行社选址问题的研究，是以其特定的国情作为基础的，其研究的结论也未必一定适合我国的实际情况，但对我们选择旅行社的营业场所具有一定的参考价值。

【复习思考】

1. 影响旅行社设立的外部、内部因素有哪些？
2. 旅行社的行业特点有哪些？
3. 中国旅行社设立的法律规定与审批程序是什么？

【参考文献】

［1］庞世明，王静．“互联网+”旅行社：商业模式及演变趋势［J］．旅游学刊，2016，31（6）：10-12.

［2］毛惠媛，刘必．旅行社经营管理［M］．北京：清华大学出版社，2016.

［3］余志勇．旅行社经营管理［M］．北京：北京大学出版社，2015.

第三章 旅行社产品开发

【导入案例】

随着旅游地区的不断开拓以及人们旅游经历的日益丰富，越来越多的游客已经不再满足于北美、欧洲等出境游的常规景点，而开始向往去一些“冷门”的旅游目的地探新猎奇。由此，“凯撒旅游”推出了一系列以“探奇”为主题的旅游产品，这类产品的目的地往往是一些鲜少涉足的、比较原始的自然或文化领域，能够满足游客“新、奇、特”的旅游感受，让游客在充满惊奇和神秘的旅途中享受出游的乐趣。例如，为热爱冒险的游客开发的穿越南极圈“海钻号”极地迎春之旅，带领游客踏足最纯净、原始、神秘的南极大陆，近距离接触企鹅、信天翁、海燕等极地生物，造访探险家昔日的探险基地或过冬小屋、长城科考站，为自然科学爱好者圆极地科考之梦。

【任务要求】

1. 理解并掌握旅行社产品的概念和特性。
2. 了解旅行社产品的分类。
3. 熟悉旅行社产品开发的影响因素。
4. 理解并掌握旅行社产品设计的基本原则。
5. 熟悉旅行社产品设计的流程和旅行社产品的开发过程。
6. 了解旅游线路的类型并掌握旅游线路设计的程序。

第一节 旅行社产品的概念与特性

旅行社产品，不仅是旅游活动的主要对象，也是旅行社赖以生存和发展的基础，旅行社产品的种类、数量、质量以及能否满足旅游者的需求是旅行社经营管理的重要内容之一。旅行社只有开发、设计出独具特色并适应市场需求的产品才能吸引和招徕旅游者，创造良好的经济效益和社会效益。

一、旅行社产品的概念

旅行社既不同于物质生产部门，又有别于社会服务性产业，它是以营利为目的的企业，主要为旅游者提供与旅行相关的服务，因此旅行社提供的产品主要是服务形态的产品。

对于旅游产品的本质，国内外旅游学术界已基本达成一致的结论。例如，雷姆（Reime）和霍金斯（Hawkins）认为旅游产品是旅游者一次旅游活动的所有经历，包括住宿、自然和其他资源、交通、餐饮、娱乐及其他吸引物。泰勒（Taylor）认为真正的旅游产品是令旅游者满意的旅游经历，且难以被看到或是测量。《中国旅游业50年》对旅游产品给出的定义是：旅游产品是指旅游经营者凭借一定的旅游资源和旅游设施向旅客提供的满足其在旅游过程中综合需求的服务。从旅游者角度，它是指旅游者支付一定的金钱、时间和精力后所获得的满足其旅游需求的经过。值得注意的是，从这个定义中可以看出，旅行社产品并不等同于旅游产品，而旅行社产品是典型的旅游产品。旅行社在实际操作运营过程中所提供的产品既包括整体或综合的旅游服务，也包括零散或单项的旅游服务。但是，在多数情况下，旅行社提供给旅游者的是以“产品包”形式出现的整体旅游服务和根据旅游者的要求而进行组合的不同程度的综合旅游服务，因此旅行社产品的概念和旅游产品的概念有很强的相似性。

旅行社产品的含义可以从两个方面来理解：

第一，从旅游经营者角度看，旅行社产品是旅行社为了满足旅游者在空间移动过程中的需要，在购买旅游供应商的产品并进行开发后，提供给旅游者的各种有偿服务的总和。

第二，从旅游者角度看，旅行社产品是旅游者为了获得物质上或精神上的满足而花费一定的时间、费用和精力所换取的一段旅游经历和感受。这个经历和感受包括旅游者购买旅行社产品后，从离开居住地到旅游活动结束的全过程中，对所接触的事物、事件和所享受的服务的综合性感受。

二、旅行社产品的特性

旅行社产品本质上属于服务产品的一种，具有所有服务产品的共同属性，但又具有不同于其他产品的个性特征，主要体现在综合性、无形性、脆弱性、生产与消费的同步性、不可转移性、不可储存性、差异性和公共性八个方面。

1. 综合性

综合性是旅行社产品最基本的特性。丰富的旅游活动使旅行社产品表现出高度的综合性，这种综合性体现在它是由多种旅游吸引物、交通设施、娱乐场所以及多项服务组成的混合性产品，是满足人们在旅游活动中对食、住、行、游、购、娱六方面需要的综合性产品。这些产品所涉及的部门和行业众多，不仅涉及直接或间接为旅游者提供产品和服务的旅游行业的各个部门，还涉及很多旅游行业之外的其他行业，如建筑业、交通运输业等。

2. 无形性

旅行社产品是服务性产品，具有无形性的特征，主要表现在旅行社产品不是实体形态，旅游者不能“先试后买”，只能花费一定的时间、精力和金钱，去换取相应的旅游经历和体验，这种体验和感受对旅游者来说是无形的。这种产品的无形性在消费前甚至消费中都无法估量，一般是旅游者在实际消费后才能真正感知并作出评价。正是由于旅行社产品的无形性，加大了旅游者的购买风险，从而增加了旅行社与旅游者的交易难度。

3. 脆弱性

旅行社产品具有脆弱性，表明它极易受到各种因素的影响。一方面，旅行社产品的生产涉及众多的部门和行业，而这些部门和行业中任意一个环节发生变化，都会直接或间接地影响到旅行社产品生产和消费的顺利实现。另一方面，在旅游活动中涉及人与自然、人与社会和人与人之间的诸多关系，诸如政治安定状况、国际关系、经济状况、汇率变化、其他灾害等社会各方面因素，它们的任何变化都会引起旅游需求的变化，并由此深刻影响旅行社产品的生产和消费。

4. 生产与消费的同步性

对于工业企业产品而言，生产和消费是相互分离的，而旅行社产品具有不可分离性。旅行社产品一般都是在旅游者亲自参与下生产的，旅行社提供产品的同时，消费者也在消费。整个服务活动的完成需要生产者（旅行社）和消费者（游客）双方共同参与，这表明旅行社产品的生产和消费是同时进行的，并且是在同一时间、同一地点发生的。旅游者使用旅行社产品的过程，也就是旅行社生产和交付产品的过程。

5. 不可转移性

旅行社产品具有不可转移性，这表明旅行社产品的生产和消费过程，不涉及任何所有权的转移。一方面，旅游服务所凭借的旅游资源和设施，无法从旅游目的地转移到旅游客源地，旅游者只能到旅行社产品的生产所在地进行消费，即旅游景点、旅游饭店等。另一方面，旅游者在购买旅行社产品后，这种买卖交易并不发生所有权的转移，旅游者所拥有的只是对旅行社产品的暂时使用权，而不是所有权，旅游者所获得的主要是一种满意或失望的感受和经历。

6. 不可储存性

对旅行社来说，旅行社产品的效用是不能储存的。旅行社产品不能像有形产品一样贮存起来，供以后销售或使用，如旅游线路、旅游机票，今天没有销售，就失去了今天的价值。所以，旅行社产品的效用和价值不仅附着在空间上，也附着在时间上。因此，旅行社不仅要千方百计地提高产品质量，还要科学预测旅游需求。

7. 差异性

旅行社产品的构成成分和质量水平经常变化，很难统一界定，因此旅行社产品具有差异性。旅行社产品的服务是以人为核心，每个人的需求不同，因此对旅行社产品质量的检验很难采用统一的标准。例如，同一位导游，同样的导游服务，但同一团队不同旅游者的评价可能就不一致，而不同旅游团队的评价可能大相径庭。

8. 公共性

旅行社产品的公共性是指旅行社产品不具有专利性和排他性，一旦其产品推向市场，其他旅行社可竞相模仿，无条件受益。因此，各旅行社产品很容易雷同。旅行社产品的公共性，一是表现在餐饮、住宿、交通运输等单项旅游产品上；二是表现在常规观光旅游产品上。

三、旅行社产品的分类

旅行社产品形态多样，分类方法不一，可按照旅游者的组织形式、产品包含的内容、旅游者的旅游动机、产品的档次进行分类，采取的划分标准不同，旅行社产品的形态也就不同。

（一）按照旅游者的组织形式分类

1. 团体旅游产品

团体旅游产品是指由10人或10人以上的旅游者组成的“集体综合旅游”，旅行社统一安排行程，包括旅游路线、食宿、交通工具和收费标准等的旅游产品。其优点是由于参团人数较多，日程、线路、所住旅馆、参观节目都按计划进行，收费比单独出游更低。

2. 散客旅游产品

散客旅游产品是指由10人以下的旅游者组成的“散客综合旅游”，多为自愿结伴旅行的亲友共同参加的旅游产品。散客旅游是社会发展、接待环境成熟的重要体现，因此散客旅游产品要尽可能地满足旅游者的个性化需求。

3. 组合旅游产品

组合旅游产品又称为散客拼团，其主要形式是旅游线路，这是一种灵活性较强的旅行社产品。旅行社把来自不同客源地的零星游客汇集起来，组成旅游团，从而避免了一些客源地旅行社因当地旅游人数过少，不能单独成团而造成的客源浪费。另外，组合旅游团时间较短，有利于旅行社在较短的时间内招徕大量的客源。

【知识链接】

西安市的春华旅行社经过市场调查发现，随着人们环境保护意识的提高，回归大自然的生态旅游已经成为一种新的旅行社产品。于是该旅行社的鲍总经理试图推出一条西宁—日月山—可可西里无人区的生态旅游线路。然而，经过一段时间的广告促销，报名参加旅游团的只有7个人，难以组成规模较大的旅游团，从而造成旅行社成本居高不下，无法成行。该社的经营顾问李先生建议鲍总经理向邻近的咸阳市和山西省旅行社求援，招徕当地的旅游者，改变由西安市出发的计划，让旅游者在指定日期到西宁集合，由春华旅行社派人在西宁等候旅游者，将他们组成一个旅游团，进行旅游。鲍总经理采纳了这个建议。很快，一个由三省（市）25名旅游者组成的旅游团就出现在了可可西里地区。

【要点分析】

这是一个典型的组合旅游团队。西安市的旅游客源不足，难以组成一个规模较大、价格较低的生态旅游团。因此该旅行社采用组合旅游的形式，从不同客源地招徕客人，前往旅游目的地，并在当地组成旅游团进行旅游活动。这种方式既能够保证旅行社可以在较短的时间里组成规模较大的旅游团，同时也能够适当降低旅行成本，使客人得到实惠，旅行社获得经济效益。

（二）按照产品包含的内容分类

1. 全包价旅游产品

全包价旅游产品是指由 10 人以上的旅游者组成并共同参与的旅游产品。参加旅游团的旅游者采取一次性付费的方式，将各种相关旅游服务全部委托一家旅行社办理，通常包括城际交通、住宿、饮食、游览用车、导游服务、交通集散地接送服务、游览场所门票、文娱活动入场券等。团体包价旅游是中国旅行社目前经营的主要产品。

对旅游者而言，参加包价旅游可以获得较优惠的价格，预知旅游费用，而且旅行社提供全部旅游安排和全陪服务，具有安全感；但旅游者的自由活动机会少，可选择余地小，难以满足个人的爱好和兴趣。对旅行社而言，团体包价旅游预订周期较长，相对易于操作，而且批量操作可提高工作效率，降低经营成本；但是团体包价旅游在预订和实际旅游期间经常会发生各种变化，而且在旅游旺季容易遇到旅游服务采购方面的问题。

2. 半包价旅游产品

半包价旅游是在全包价旅游的基础上，扣除掉中餐和晚餐费用（不含中餐和晚餐项目）的一种包价形式。其目的是降低产品的直观价格，提高产品的竞争力，同时也是为了更好地满足旅游者在用餐方面的不同要求，团体旅游者和散客旅游者均可采用这种形式。

3. 小包价旅游产品

小包价旅游产品又称为可选择性旅游或自助旅游，它由非选择部分和可选择部分构成。非选择部分包括接送、住房和早餐，旅游费用是旅游者在旅游前预付的；可选择部分包括参观游览、导游、风味餐、节日欣赏和购物等，旅游者可根据时间、兴趣和经济情况自由选择，费用可预付或现付。小包价旅游每批旅游者一般在 10 人以下。

小包价旅游有多方面的优势，它让旅游者感到明码标价、经济实惠、手续简便、机动灵活，因此深受旅游者的青睐，是旅行社值得大力推广的产品。

4. 零包价旅游产品

参加这种旅游的旅游者必须随团前往和离开旅游目的地，但在旅游目的地的活动是完全自由的，形同散客。这是一种独特的产品形态，多出现于发达国家。参加该产品的旅游者可以获得团体机票价格的优惠，由旅行社统一代办旅游签证。

5. 单项委托服务

单项委托服务在旅游界又称为委托代办业务，是旅行社根据旅游者的具体要求而提供的各种非综合性的有偿服务。旅游者需求的多样性决定了旅行社单项服务内容的广泛性，但常规性的服务项目主要包括导游服务、交通集散地接送服务、代办交通票据和文娱票据、代订酒店客房、代联系参观游览项目、代办签证和旅游保险等。旅行社单项服务的对象十分广泛，但主要是散客旅游者，旅游者可以根据自己的实际需要，灵活选择各种单项委托服务，从而实现更加个性化的旅游，节省旅游费用。

（三）按照旅游者的动机分类

1. 休闲度假旅游产品

休闲度假旅游产品包括观光旅游产品和度假旅游产品。观光旅游产品是旅行社产品中最基础的形式，也是最早出现的最为常见的旅行社产品之一。根据其游览内容的差别，休闲度假旅游产品又可分为自然观光产品和人文观光产品。观光旅游产品一般具有资源品位高、服务设施完善、环境氛围好、安全保障强、可进入性大的特点，能够满足旅游者最基本的旅游需求。休闲度假旅游产品是旅行社为满足旅游者暂时逃避紧张、压抑、枯燥的工作环境和生活节奏，希望到空旷、悠闲的环境中去充分放松和休息的心理而开发的旅游产品。休闲度假旅游者一般在旅游地停留时间较长，消费水平高，重游率也较高。

2. 公务旅游产品

公务旅游产品主要包括商务旅游产品、会议旅游产品和奖励旅游产品。商务旅游者多为企业的管理人员或销售人员，层次较高，旅游目的地多集中于一些作为经济或政治中心的大中型城市，消费水平也较高。所以，对于旅行社而言，这是一种出售频率高、季节变化小、经济效益明显的产品。会议旅游者通常消费水平较高，而且停留时间也较长，因此能够给开发此类产品的旅行社带来可观的经济效益。奖励旅游产品是近年来发展很快的一种旅游产品，对于旅行社而言，奖励旅游产品的潜力很大，价格也较高，能够给旅行社带来较大的利润，也是一种经济效益明显的产品。

3. 专项旅游产品

专项旅游产品又被称为特种旅游产品，具有发展前景广阔、特色鲜明、主题多样的显著特点。专项旅游产品可以包括体育旅游产品、宗教旅游产品、探险旅游产品、修学旅游产品、烹饪旅游产品、医疗保健旅游产品、书法绘画旅游产品等。专项旅游产品适用于旅游者个性化、多样化的需求特点，是今后旅行社产品开发的重要趋势，也因此备受旅行社的青睐。但是，专项旅游产品的开发难度大、操作程序多、涉及单位广、投入费用高，这往往在一定程度上制约了旅行社开发的积极性。对于旅行社来说，应合理利用本地区的优势旅游资源，大力开发适销对路的专项旅游产品。

第二节　旅行社产品开发的影响因素

开发能满足旅游市场需求的旅行社产品是旅行社经营与管理的中心，影响旅行社产品开发的因素可以分为外部因素和内部因素两大类。

一、旅行社产品开发的外部影响因素

旅行社产品开发的外部影响因素是无法被直接控制的因素，但这些因素共同作用的结果会直接影响一个国家或地区旅游业的整体发展水平，从而对旅行社产品的开发产生直接或间接的影响。一般来说，旅行社产品开发的外部影响因素包括资源禀赋、设施配套和旅游需求三个方面。

（一）资源禀赋

资源禀赋是指一个国家或地区拥有旅游资源的状况，影响旅行社产品开发的资源因素主要包括旅游资源（自然旅游资源、人文旅游资源）、人力资源、资本资源、社会资源。

1. 旅游资源

旅游资源又称作旅游吸引（因素），即在现代社会能够吸引旅游者产生旅游动机，并实施旅游行为的因素的总和。它能够被旅游业利用，并且在通常情况下能够产生社会效益、环境效益和经济效益。旅游资源包括自然旅游资源和人文旅游资源。

（1）自然旅游资源。自然旅游资源是指“由自然界的诸多因子，在不同的历史条件及演变阶段，作用于不同的地理环境而形成的具有观赏性及游览性的自然景观与自然环境”。自然旅游资源构成旅游空间，决定着旅游发展的潜力。自然资源对旅行社产品开发的作用，取决于它们的特点和可进入性，否则其只能算作潜在的资源。因此，自然资源只有经过开发才能满足旅游者的观赏、游览需求。但是，对自然旅游资源的开发不应破坏其自然属性，这是自然资源成为经济资源的前提条件。

（2）人文旅游资源。人文旅游资源是指“人类在各种活动中创造的，把动态的历史用静态的实物体现出来的，能够激起人们旅游动机的物质财富和精神财富的总和”。它可划分为历史文化名城、古迹宗教文化、交通、建筑与园林、文学艺术旅游资源等。

有些旅游资源具有独特性，因而垄断性突出，如北京长城、西安兵马俑等，这些资源的独特性决定着旅游地的竞争能力。而更多的人文资源则是人们的日常生活、风土民情等对旅游者有吸引力的旅游资源，它们是对人文旅游资源的深层次开发。

2. 人力资源

人力资源是旅游业开发与经营的基本要素，它在一定程度上也决定着旅行社产品的开发，人力资源主要包括人口数量、人口特点和人员素质等。旅行社在开发产品时，必须充分考虑旅游目的地的人力资源现状，从而有效地开发产品。

3. 资本资源

资源的开发、保护和利用都离不开资本的投入，如开发旅游产品需要进行市场调查以了解需求情况，委派人员考察线路情况，去旅游地采购、沟通各种关系，这些都需要有充裕的资金作保证，这就使得资本资源成为影响旅行社产品开发的一个极其关键的因素。

4. 社会资源

社会资源是指与人类社会生活有紧密联系的事物和活动，包括传统文化、民族风情、节庆表演、保健等，这是对旅游资源的深层开发。与此同时，当地居民对旅游者的态度也是社会资源的重要内容。当地居民对旅游者的态度（容忍程度）主要取决于主客双方的文化差异、旅游地拥挤程度、旅游者的行为是否有损于当地居民的价值观以及旅游者与当地居民的接触程度。旅行社在开发产品时必须充分考虑旅游目的地居民的容忍程度，有针对性地开发产品。

（二）设施配置

设施配置是指与旅游者旅游生活密切相关的服务设施和服务网络的配置状况，主要包括食、住、行、游、购、娱等方面，它们是旅游者实现其旅游目的的必要媒介，而且本身也会增添旅游乐趣，是构成旅游者旅游生活的重要组成部分。一个国家或地区无论旅游资源多么丰富，但如果不具备起码的基础设施和旅游服务设施，则难以形成吸引旅游者的产品。设施配置具体包括旅游基础设施、旅游上层设施和旅游需求三方面。

1. 旅游基础设施

（1）一般公用设施，如供水、供电、排污、煤气、电信、道路系统等。

（2）满足现代生活所需要的基本设施或条件，如银行、医院、商店、治安管理机构等。

旅游基础设施的主要使用者虽然是当地居民，但旅游者也必须依赖这些设施。如果没有基础设施作保障，那么当地旅游业的进一步发展也全受到阻碍。

2. 旅游上层设施

旅游上层设施是指虽然可以供当地居民使用，但主要供外来旅游者使用的设施，如饭店、指定商店、旅游问讯中心、某些娱乐场所等。

3. 旅游服务

旅游服务是指旅游业员工以一定的旅游资源和旅游设施为凭借，向旅游者直接提供劳动。它包括翻译导游服务、住宿服务、饮食服务、交通运输服务、物资供应服务、出入境服务以及各种与旅游直接或间接有关的服务。

旅游基础设施、旅游上层设施只是进行旅游活动和旅游业存在与发展的客观物质条件，而旅游服务则是把这些客观物质条件变成现实的旅游产品，满足旅游者旅游活动的需要。

（三）旅游需求

旅游需求是指旅游者在一定时期内，愿意以一定价格购买的旅游产品的数量。

旅行社产品与旅游需求的大小和旅游者的旅游兴趣密切相关。其中，需求量的大小受许多因素的影响，如旅游产品的价格、旅游者的支付能力、余暇时间、动机，还有政治、经济、文化、社会等因素。因此，从某种意义上讲，旅游需求决定着旅行社产品开发的方向。

二、旅行社产品开发的内部影响因素

内部因素是指旅行社的综合竞争力，受到多方面因素的影响，包括旅行社的发展战略、市场定位、人力资源状况、财力状况、市场拓展能力、协作网络的广度与稳定程度、接待能力和商誉等，在此不展开详细的论述。

第三节　旅行社产品设计的基本原则

产品设计的基本原则是旅游产品设计时必须遵循的基本要求，是用以保证产品设计质量和提高产品开发效果的。旅行社产品的形态是多种多样的，尽管这些产品在服务形态方面存在差异，但由于旅行社产品的商品属性和价值规律使然，不同形态的产品在其设计过程中都应该遵循共同的原则。不同的旅行社和专家学者对产品设计的原则会有一些差别，但结合中国目前旅行社产品设计的实际，具有共性的基本原则大致包括市场原则、经济原则、旅游点结构合理原则、交通安排合理原则、保障性原则和内容丰富性原则。

一、市场原则

旅行社产品开发的目的在于通过产品销售，获得经济利益，如果旅行社的产品不能满足旅游者的需要，产品就没有销路，旅行社也就无利可图。市场原则就是要求旅行社在开发设计产品的过程中，对市场进行充分调研，了解旅游者现实和未来的需求，始终坚持以旅游者的需要为出发点，着眼于市场的潜在需要，设计出适销对路的产品，最大限度地使产品适应国内外旅游业发展的趋势和旅游者的需求。旅行社产品开发的市场原则具体体现在三个方面。

1. 根据市场需求变化的状况开发产品

旅游者的需求尽管是千差万别，且不断变化的，但是，对于大多数旅游者来说，有些需求是相对稳定和具有代表性的，如：

（1）去未曾去过的地方增长见识；

（2）从日常的紧张生活中解脱出来；

（3）尽量有效地利用时间而又不是很劳累；

（4）购买廉价而又新奇的东西。

旅行社可以结合旅游者这些相对稳定并具有代表性的需求特点，以及不同时期的时代风尚和潮流，设计出适合市场需求的旅游产品。

2. 根据旅游者或中间商的要求开发产品

旅行社直接根据旅游者和客源产生地中间商的要求，设计专门的旅游产品，开拓自己的市场。具体到旅游线路的设计上，旅行社应尽量按照旅游者希望访问的目的地和游览顺序编排行程。

3. 创造性地引导旅游消费

旅行社审时度势，创新产品，引导旅游消费，也是市场原则的实际应用。

二、经济原则

经济原则是指以同等数量的消耗，获得相对较高的效益；或者以相对低的消耗，获得同等的效益。经济原则主要体现在三个方面。

（1）在设计旅游线路时，旅行社应优先选择费用最低的线路，迂回曲折的线路只能使价格增高。

（2）加强成本控制，降低各种消耗。例如在采购旅游产品时，旅行社可通过充分发挥协作网络的作用，降低交通费、住宿费、餐饮费的采购价格，使产品的直观价格降低，这样既便于产品销售，又能保证旅行社的最大利润。

（3）产品的总体结构应尽可能保证旅行社的接待能力与实际接待量之间的均衡，减少因接待能力闲置而造成经济损失。虽然绝对的平衡是不存在的，但可以通过优化组合和必要的辅助手段，如价格调节，使旅游需求尽可能与旅行社的接待能力趋于平衡。

三、旅游点结构合理原则

旅游点结构合理原则是指旅行社在设计旅游线路时，应该科学地优化组合构成旅游线路的各个旅游点。旅游点结构合理原则主要体现在五个方面。

1. 尽量避免重复

在条件允许的情况下，一条旅游线路应竭力避免重复经过同一旅游点，因为根据满足效应递减规律，重复会影响旅游者的兴趣和满足程度。

2. 点间距离适中

同一旅游线路各旅游点间的距离不宜太远，以避免大量时间和金钱耗费在旅途中。一般来讲，旅游点间交通耗费的时间应小于旅途全程时间的1/3。

3. 择点数量适量

目前，短期廉价是大众旅游者的追求目标，旅游者的旅游时间一般在一周左右。在时间一定的情况下，过多地安排旅游点，容易使旅游者紧张疲劳，达不到休息和娱乐的目的，也不利于旅游者深入细致地了解旅游目的地。同时，择点过多，对旅行社产品的销售也会产生不利影响，致使旅游回头客减少。

4. 游览顺序科学

在交通安排合理的前提下，同一线路旅游点的游览顺序应从一般的旅游点逐步过渡到吸引力较大的旅游点，这样可以使旅游者感到高潮迭起，保持对整个旅途的兴奋度，而不是每况愈下。

5. 景点特色各异

一般说来，不应该将性质相同、景色相近的旅游点编排在同一线路中。同一线路上的各个旅游点应各有特色，否则会影响旅游线路的吸引力。当然，专业考察旅游另当别论，如广州、桂林、上海、西安、北京一线，正是由于各旅游城市独有的特色和科学的组合成为我国在国际旅游市场中畅销的旅游线路。

四、交通安排合理原则

交通工具的选择应以快捷、舒适、安全、方便为基本原则。选择的交通工具应与旅程主题相结合；要保证交通安排的衔接，减少候车（机、船）时间；进入旅游景区，要尽量做到“进得去、散得开、出得来”，避免出现交通拥堵，延误旅程。

五、保障性原则

旅游线路途经旅游点的各种服务设施必须得到保障，如交通、住宿、饮食等，这是旅行社向旅游者提供旅游服务的物质保证，缺少这种保证的旅游点一般不应该考虑编入旅游线路。另外，旅行社应尽量选择安全设施有保障的旅游点，确保游客的人身和财产安全。

六、内容丰富性原则

旅游线路一般应突出某个主题，并且要针对不同性质的旅游团确定不同的主题，如“客家风情之旅”“红色苏区之旅”等，都有自己鲜明的主题。旅行社应围绕主题，选择有代表性的旅游景点，安排丰富多彩的旅游项目，让旅游者通过各种活动，从不同的侧面了解旅游目的地的文化和生活，领略美好的景色，满足旅游者休息、娱乐和求知的欲望。力求在同一旅游线路的旅游活动中形成一个高潮，加深旅游者的印象，达到宣传自己、吸引游客的目的。

第四节　旅行社产品开发过程

在一定时期内，一个地区的旅游资源、旅游服务设施和其他客观条件是相对稳定的，因此其关键就在于旅行社如何根据市场需求，经过分析和构思，开发设计出各种能够吸引旅游者的产品。旅行社产品的开发是一个非常复杂的过程，需要做大量细致的工作。为了提高产品开发的成功率，旅行社必须要建立科学合理的开发程序。旅行社产品开发的过程可以划分为产品策划、产品制作、产品市场试销、产品筛选与评价四个阶段。

一、旅行社产品策划阶段

1. 方案的拟定

方案是产品的雏形，方案的形成源于众多具有创造性和新鲜血液的产品构思，旅行社只有具备创造性的构思，才能拟定出具有竞争力的产品设计方案。产品构思越多，旅行社选择的余地就越大。旅行社产品构思的来源十分广泛，有旅行社的管理人员、研究人员或推销员，也有旅游者或旅游中间商。此外，旅行社还可以从外界的刊物、研究报告甚至与其竞争的旅行社同行那里获得产品构思创意。虽然创意的获得并不容易，但来自各方面的社会信息能给我们提供许多畅想的机会，大体来说，旅行社新产品策划的主要形式可分为以下三种。

（1）市场调研。市场调研的内容包括旅游者的需求、旅游者的消费趋势、外部环境趋势三个方面。旅行社若想在市场竞争中得以生存并发展，必须保持自身对于市场需求的洞察力和敏锐力；在产品策划过程中，要想避免出现市场判断的失误，关注并研究消费者的需求变化是必要前提。旅游者的消费趋势是旅行社进行产品决策的重要依据，其调查的内容主要包括旅游者对目的地的偏好、交通工具与住宿设施的选择、假期的长短以及度假方式等。随着个性化消费趋势的兴起，文化旅游、特种兴趣旅游和参与性旅游已成为人们喜爱的度假方式。旅行社无法左右外部环境因素，但可以利用这些因素为自身服务。对外部环境进行分析与预测是为了明确现在与未来的发展趋势，找出现存与潜在的问题，确定未来的发展目标。外部环境主要包括国内外的政治与法律状况、经济运行环境、客源市场人口特点与生活方式、竞争对手等。在旅行社的外部因素中，竞争因素是最重要的因素之一，旅行社只有在熟知当地行业竞争状况的基础上，才能对自己的产品做出开发计划。

（2）寻找市场机遇。随着网络技术的发展，我们处在一个互联网的时代，每天都会接收到来自四面八方的各类社会信息，这些信息会给我们许多畅想的机会。在缤纷的世界中，面对纷繁杂乱的信息，旅行社的视野应该更加开阔，许多政府活动乃至商业活动，在跳动的思维和精确的计算下都有可能构成良好的商机，其中旅行社的敏感触觉和果断决策能力至关重要。

（3）制造市场卖点。制造热点，是吸引人们广泛关注、聚拢人气的重要方式。目前，能够聚拢人气的媒介场所无过于互联网。名人在线访谈、主题讨论、新闻网络论坛，这些都是常用的措施。近年来，旅游所制造的热点吸引比比皆是，旅行社创造出新的概念、推出新的玩法，吸引了大批的游客竞相追逐。在旅游部门及旅行社的大力推动下，许多新的旅游概念、新的旅游形象已经深入人心。例如，人们提到“童话世界”就想到九寨沟，提到“奇山异水”就联系起张家界。

2. 方案的评价

构思并不等于方案，构思只有经过专业技术人员的筛选和可行性论证，才能最终确定其价值。筛选就是旅行社专业技术人员根据直观的经验判断，剔除那些与旅行社的发展目标、业务专长和接待能力等明显不符或不具备可行性的构思，缩小有效构思的范围。

进一步的筛选更具科学性。旅行社专业技术人员通常可以对初步筛选出的构思进行等级评定，并根据等级系数的高低确定可行性论证的顺序，表 3.1 为旅行社产品的构思评价。

表 3.1　旅行社产品构思评价

影响因素	重要性系数	评分等级					得分
		5	4	3	2	1	
销售前景	0.25		√				1.00
盈利能力	0.25			√			0.75
竞争能力	0.20			√			0.60
开发能力	0.20		√				0.80
资源保障	0.10		√				0.40
总计	1.00						3.55

注：等级系数=得分总和/评价等级数量=3.55/5=0.71

3. 方案的选择

方案选择是一个非常复杂的问题，每个方案在不同的视角都能体现其合理性，因此旅行社在选择方案时，不能仅仅采用单一的方法，而要采用定性和定量相结合的分析方法，对各个方案进行综合评价和比较分析，在注重宏观效益的基础上，强调各方案的经济效益。

从定性分析的角度来看，旅行社在方案选择过程中应考虑以下标准：

（1）有利于（至少无害于）当地社会、经济的发展。

（2）有利于占有市场，增加销售。

（3）有利于提高旅行社的竞争能力。

（4）有利于刺激中间商或代理人的销售热情。

（5）有利于保证原有产品的正常发展。

从定量分析的角度来看，准确计算各种方案所需成本和将要实现的利润是问题的核心。许多现代化分析手段的应用，将有助于方案的科学选择。这些方法包括等概率法、最大的最小值法（保守法）、最大的最大值法（冒险法）、乐观系数法、最小最大后悔值法、贝叶斯法、决策树法、马尔柯夫决策法和模拟决策法等。下面举例说明几种常见方法的实际应用。

例如，某旅行社拟开发某旅游线路，但由于资料原因，该社对该线路的需求量只能大致估计为高、中、低和很低四种情况，而每种情况出现的概率也无法预测。为开发此线路，该旅行社设计出 4 种方案，计划经营 3 年。根据计算，各方案的损益分析对比如表 3.2 所示。

表 3.2　线路设计方案损益分析对比　　（单位：千元）

	1	2	3	4
高	600	800	350	400
中	400	350	220	250
低	0	-100	50	90
很低	-150	-300	0	50

（1）直观判断法。我们从表 3.2 中可以看出，在 4 种市场需求量的情况下，方案 3 的收益值都小于方案 4，所以首先舍弃方案 3。

（2）等概率法。等概率法就是假设每种市场需求状况发生的概率是相同的。由此可分别计算出方案 1、方案 2 和方案 4 的预期收益。

方案 1：预期收益 = 1/4×（600+400+0-150）= 212.5（千元）

方案 2：预期收益 = 1/4×（800+350-100-300）= 187.5（千元）

方案 4：预期收益 = 1/4×（400+250+90+50）= 197.5（千元）

经过比较可以确定，方案 1 最优。

（3）最大的最小值法。根据最大的最小值法，首先确定各个方案在不同市场需求状况下的最小收益值，其次在最小收益值中选择收益值最大的方案作为最优方案。由此可分别计算出方案 1、方案 2 和方案 4 的最小收益。

方案 1：最小收益 = -150（千元）

方案 2：最小收益 = -300（千元）

方案 4：最小收益 = 50（千元）

经过比较可以确定，方案 4 最优。

（4）最大的最大值法。根据最大的最大值法，首先确定各个方案在不同市场需求状况下的最大收益值，其次在最大收益值中选择收益值最大的方案作为最优方案。由此可分别计算出方案 1、方案 2 和方案 4 的最大收益。

方案 1：最大收益 = 600（千元）

方案 2：最大收益 = 800（千元）

方案 4：最大收益 = 400（千元）

经过比较可以确定，方案 2 最优。

（5）乐观系数法。在使用最大的最小值法和最大的最大值法过程中，决策者根据自己对未来的判断进行决策，但缺少程度表示。设乐观系数为 α（$0\leqslant\alpha\leqslant1$），则 $1-\alpha$ 为悲观系数。当 $\alpha=0$ 时，决策者完全悲观，当 $\alpha=1$ 时，决策者完全乐观。

设 $\alpha=0.2$，则 $1-\alpha=0.8$，由此可分别计算出方案1、方案2和方案4的预期收益。

方案1：预期收益 $=0.2\times600+0.8\times(-150)=0$（千元）

方案2：预期收益 $=0.2\times800+0.8\times(-300)=-80$（千元）

方案4：预期收益 $=0.2\times400+0.8\times50=120$（千元）

经过比较可以确定，方案4最优。

其他方法因运算比较复杂，在此不再一一介绍。由以上举例可以看出，每种方法都有其特定的适应性，旅行社专业技术人员应有选择地或综合地运用各种方法，力求分析结论的准确性和决策的科学性。

二、旅行社产品制作阶段

从市场调查到新产品方案的确定，这一阶段仅仅是对旅行社产品技术开发的理性构思。要成功开发新产品，应在此基础上继续进行样品的研制和实验性销售等工作。

新产品的研制阶段，除了由专业技术人员、工程人员、企业管理层参与外，一线的业务人员一般也要介入，以便集思广益、共谋良策。无论是研制何种类型的新产品，旅行社都要注意单项服务的整合，融入本旅行社的特色，提高产品的知识含量和科技含量，在内容和形式上有所创新。新产品研制的关键是确保产品的功能与质量，因此在研制开发过程中需要对新产品进行反复测试。

新产品研制的具体工作，包括制订产品计划，与交通运输公司、旅游酒店、地接社等旅行社供应厂商和合作厂商达成暂时性协议，制作宣传手册等。制订产品计划是新产品研制的重点，这个计划必须明确制订出旅行社的产品发展战略和详细的计划，包括目的地的选择、每个旅游团接待量的确定、行团时间、行程设计、城市间的交通方式、交通工具、住宿设施、每个具体产品的期限、价格的制定以及发团的日期等。

若入选的目的地是经过前一阶段的市场调研和方案选择确定的，此时则可以进一步缩小潜在旅游目的地的选择范围。一般来讲，选择的目的地要符合旅游时尚，气候、景色宜人，拥有便利的设施，能够容纳大型的旅游团队，交通便利，拥有种类和价格各异的酒店等。

三、旅行社产品市场试销阶段

新产品研制出来以后，必须在其正式投放市场之前，先小批量地投放到经过挑选的具有代表性的较小的市场范围内，进行一次或多次试销，以检验旅游者对新产品的反应，降低新产品失败的风险。新产品试销的作用在于了解新产品在市场上的销售情况，以便做出相应的决策；了解新产品在正常市场营销环境下可能的销售量和利润额；明确新产品的优势及不足。

在试销过程中，调查人员要及时对旅游市场进行调查，征求各方面的意见和建议，对产品试销效果作出评价。市场调查的重点是旅游消费者的满意程度和旅游消费者的数量。如果通过调查分析，旅游消费者满意程度高、数量大，那么该产品的设计是比较成功的，产品投放市场后将受到欢迎，获得理想的开发效益，这类产品在经过改进后可以大批量地投放市场；反之，试销证明是无销路的产品，说明该产品开发是失败的，就不要勉强投入市场。

在新产品试产和试销阶段，旅行社应特别注意：

（1）产量规模适中；

（2）保证产品质量；

（3）充分估计各种可能，做到有备无患；

（4）经试销，证明确无销路的产品，切忌勉强投入市场。

四、旅行社产品筛选与评价

旅行社除了要负责旅行社产品从设计到最终投放市场的全过程外，还应定期对其产品进行检查和评价，从中选出经济效益好的畅销产品和具有发展前途的产品，并淘汰那些经济效益差的滞销产品。旅行社对产品进行筛选和评价一般采用四象限评价法、产品生命周期评价法和矩阵评价法。这里重点介绍四象限评价法和产品生命周期评价法。

（一）四象限评价法

四象限评价法（见图3.1）是在美国波士顿咨询团（Boston Consulting Group）设计的“市场导向型产品检测模型”的基础上加以改进后提出的，用于对旅行社产品进行总体的分析比较，因此又将其称为“波士顿咨询团的成长—份额分析矩阵分析法”。这种分析评价方法从两个方面对旅行社产品进行评价，即产品在市场上受欢迎的程度和为旅行社带来经济效益的多寡。这种分析评价方法把旅行社的全部现有产品分为明星产品、金牛产品、问题产品和瘦狗产品四种类型，并对不同类型的产品分别采用发展、利用、培养和淘汰的策略。

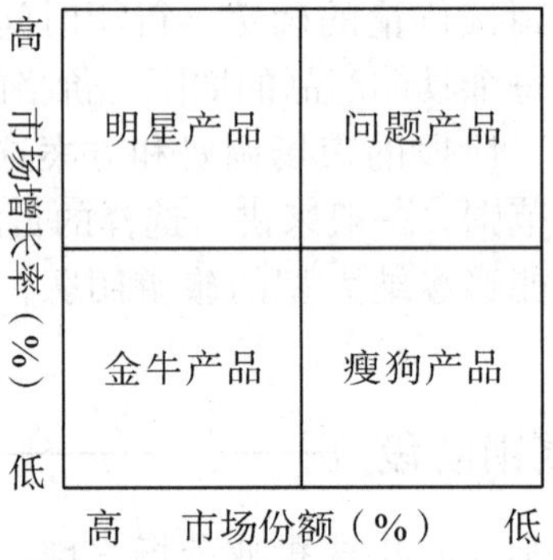

图3.1 四象限评价法（波士顿咨询团的成长—份额分析矩阵）

1. 明星产品

（1）特点。明星产品是指市场增长率和相对市场份额都较高的旅行社产品，其处于市场领先与快速成长状态。这类产品一经投入市场，便会吸引较多的旅游者前来购买，从而形成较大的市场需求。旅游者对产品的售价不太在意，产品价格的变化对旅游者购买该产品的数量所产生的影响也比较小。明星产品是旅行社获取长期利润的重要渠道和扩大市场份额的有力手段，因此旅行社必须严格保证明星产品的质量。

（2）策略——发展。在明星产品投放到市场一段时间后，旅行社可适当调整产品的价格，通过提高产品的售价来试探旅游者的反应。如果旅游者对产品价格变化不敏感，旅行社还可以继续提升价格，直到旅游者对产品价格变得较为敏感。旅行社可以大力向市场宣传和推销明星产品，并将售价保持在一个较高的水平，使旅行社获得最多的经济效益。

2. 金牛产品

（1）特点。金牛产品的市场份额较高，而市场增长率较低。较高的市场占有率具有规模经济和较高利润的优势，而较低的市场成长率需要较少的投资。金牛产品多为投放市场时间较长，已被公众所熟悉的产品，产品质量较稳定，价格也为旅游者所接受。

（2）策略——利用。金牛产品对增加旅行社的利润和现金流量都起到了非常重要的作用，在市场上拥有较高的知名度和相对稳定的市场份额，所以旅行社在调整金牛产品的价格时必须十分慎重。金牛产品所产生的大量收入可以满足旅行社的经营需要，因此旅行社应该充分利用金牛产品，尽量延长这类产品的生命周期。

3. 问题产品

（1）特点。问题产品是指市场增长率较高而相对市场份额较低的旅行社产品。其发展前景尚不明朗，既可能成为吸引力强、发展前景好的明星产品，也存在某些不确定因素，甚至可能演变成瘦狗产品。经营问题产品对旅行社而言要冒一定的风险，但也有可能在将来给旅行社带来丰厚的回报。

（2）策略——培养。旅行社应该对问题产品进行具体的分析，找出问题的症结，并制定出相应的对策，力争将其转变为明星产品，给旅行社带来丰厚的回报。

4. 瘦狗产品

（1）特点。瘦狗产品的市场成长率和市场份额都较低，因此它既不会受到大量旅游者的欢迎，也不会给旅行社带来丰厚的利润。实际上，瘦狗产品在市场上只能被少数旅游者选择，而旅行社为了满足这些旅游者的需要，往往以远高于利益的成本来维持生产能力和竞争地位，从而陷入资金陷阱，得不偿失。

（2）策略——淘汰。对于瘦狗产品，旅行社无须再继续投入大量的促销经费，应该采取果断的措施，有计划地加以淘汰，将节省下来的资金和人力用于明星产品和问题产品的促销，从而为旅行社带来更多的客源和收入。

巴克斯迪（Barksdale）和哈里斯（Harris）还把这种分析与产品生命周期理论联系在一起，即问题产品是处于引入或早期成长阶段，明星产品处于快速成长阶段，金牛产品已经达到成熟阶段，而瘦狗产品则已经处于衰退阶段。

（二）产品生命周期评价法

所有产品的生命都是有限的，需要经历不同的生命周期阶段，旅行社产品也不例外。认识产品生命周期理论，可以让旅行社及时调整其产品组合策略，及时淘汰过时产品，适时引入新产品，有针对性地采取不同的产品决策。

产品生命周期评价法是根据旅行社产品从投放市场到最终退出市场整个过程中每一阶段的产品情况，对旅行社现有产品进行分析和评价的方法。

1. 产品生命周期

产品生命周期是指旅行社的产品从完成设计、投放市场，到该产品被淘汰、退出市场的全部过程。旅行社产品生命周期分为投入期、成长期、成熟期和衰退期四个阶段（见图 3. 2）。

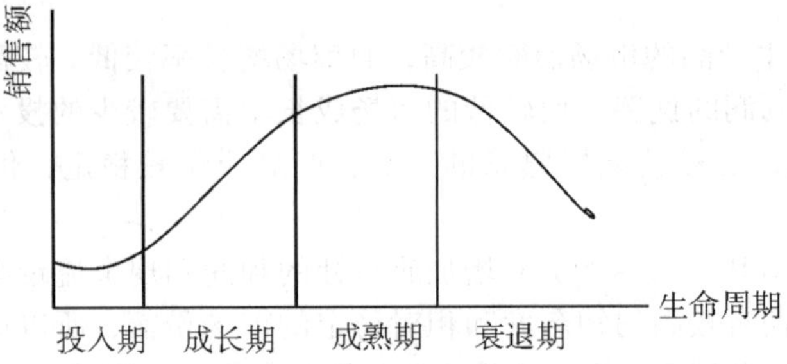

图 3. 2　产品的生命周期

（1）产品投入期。产品投入期是指新产品试制成功投放到市场试销的阶段。在这个阶段，新产品由于刚刚进入市场，尚未被广大旅游者所接受，产品的销售量较小，销售额增长缓慢。为了使旅游者能够尽快了解和熟悉新产品，旅行社往往在广告宣传方面大做文章，从而造成该产品的销售费用较高而利润较低的局面。

（2）产品成长期。当新产品试销取得成功，旅行社开始将产品成批量地投放到市场以扩大市场销售量的时候，这种产品便进入了它的成长期阶段。在这个阶段，产品的销售量迅速增长，旅游者对产品已经有所了解，因此广告费用可以相应减少，销售成本大幅度下降，经营利润迅速上升。与此同时，其他旅行社开始模仿这类产品，市场上开始出现竞争趋势。

（3）产品成熟期。在这一阶段，旅游市场上对这种产品的需求量已经逐渐趋于饱和，该产品的销售量已经达到最高点，同时各个旅行社推出的同类产品大批进入市场，市场竞争愈加激烈，旅行社经营这种产品所获得的利润开始下降。

（4）产品衰退期。在这一阶段，产品逐渐老化，市场销售量日益下降，新产品开始进入市场，并逐渐代替老产品。在产品衰退期，市场竞争突然地表现为价格竞争，导致产品的销售量和经营利润不断下降。

2. 评价方法

产品生命周期评价法正是根据产品的这种生命周期现象，对处在不同阶段的产品进行分析，指出其目前的竞争地位和今后的发展前景，并据此提出相应的产品开发策略。

产品生命周期评价法以产品所处的生命周期阶段和产品目前的竞争地位作为主要依据，将旅行社的产品分别标在一个由 12 个方格构成的矩阵图上。在这个矩阵图中，横轴表示产品的竞争地位，纵轴则表示产品所处的生命周期阶段（见图 3. 3）。

从图 3. 3 中我们可以看出，产品甲处在产品生命周期的投入期阶段，具有很大的发展潜力和竞争能力，这意味着该产品的发展前景十分乐观，当该产品进入成长期后，便会处于一种销售增长率和市场增长率均较高的有利态势。产品乙则是处在成长期阶段的成功产品，该产品所在的市场尚有一定的发展余地，而产品本身的竞争地位也很强，所以该产品同样能够抓住机遇，充分发展。产品丙与产品乙都处于成长期阶段，

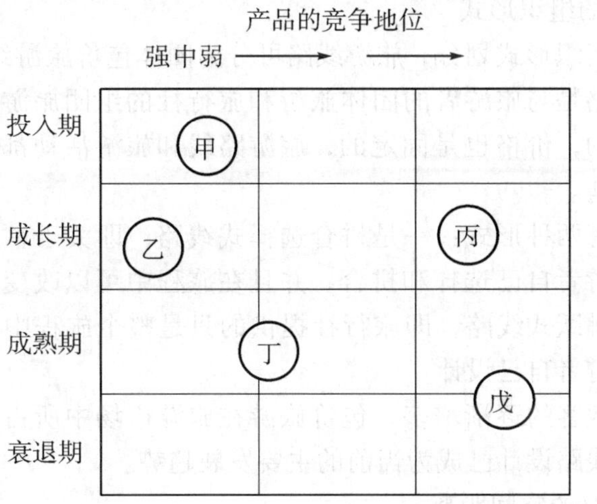

图 3.3　旅行社现有产品分析（产品生命周期评价法）

但产品丙的竞争地位很弱，一旦产品进入成熟期，市场需求基本饱和时，该产品将难以在激烈的市场竞争状态下继续生存。产品丁是一个处在成熟期阶段的产品，竞争地位为中等偏强，产品市场已基本饱和，旅行社应充分利用该产品目前的市场地位，努力从中获得最大的经营利润，同时也应注意开发新产品以逐步取代它们。产品戊是旅行社应设法予以淘汰的产品，其处于衰退期阶段，市场已经开始萎缩，竞争地位也不强，已经无法给旅行社带来满意的利润回报。

以上介绍的两种现有产品筛选与评价方法均能够帮助旅行社产品设计开发人员对旅行社产品进行较为系统的科学评价，从中挑选出适合本旅行社经营目标的各种产品。

第五节　旅游线路的设计

旅游线路是构成旅行社产品的主体，旅游线路包含旅游者从离开居住地到返回居住地开展旅游活动的一切要素。旅游线路是旅行社根据市场需求，结合旅游资源和接待服务的实际状况，为旅游者设计的包括整个旅游过程中全部旅游项目内容和服务的旅游游览线路。

旅游线路设计是旅行社为了将旅游产品出售给旅游者，以旅游景点及各个中心城市为依托，将客源地、旅游地和中心城市合理地贯穿起来，组成专门的旅游线路网络的设计规划。旅游线路设计是旅游产品开发的重要内容，从旅行社的角度来看，旅游产品的销售最终必须落实到具体的旅游线路，因此旅游线路设计水平的高低直接关系到旅游产品开发的成败。

一、旅游线路的类型

旅游线路是指为了使旅游者能够以最短的时间获得最大的观赏效果，由旅游经营部门利用交通线串联若干旅游点或旅游城市（镇）所形成的具有一定特色的合理走向。由于划分的方法形式各异，旅游线路的类型也有很多种。

1. 按照旅游者的组织形式

根据旅游者的组织形式划分，旅游线路可分为团体包价旅游线路和散客旅游线路。其中，包价旅游线路是与旅游者的团体旅游和旅行社的组团旅游相联系的，其特点包括旅游线路是固定的，价格也是固定的，旅游路线和旅游活动都由旅行社包揽，旅游者无自由选择的余地。

散客旅游线路有两种形式：一是拼合选择式线路，即关于整个旅程设计有几种分段组合线路，由旅游者自己选择和拼合，并且在旅程中可以改变原来的选择，进行重新分段选择；二是跳跃式线路，即旅行社提供的只是整个旅程中几小段线路或几大段服务，其余皆由旅游者自己设计。

随着旅游市场散客的逐渐增多，包价旅游在旅游市场中所占比重相对减少，旅行社针对散客的旅游线路设计已成为当前的主要发展趋势。

2. 按照旅游线路的空间距离

根据旅游线路的空间距离来划分，旅游线路可分为远程旅游线路、中程旅游线路和近程旅游线路，其具体特点详见表 3.3。

表 3.3　旅游线路类型及特点

类型	远程旅游线路	中程旅游线路	近程旅游线路
特点	旅游线路长	旅游线路较长	旅游线路短
	旅游范围大	旅游范围较大	旅游范围小
	旅游时间长	旅游时间较长	旅游时间少
	旅游费用高	旅游费用适中	旅游费用低
	设计难度大	设计难度一般	设计难度小

3. 按照旅游者行为和意愿特性

根据旅游者行为和意愿特性划分，旅游线路可分为周游型和逗留型两类。周游型线路的特点在于旅游目的是观赏，线路中包括有多个旅游目的地，同一旅游者重复利用同一条路线的可能性小；逗留型线路的特点是线路中包含的旅游目的地的数量相对较少，旅游目的多是度假性质的，同一旅游者重复利用同一条线路的可能性大。显然，逗留型旅游线路的设计要相对简单一些。

4. 按照旅游活动的天数

根据旅游者在旅途中的天数划分，旅行社线路产品可分为一日游、二日游、三日游、四日游、多日游等。这种方式划分旅行社线路产品，在我国国内旅游中比较普遍。其优点是旅游者一眼便可看出所需旅游时间的长短，对于旅行社来说，可根据时间长短来安排旅游内容，并且比较容易确定价格。

5. 按照旅游性质

根据旅游性质来划分，旅游线路可分为观光旅游线路、专题旅游线路、疗养旅游线路、混合旅游线路等。

当然，旅游线路还可按照旅游者旅游所凭借的交通工具、旅游线路的等级、旅游国界等各种方法来划分，在此不再一一阐述。

【知识链接】

旅游线路的主要内容

研究角度不同，对旅游线路的理解就不同，我们所提到的旅游线路主要是从旅行社的角度出发去理解，它是旅行社产品的核心组成部分。旅游线路应该包括旅游时间、旅游目的地、旅游交通、旅游食宿、旅游活动安排和旅游服务六个要素。

旅游时间：包括总的旅游时间以及整个旅游过程中的时间安排。

旅游目的地：包括主要旅游资源的类型、级别，主要游览景区、景点的特色等，旅游目的地决定了旅游活动的主要内容。

旅游交通：包括旅游交通方式及工具，即从旅游客源地到旅游目的地的交通方式和等级、某些特色交通方式的使用等。

旅游食宿：包括旅游住宿的酒店或宾馆的等级和客房的标准、旅游餐饮的种类和标准等。

旅游活动安排：旅游线路设计的核心所在和重点内容，旅游活动的安排直接影响到旅游线路对旅游者的吸引力。

旅游服务：主要以接待和导游服务为主，旅游服务的好坏，直接影响旅游线路的质量和旅游活动的效果。

二、旅游线路设计的程序

1. 确定线路名称

线路名称是对旅游线路的大致内容和设计思路的高度概括，一个具有独特性、恰当性和易记性的线路名称，有利于产品形象的树立和市场的推广。因此，旅行社在确定线路名称时，应考虑各方面的因素，力求体现简约，突出主题，富有吸引力，如江南水乡游、冰雪风光游、宗教文化游、丝绸之路游、烹饪王国游等。

2. 策划旅游线路

节点是构成旅游线路的基本空间单元，一个线路节点通常称为一个有特色的旅游目的地，节点可以是城市，也可以是独立的风景名胜区。安排路线就是将旅途中要经过的旅游城市或目的地按照科学合理的原则策划出起点、终点以及中间途经地的游览顺序。常用的线路走法包括：①流线型，即起点和终点不是同一旅游城市，从起点开始，终点结束；②环型，起点和终点重合，形成一条闭合旅游回路；③辐射型，一个起点，多个终点。无论选择何种线路，都要考虑到时间、费用成本问题，避免迂回曲折或走回头路。

例如，“旅拍·小众秘境”主题针对的客户群体是小包价旅游者，人数少，线路选定青海，其具体行程为“西宁—拉脊山—青海湖—茶卡盐湖—大柴旦—冷湖—敦煌莫高窟—鸣沙山”。由此可见，旅游线路一方面是对符合主题特色的节点城市或景区的选择；另一方面是对节点游览顺序的安排，应体现时间最短、费用最省、交通便利、合理搭配的原则，并进行全面考察、综合平衡及合理选择。

3. 计划活动日程

活动日程是指旅游线路中具体的旅游项目内容和地点，以及各项活动进行的日期。活动日程的安排应体现劳逸结合、节奏感强、高潮迭起的原则。一个成功的旅游活动日程安排，至少要有3个旅游高潮出现：出发不久前有一个旅游高潮，使游客对本次旅游充满喜悦之情；中间有一个旅游高潮，使游客游兴大增；最后有一个旅游高潮，使游客对本次旅游特别满意，印象深刻。

例如，广州丽景旅行社推出的“深圳、中国香港、中国澳门、珠海、广州等地6日游（北京发，深圳接，广州送）”，日程安排见表3.4。

表3.4　“深圳、中国香港、中国澳门、珠海、广州6日游”日程安排

日程	行程	活动日程与景点安排
第一天	北京—深圳	晚上深圳接团
第二天	深圳	乘车游览深圳市区深南大道、邓小平巨幅画像、世界之窗
第三天	深圳—中国香港	乘火车赴中国香港，午餐后游览浅水湾、海洋公园、集古村，晚餐后观赏太平山夜景
第四天	中国香港	游览黄大仙、珠宝展示中心、艺术馆广场、维多利亚港、会展新翼、紫荆广场、欧洲名表、百货店
第五天	中国香港	自由活动
第六天	中国香港—中国澳门	早餐后乘船前往中国澳门，午餐后游览大三巴牌坊、主教山、炮台山、妈祖阁、宝石城、盛世莲花、澳凼双桥、跑马场（外景）、澳门四面佛、葡京娱乐场
第七天	中国澳门—珠海—广州—北京	从北海关入境后游览珠海回归广场、情侣路、珠海渔女雕像、九州城门广场；广州中山纪念堂、越秀公园、五羊雕像；晚餐后，返回北京

4. 选择交通方式

无论选择何种交通工具，都要体现“便利、高效、快速、安全、舒适、经济”的原则。便利、快速、经济是线路设计的最根本要求，而高效、安全、舒适是最基本的要求。在具体选择交通工具时要注意多使用飞机，尽量减少旅途时间；少使用长途汽车，以避免游客疲劳；合理使用短途火车，选择设备好、直达目的地、尽量不用餐的车次；用汽车作短途交通工具，机动灵活。总之，旅游线路要综合利用各种交通方式与工具，扬长避短，合理衔接。

5. 安排住宿餐饮

食和住是旅游活动得以顺利进行的保证，旅游线路应遵循经济实惠、环境幽雅、交通便利、物美价廉、安全卫生等原则进行食和住合理安排，并注意安排体现地方和民族特色的风味餐。

6. 留出购物时间

在现代旅游过程中，购物通常在游客总花费中占据30%左右。为使购物活动成为旅游活动中丰富多彩、不可或缺的一部分，旅行线路需要遵循时间合理、能满足大部分游客的需要、不重复、不单调、不紧张、不疲惫的原则进行适当安排。

7. 筹划娱乐活动

娱乐活动不仅能起到丰富、充实旅游活动，增进文化交流的作用，还可以将休息和娱乐融为一体，消除参观游览的疲劳和乏味。娱乐活动要丰富多彩，雅俗共赏，健康文明，体现民族文化的主旋律和文化交流的目的。

三、旅游线路设计案例展示

【案例分享1】

京津冀旅游区欢乐三日游

——湿地动物园、避暑山庄、长城等地旅游线路设计

北戴河湿地是我国最大的城市湿地，已发现鸟类412种（我国鸟类共1 329种），被誉为“观鸟的麦加”；承德避暑山庄取自然山水之本色，吸收江南塞北之风光，是中国现存的占地最大的古代帝王宫苑；八达岭长城是全国文明风景旅游区示范点，其以宏伟的景观、完善的设施和深厚的文化底蕴而著称于世，是举世闻名的旅游胜地。为给游客在酷热的夏天提供一个避暑休闲、修养身心、陶冶性情、悠闲舒适的旅游环境，现以京津冀旅游区为目的地设计一条旅游线路。

（1）主题：京津冀旅游区欢乐三日游。

（2）类型：避暑旅游。

（3）路线：安徽蚌埠—北戴河森林湿地—秦皇岛野生动物园—承德避暑山庄—天津意大利风景旅游区—北京八达岭长城。

（4）游览时间：3天。

（5）设计特点：①京津冀地区景点多、景点类型全面；②京津冀地区交通发达，能快速辗转不同的景区；③从湿地、野生动物园感受大自然的风光，从避暑山庄躲避夏日的炽热，最后来到北京八达岭长城，感受祖国的万里河山。

（6）活动行程安排：参见表3.5。

表3.5 “京津冀旅游区欢乐三日游”行程安排

日期	行程及线路
第一天	蚌埠南火车站—北戴河站—北戴河森林湿地—秦皇岛野生动物园—北戴河站
	出发当天的早上7：00，从蚌埠南火车站乘坐高铁列车前往北戴河站，耗时4.5小时，然后乘车去往北戴河森林湿地公园，午饭后游玩2小时，再去往秦皇岛野生动物园，游玩2小时，集合就餐1小时，再回北戴河站，并住宿
第二天	北戴河站—承德避暑山庄—承德站—天津站
	早上7：00从北戴河站出发，乘坐高铁花费半小时到承德避暑山庄，早餐后游览山庄，到11：30午餐，下午12：30从避暑山庄回承德站，然后乘坐列车前往天津站，晚上7：00到达并住宿

表3.5(续)

日期	行程及线路
第三天	天津站—天津意大利风景旅游区—天津站—北京南站—八达岭长城
	早上7：00从天津站出发坐汽车仅4分钟即可到达天津意大利风景旅游区，游玩至上午11：30集合就餐，下午1：00回天津站去北京南站，然后花费2.5小时到达八达岭长城，2小时游览时间，再集合就餐，晚上7：00集合住宿，第二天从北京南站返回安徽蚌埠站
报价	火车票：600元。住宿费：300元。就餐费：30元/人/餐。门票费等杂费：100元/人
接待标准	1. 住宿等级标准：二星级或同级酒店标准间； 2. 当地优秀导游服务； 3. 旅行社责任险最高限额10万元/人
费用不包含	1. 本地特色菜（游客可自愿选择，也可以按客人意愿统一安排）； 2. 单房差价； 3. 其他私人消费
备注	1. 请游客在进行旅游行程之前，带上身份证或其他有效证件，以免带来不必要的麻烦； 2. 请爱护环境卫生，保护公物； 3. 请游客一定要结伴而行，切不可单独行动，注意安全

【案例分享2】

武陵源之旅

武陵源风景名胜区位于湖南省西北部，由张家界国家森林公园、索溪峪、天子山和杨家界四部分组成。武陵源山峰耸立，万石峥嵘，富有原始之美，是一个多民族聚居之地，具有浓郁的民族风情，被联合国列入《世界文化和自然遗产名录》。

“武陵源之旅”线路设计见表3.6。

表3.6 “武陵源之旅”线路设计

日期	旅游线路	就餐地		住宿地	交通工具	其他
		午餐	早、晚餐			
2月1日	15：00接机	航空大厦	航空大厦	航空大厦	旅游大巴车	
2月2日	黄龙洞	索溪谷	航空大厦	航空大厦	旅游大巴车	
2月3日	张家界/黄石寨	松涛	航空大厦	航空大厦	旅游大巴车	
2月4日	金鞭溪	水绕四门	航空大厦	航空大厦	旅游大巴车	
2月5日	钓鱼	航空大厦	航空大厦	航空大厦	旅游大巴车	晚上欣赏民族风情
2月6日	天子山	山顶	航空大厦	航空大厦	旅游大巴车	购土特产
2月7日	宝峰湖	索溪谷	航空大厦	航空大厦	旅游大巴车	
2月8日	十里画廊	水绕四门	航空大厦	航空大厦	旅游大巴车	

表3.6(续)

日期	旅游线路	就餐地		住宿地	交通工具	其他
		午餐	早、晚餐			
2月9日	普光禅寺	航空大厦	航空大厦	航空大厦	旅游大巴车	购物
2月10日	送机					
备注：线路价格为每人每天150元； 就餐时间为早7：30—8：30，晚5：30—6：30； 住宿为标准间； 10人以上成团						

【拓展阅读】

【案例一】 东南亚旅游出现奢侈游

华远国旅旗下佰程旅行网推出了万元游东南亚的线路。对于习惯了花费3 000元即可旅游东南亚的游客乃至出境旅行社从业人员而言，报价万元左右的东南亚线路产品的出现，无疑给早已陷入低价竞争的东南亚旅游市场投入重磅炸弹。这一定位为“新体验海岛度假”的系列高端、奢侈出境游产品被华远国旅旗下佰程旅行网以这种价位高调推向全国市场，引起业界哗然。东南亚作为中国游客最为青睐的出境目的地，也是中国团队出境游业务发展相对较早、操作体系较为成熟的市场阵地，东南亚市场再次成为中国旅行社出境游产品细分格局、差异化经营的又一尝试性选择。

一家拥有200间客房的度假酒店住满了游客，但每个游客基本上感觉不到别人的存在——因为每间客房都拥有自己独立、私密的游泳、健身、餐饮设施。由于“新体验海岛度假”系列产品定位为“新奢侈”度假，产品一万至两万元的报价也是近年来东南亚旅游产品中不多见的“天价”。例如，泰国苏梅岛度假村豪华蜜月行报价每人12 658元，还不含机票税、签证费。对于市场前景，佰程旅行网市场部方面乐观地认为，目前中国已经开始有一批崇尚度假品质及个性化体验的消费群体出现，而且人数正在成几何趋势上升，其中包括新婚蜜月、家庭度假、奖励旅游、企业公关联谊等各类需求，相对于“奢侈”的时间和难得确定的假期，这些客户愿意为一次舒适、自由、个性化的高品质产品多承担一些费用。由此可以预见，未来的市场空间还是巨大的。

案例思考：

1. 旅行社开发这样的产品是否值得？
2. 旅行社造成低价竞争的原因是什么？
3. 产品创新能否让旅行社盈利？

【案例二】 “80后”小伙设计“慢成都”旅游线路

1989年末出生的袁辰恺，谈吐沉稳，思路清晰，如今，他的身份是一名“城市旅行家”，专注于开发“慢成都”旅游线路。大学时，袁辰恺曾走访过成都30多处老建筑，先后设计了11条旅游线路。目前最受欢迎的两条旅游线路都在接待外地游客，也有成都的大爷大妈来报团。袁辰恺希望，以“商业反哺公益”，可以让更多的人看见成都，保护成都。

大一下学期，袁辰恺背着家人偷偷从财会专业转到自己喜欢的广告学。《中国文化概论》专业课，老师要求大家完成文化相关的课题作为期末考试，于是袁辰恺和3个同学便带着一个卡片机，开始了“寻城”之旅。祠堂街的新华社旧址、国民美术社旧址、金秋茶社、邱家祠堂、文庙西街民国时期建筑、李家钰公馆、李家钰兄弟宅、暑袜街的老邮电局……大约2个月，袁辰恺和同学一起走访了30多处老建筑。

毕业后辗转换了好几次工作的袁辰恺，2014年重新“回归”到旅游，做了一个叫“城市微旅行”的项目。他想让游客享受慢成都的悠闲，体验盖碗茶的茶盖搁在茶碗上的生活。这个项目第一次在豆瓣活动小组“试水”，10人团竟然有30人报名，这让他很意外。

袁辰恺说：“成都是唯一一个2 000多年来没有更名、没有更改城址的城市。成都自己的故事，应该由成都人自己来接力。”但遗憾的是，袁辰恺先后设计了11条旅游线路，但走得最多的只有两条，且项目开了两年多，先后只接待过300多人，外地人占了绝大多数。但也有让袁辰恺欣慰的事，一个70多岁的大爷和三四个大妈曾先后报过不同的团，在一群年轻人里显得格格不入，得知他们都是老成都人，袁辰恺很忐忑，“不会是来砸场子的吧?”但一路下来，就数他们听得最认真，临解散，还特意对袁辰恺说，“小伙子不错哦，我们在这一片生活了几十年，都不知道还有这些”。

案例思考：

请对袁辰恺设计的“慢成都”旅游线路进行评价。

【复习思考】

1. 简要说明旅行社产品的内涵与形态。
2. 旅行社产品与其他产品相比，它有哪些突出的特点?
3. 影响旅行社产品开发的因素主要有哪些?它们是如何影响旅行社产品开发的?
4. 说明旅行社产品设计与开发应遵循的基本原则，并尝试设计一条旅游线路。
5. 旅行社产品开发过程包括哪些阶段?
6. 旅游线路设计的程序有哪些?以您所在的城市为例，设计一条一日游或两日游的地接旅游线路。

【参考文献】

[1] 戴斌，杜江. 旅行社管理[M]. 2版. 北京：高等教育出版社，2005.

[2] 王中雨，李中晶. 旅行社经营与管理[M]. 广州：广东旅游出版社，2012.

[3] 孙江虹，马宏丽. 旅行社运营与管理[M]. 南京：江苏大学出版社，2014.

[4] 国家旅游局人事劳动教育司. 旅行社经营管理[M]. 2版. 北京：旅游教育出版社，2003.

第四章 旅行社产品营销

【案例导入】

广西柳州三江侗族自治县拥有程阳风雨桥和马胖鼓楼等具有丰富民族风情的重要人文旅游资源。但是由于三江侗族自治县地处偏僻的大山之中，交通不便，缺乏知名度，因此此地旅游不旺，外宾罕见。

20 世纪 90 年代初，某国际旅行社针对欧洲人对东方文化的神秘感，在法国推出了桂林—三江风情旅游线的特种旅游产品。经过一段时间的促销，该社驻巴黎办事处工作人员在检查促销效果时发现其收效不大。通过调研，他们发现法国人特别崇拜时装名模，于是经过一系列的策划之后，邀请了数名法国当红服装模特到三江侗族自治县来拍摄广告照片。当法国某著名时装杂志登出了名模美女们头戴标记着毛泽东同志像章的帽子、背依侗家木楼悠闲相对，以及在以程阳风雨桥为背景的水田中赤脚插秧等一组专题照片后，三江在法国的知名度大涨。三十余年过去了，由于种种原因，三江县的旅游仍然裹足不前，但唯有法国旅行团例外。只要到了桂林，法国旅行团多半要去游览三江。法国旅游者们希望在品味东方少数民族风情的同时，能找到当年名模们留影的足迹。

【案例分析】

时装名模促销策略成功地在法国人心目中打下了一个印记，这意味着法国人到桂林旅游不仅是为了优美的自然山水、遥远国度的神秘东方文化和异域的民族风情，更是为了追随熟悉人物的足迹。实践证明，能够保持持久魅力的仍然是文化，正是浪漫的法国人对文化的热爱及对名人的喜爱，才让他们对三江旅游保持了持久的热情。

【任务要求】

1. 掌握旅游市场细分的概念、原则和方法。

2. 了解旅行社进行市场划分的依据以及旅行社的市场定位。
3. 了解旅行社产品促销的手段，掌握旅行社产品的直接销售方式及其特点。
4. 理解并掌握旅行社在销售过程中的四个步骤。
5. 掌握旅行社分销渠道的类型，了解如何选择适合旅行社的销售渠道。
6. 了解品牌化的基本概念和产品品牌化的作用，并掌握产品品牌化的相关策略。

第一节　旅行社目标市场概述

旅行社的市场营销过程采取的是STP模式，由市场细分（segmentation）、目标市场选择（targeting）和市场定位（positioning）组成。旅行社营销管理的任务就是要找准、找好目标市场，再根据目标市场特点与旅行社自身情况来选择销售渠道，制定出价格策略，最后将产品推向目标市场。在这个过程中，旅行社首先需要考虑的就是市场细分，因为这是其产品营销的前提和基础。

一、旅行社市场细分

（一）市场细分的含义

美国著名市场营销学家温德尔·斯密（Wendell R. Smith）于1956年在《产品差异和市场细分——可供选择的两种市场营销战略》一文中提出了市场细分理论，他认为市场包含着无数的购买者，每个购买者的需求和欲望千差万别，因此旅行社市场存在着消费需求的“异质性”。具体来说，市场细分是指营销者通过市场调研，依据消费者的需要和欲望、购买行为和购买习惯等方面的差异，把某一产品的市场整体划分为若干个消费者群的市场分类过程。每一个消费者群就是一个细分市场，每一个细分市场都是由具有类似需求倾向的消费者构成的群体。我国著名学者兰晓华认为市场细分存在两种极端的模式，即完全市场细分和无市场细分，而在两种极端模式之间存在着一系列的过渡细分模式。完全细分指市场中的每一个消费者都单独地构成一个独立子市场，企业根据每一个消费者的特点量身打造出专属于其个人的产品。无市场细分指的是市场中的每一个消费者都完全相同，没有个性化的需求，或者是企业直接忽视市场中消费者的个体差异，向市场提供完全相同的产品，不对市场进行细分。

本书认为，旅游市场细分是一个根据消费者需求、购买态度以及行为特征的差异性，将一个整体的旅游市场分割成两个或两个以上具有类似特点的旅游者群体的过程。

（二）市场细分的作用

旅行社的市场细分对于旅行社产品的生产、营销过程起着非常关键的作用。首先，市场细分有利于旅行社挖掘市场机会，开拓新市场。通过市场细分，旅行社可对各个旅游细分市场的购买力、满意率、竞争度等情况进行对比评估，寻找各种可能存在的市场机会，使得旅行社及时地识别出市场的变化，并快速做出反应，以提高自身的市场适应能力。其次，市场细分可以使旅行社做出的营销策略更灵活。通过市场细分，旅游信息的传递和反馈变得直接，这可以帮助旅行社快速准确地找出旅游者需求的变化，并制定出相应的对策，以提高旅行社的应变能力与综合竞争力。最后，利用准确的市场细分，旅行社的经济效益会得到显著提高。旅行社利用自身有限的资源，有针对性地将其投入某一个细分市场，并通过不断地开发与完善，满足该细分市场消费者的需求，从而在不断提升自我竞争力的同时获得较高的经济效益。

（三）旅游市场细分的原则和方法

1. 旅游市场细分的原则

旅行社可以根据单一因素进行市场细分，也可根据多因素进行市场细分。一般来说，根据单因素进行市场细分，分出的子市场会比较少，每一个子市场覆盖的消费者数量会非常多，也就是说，子市场的容量会非常的大。一般旅行社不会用单一因素，而是综合多种因素来进行市场细分，这样分出的子市场就会很多，每个子市场的容量就比较少，旅行社可以更加精准地实施营销策略、开发旅游产品，从而更好地满足某一子市场消费者的需求。具体来说，一个成功且有效的市场细分应该遵循如下基本原则。

（1）可测量性。可测量性是指旅行社进行市场细分的标准必须是可识别和度量的，在细分的过程中要确定好具体的范围，并对其容量进行大致的估计。

（2）客观性。细分的标准必须是客观的，如按照年龄、性别、收入、文化、受教育程度、地理位置、民族等标准，就比较容易确定旅行社的目标市场。

（3）可进入性。可进入性是指旅行社通过细分出来的子市场是营销活动可以抵达的，即能够通过努力使产品进入并对旅游者施加影响的市场。具体来说，在该市场，旅行社的产品信息可以通过媒体顺利地传递给大多数目标消费者，并且在一定时期内有可能将产品通过一定的分销渠道运送到该市场。

（4）规模性。旅行社必须要考虑细分出的目标子市场的容量，以及目标人群的购买力和购买频率。如果目标子市场容量太小，或者细分工作烦琐、成本耗费大、获利小，那么这个市场细分是没有意义的。

（5）差异性。差异性是指各细分市场的旅游者会对同一个市场营销组合方案有差异性反应。如果不同细分市场的顾客对产品需求的差异不大，即行为上的同质性远大于其异质性，那么旅行社就不必对市场进行细分，或者可以将这些市场合并为一个市场。

2. 旅游市场细分的方法

旅行社市场细分是旅行社选择目标市场、制定准确营销战略的前提条件。而市场细分是否准确取决于市场细分的方法是否准确。目前，多数学者采用三种细分方法，即单一因素法、综合因素法和系列因素法。

（1）单一因素法。单一因素法是指根据影响消费者需求的某一重要因素进行市场细分。这种方法更能将市场迅速细分，而且细分市场的特征较鲜明，但不能对市场进行深入的调研分析。比如，以性别来划分，整个旅游市场可以分为男性旅游市场和女性旅游市场；以年龄来划分，整个旅游市场可分为儿童旅游市场、少年旅游市场、青年旅游市场、中年旅游市场和老年旅游市场。

（2）综合因素法。综合因素法是指根据影响消费者需求的两种或两种以上因素进行市场细分。因为在某些产品市场上，旅游者的需求差别常常极为复杂，只有从多方面去分析、认识，才能更全面、准确地将其区分为具有不同需求特点的旅游者群体。所以这种方法更能准确、深入地划分旅游市场中每一个不同的消费群体，从而有助于旅行社制定出准确、合理的市场营销策略，但同时这也会增加市场细分的时间和费用等。

（3）系列因素法。系列因素法是指根据影响消费者需求的两种或两种以上因素，依据一定的顺序逐次对旅游市场进行细分的方法，即按照一定的顺序，一次又一次地对市场进行细分，直到能基本区别不同旅游者群体的需求特征为止。

旅行社在运用细分标准进行市场细分时，必须注意市场细分的各项标准不是一成不变的，而是随着社会生产力及市场状况的变化而变化的，如年龄、收入、家庭状况、城镇规模、购买动机等都是可变的。同时，旅行社在进行市场细分时可运用一项标准，即单一因素进行细分，也可运用综合因素或系列因素进行市场细分。

（四）旅行社市场细分的标准

针对不同类型的市场，细分的因素也不尽相同，并且这些因素往往都处于动态变化中，因此被称为“细分变量”或“市场细分标准”。总的说来，旅游市场的细分可以归纳为四种标准，即地理标准、人口统计标准、心理标准和行为标准，各种细分变量都可划入这四类标准之中。

1. 地理标准

地理标准主要包括区域、地形、气候、城镇规模、交通条件等标准。不同地区的旅游者基于当地的自然条件、经济发展水平、文化和生活方式以及消费观念，在旅游消费和购买行为上存在较大的差别。因此以地理作为细分标准，其涵盖的细分因素可以是地理区域、城市规模、自然气候、人口密度、城乡分布。比如，世界旅游组织将全球旅游市场细分为六大市场，即欧洲市场、美洲市场、东亚及太平洋市场、南亚市场、中东及北非市场、撒哈拉以南非洲市场。

2. 人口统计标准

人口统计标准所涵盖的细分变量包括性别、年龄、经济收入、教育程度、职业、宗教、国别、社会阶层、身体状况、家庭生命周期等。旅游者需求与人口统计变量有着密切的联系，并且这些变量比较容易衡量，有关数据相对容易获取，这也是旅行社经营以它作为市场细分依据的重要原因。比如，旅行社将性别（男、女）、年龄（幼儿、青少年、成年、老年）、收入（高、中、低）三个变量组合，就可以划分出24个细分市场。

3. 心理标准

在旅游活动中，人们更多的是寻求心理上或精神上的满足，而人与人在心理上又有很大的差异性，这些差异表现为旅游动机、生活方式、兴趣爱好、价值取向、旅游习惯等。虽然心理因素很难严格判定、量化和把握，但它对划分旅游市场是极为有效的，因此旅行社可以利用这种差异对市场进行细分，创造出不同的市场特色。按心理标准划分，旅行社细分市场可以包括社会阶层、生活方式、价值观念、态度、个性特征和购买动机等变量。

4. 行为标准

不同的旅游者不仅在心理上存在很大差异，同时也会在行为上表现出很大的差异，因此按照旅游者的行为进行市场细分也是非常有效的。旅行社可根据旅游者对旅游产品的了解程度、旅游者的利益以及消费情况或反应，将其划分为不同的群体。在行为标准下，行为变量包括行为目的、购买动机、购买时机、利益追求、使用者状况、使用率、购买频率、购买形式、营销因素敏感度、待购状态、产品使用状态、品牌忠诚度、对产品的态度等。比如根据购买动机，旅游市场可分为观光旅游市场、休闲度假旅游市场、会议商务旅游市场、奖励旅游市场和探亲访友旅游市场等；根据忠诚度，旅游市场可以分为专一的忠诚者旅游市场、动摇的忠诚者旅游市场、转移的忠诚者旅游市场和犹豫不决者旅游市场。

（五）旅行社市场细分的程序

第一步，选定旅行社营销的市场范围，确定经营方向。旅游者的需求决定了市场范围，因此旅行社应当通过调查来分析动态的市场需求。与此同时，旅行社可以根据自身情况，结合经营目标和资源，在各类细分市场中选择自己有能力触及的市场范围，但不宜过窄或过宽。

第二步，调查客源市场，确定潜在市场需求。确定了市场范围后，就要根据市场细分的标准和方法，将现实的和潜在的旅游者需求详细归类，再根据其需求的差异性决定采用哪种细分变量进行市场细分。

第三步，分析可进入的细分市场。根据需求分析的结果，确认需求类型的地区分布、人口特征、购买行为等方面的情况并进行初步判断，找出有可能进入的细分市场。

第四步，确定主要的细分市场标准。旅行社应分析哪些需求因素是重要的，并通过对比自身实际情况和各个细分市场的特征，确定最适合旅行社发挥优势和特点的细分市场。

第五步，确定细分市场的名称。旅行社可以根据各细分市场旅游消费者需求的主要特征，用形象化的语言或其他方式为经过筛选后的各个可能存在的细分市场确定名称。

第六步，评估各个细分市场的经营机会。细分市场的经营机会是与细分市场的容量和竞争激烈程度相联系的，也就是说，当一个细分市场的容量越大，竞争越不激烈，那么该市场的经营机会就越好。

以上步骤为旅行社在实践中的市场细分指明了一个方向，但这不代表企业只需要进行以上六步或完全按照这六步来进行细分，企业还可以结合自身情况，增加或删减一些步骤，以期制定出有效并且经济的市场细分程序。

二、旅行社目标市场选择

旅行社在经过市场细分之后，就要在细分出的子市场中进行选择，即根据自身的优势与劣势，再结合所处的时间和环境，确认哪一个或哪几个是自己的目标市场，并将其作为实施市场营销活动的对象。归根结底，旅行社目标市场的选择就是分析目标市场是否具有长期盈利的潜力。

（一）选择标准

1. 细分市场的规模和发展潜力

如果旅游市场规模太小，那么旅行社即使在该细分市场拥有很高的占有率，也不会创造出很高的利润；反之，如果旅游细分市场规模很大，那么就意味着将会有足够多的旅行社在该市场进行竞争，而各个旅行社的利润率也会随着竞争的加剧而不断下降。因此，旅行社在选择将要进入的细分市场时，要关注一些需求尚未满足和具备未来潜在需求的市场，这些旅游市场往往才是旅行社发展的潜力空间。

2. 旅游细分市场的结构

旅游细分市场的结构是指旅行社与市场的关系特征和形式。旅行社和市场的关系主要表现为行业内的竞争者、潜在的竞争者和旅游中间商对旅行社经营的威胁。

3. 旅行社的经营目标与资源

旅行社在选择目标市场时，需要结合自身的经营目标及资源与目标市场的情况，确保目标市场与企业的经营目标以及资源状况相适应。虽然有些目标市场具有较大的吸引力，但那往往是一般旅行社难以触及的，如果旅行社要强行涉入该市场，不仅无法实现旅行社的发展目标，反而会分散资源，使得主要目标难以实现。因此，旅行社应当果断放弃这种细分市场。

（二）目标市场策略

1. 无差异性市场策略

该策略将整个旅游市场看作一个整体目标，不对其进行细分，而是关注旅游者的共同需求，只推出一种旅游产品、运用一种营销组合。该策略可以极大地节约经营活动开支，降低旅游营销成本，但是无法满足旅游者多样化的需求，难以在市场竞争中取得优势，因此旅行社应当谨慎使用该策略。

2. 差异性市场策略

该策略将旅游市场划分为若干细分市场，并推出多种旅游产品、运用多种营销组合，有针对性地满足不同细分市场的旅游者需求。该策略可使旅行社的经营具有很强的针对性，也能较好地满足市场需求，有利于旅行社扩大市场占有率，树立良好的企业形象。但是旅行社在细分市场过程中的市场调研、开发、管理、促销等经营与管理成本大幅增加，这对于初创和中小型旅行社来说，不利于形成自己的核心竞争力。这种策略更适合实力雄厚的大型旅行社使用。

3. 集中性市场策略

该策略是在市场细分的基础上，选择其中一个或几个细分市场进入，强调集中优势资源，满足部分旅游者需求。这样就可以降低营销成本，增加盈利；同时也可以提高旅行社的知名度，有利于旅行社在某一个或几个细分市场中确立自己稳固的地位，形成自己的核心竞争力。但是，这样的目标市场往往非常狭窄，一旦旅游者偏好发生转移或购买力下降，旅行社将面临较大风险，从而增加旅行社的经营难度。这种策略一般适合规模不大且经营能力有限的旅行社。

（三）影响目标市场选择的客观因素

1. 旅行社自身目标

旅行社在创立阶段就设定好了经营目标，并且将整体目标根据不同的阶段特征细分为具体的经营目标。旅行社在处于某一特定阶段时，应结合该阶段所要实现的经营目标来分析各种细分市场与自身目标的匹配程度，然后再选择进入某个或某几个细分市场。同时，旅行社还要考虑企业的长期战略，在综合考虑各类因素后，判断细分市场与旅行社经营目标的匹配度。

2. 旅行社的资源

旅行社的资源包括人员的素质、可支配的资金、管理水平、产品及营销组合设计能力以及公共关系等，这些资源决定了旅行社选择目标市场经营的范围。旅行社如果资源丰富、实力雄厚，那么就可以采取差异性市场策略；反之，如果实力不足，规模不大，则可采用集中性市场策略。

3. 旅游产品的特点

不同的旅游产品在满足旅游者需求方面存在很大差异。对于特色旅游、餐饮服务等具有较大差别的旅游产品而言，它们往往需要多档次的产品来满足不同旅游者的需求。而有些单一的产品，如航空客运服务、标准间客房服务等性质接近、替代性强的旅游产品，往往可以满足所有旅游者的需求。

4. 旅游市场的特点

当旅游产品市场需求异质程度较低时，旅游者的兴趣爱好及其他特点都很相似，那么旅行社可采用无差异性市场策略，如一些名胜古迹、风土人情等项目可采取此策略。反之，对于需求异质性很高的旅游产品市场，旅行社就应该采用差异性或集中性市场策略。

5. 旅游产品生命周期

旅行社应在产品生命周期的不同阶段采取不同的策略。对于处于投入期或成长期的旅游产品，可以采用无差异性市场策略，因为此时的市场需求差异一般不是很大，并且竞争者相对较少。当产品进入成熟期或衰退期后，应当采取差异性市场策略，开辟出新的目标细分市场，尽可能长地延续产品生命周期；或者也可采用集中性市场策略，使旅行社集中力量对少数几个有利可图的细分市场进行营销推广。

6. 旅游市场竞争的特点

旅行社采取何种策略一般根据竞争对手的策略而定。如果旅行社某个产品的垄断性强，竞争者数量少或实力弱，那么就可以采用无差异性市场策略；反之，则采用差异性或集中性市场策略。

三、旅行社市场定位

市场定位（positioning）的概念最早由杰克·特劳特在 1969 年提出。所谓定位，是指对产品和竞争者产品进行深入分析，在对消费者需求进行准确判断的基础上，确定本产品与众不同的优势，巩固产品在消费者心中的独特地位，并将它们传达给目标消费者的动态过程。

旅行社的市场定位是指旅行社针对竞争者旅游产品在目标市场上的经营状况，根据目标市场需求群体对竞争者产品特征或属性的重视程度，为该旅行社产品塑造与众不同、特色鲜明的印象，并把这种特色与形象通过有效的方式生动地传递给目标市场消费者群体，从而使本旅行社在目标市场上确立适当的市场位置的过程。

（一）确定市场定位的步骤

第一步：收集相关信息。

相关信息包括目标市场旅游者需求及特点、竞争者优势及劣势、旅行社自身优势、目标市场的需求满足情况等，收集相关信息有利于旅行社识别出参与市场竞争时的成本优势和差别化优势。

第二步：分析并确定竞争对手的市场位置。

旅行社应当尽可能地收集更多的竞争对手的信息，包括它们的市场目标、财务状况、组织机构、产品特色、产品价格、服务质量、管理水平等，运用市场细分标准，全面评估竞争对手的市场定位，从而准确辨别竞争对手在目标市场上的位置。

第三步：确定本旅行社的市场位置。

旅行社在分析了竞争对手的市场位置之后，可进一步分析目标市场中的需求情况，确定本旅行社的市场位置。市场定位所选择的要素，必须符合目标市场旅游者的利益与需求特点，也必须是目标市场旅游者重视和关注的要素。旅行社可以通过分析旅游者对本旅行社及产品所持的态度和看法，了解市场定位的成功与否。

（二）市场定位策略

1. 领导型定位策略

旅行社通过展示其独一无二的属性，在产品质量、价格和服务方面树立起绝对的优势，从而在旅游者心目中占据绝对地位。

2. 追随者定位策略

旅行社在目标市场上不寻求当第一领导者，而是寻求第二的位置，来避免与处于领导地位的旅行社发生正面竞争，从而保存自己的实力，获得持续发展的机会。

3. 比附定位策略

旅行社可以借助有名气的竞争者的声誉来吸引旅游者对自己的关注和支持，以便在市场中占有一席之地。

4. 缝隙定位策略

旅行社可以寻找市场缝隙，开辟出一个全新的形象阶梯，树立一个与众不同、从未有过的主题形象，这样可以避免直接面对实力较强的竞争者。

5. 竞争定位策略

旅行社可以根据自身的实力，为占据较好的市场位置，与市场上的领导者、实力最强或实力较强的竞争者发生正面对抗。由于竞争对手是最强大的，往往会吸引旅游者的关注，本旅行社及其旅游产品很快就会被公众所了解，从而树立起市场形象。这种定位有可能引发非常大的冲突，搅乱原本稳定的市场，因此选择此策略意味着机遇和风险并存。

6. 再定位策略

旅行社可以对那些销量低、市场反应差的产品进行二次定位。该策略可以帮助旅行社摆脱经营困境，寻找新的活力和增长点，同时也可以帮助旅行社发现新的产品市场范围，进行重新定位。

7. 创新定位策略

旅行社可以通过寻找新的、尚未被占领的，但有潜在市场需求的位置来填补市场上的空缺，从而生产市场上没有的、具备某种特色的产品。

第二节 旅行社产品促销与销售

一、旅行社产品促销

促销（promoting）是旅行社市场营销组合策略的基本要素之一。旅行社的产品促销可以分为四个部分，即媒体广告、销售推广、直接营销和公共关系。高效的促销组合可以向潜在旅游者或中间商提供有效的产品信息，引导旅游者对特定产品或品牌的偏爱，促使旅游者购买行为的产生。

旅行社的促销就是协调不同促销组合要素的活动，包括设立促销目标、制订预算以及具体实施计划、评价促销效果、对过去的促销采取必要的改进措施。旅行社促销的根本目的在于激发潜在旅游者的购买欲望，最终促使购买行为的发生。旅行社常用的促销方法包括广告促销、人员推销、公共关系和销售促进。

（一）旅行社广告促销

广告是指组织通过报纸、电视等媒介传播组织信息，以获得公众注意和信任的过程。旅行社广告是广告在旅游业中的运用，它是通过媒体，把旅行社的产品信息传递给潜在旅游者，使之产生旅游愿望，从而促使旅行社产品销售，实现旅行社经济效益增加的目的。广告是旅行社产品促销中使用最频繁、最广泛的一种促销手段。

1. 选择广告媒体

广告媒体种类繁多，包括户外广告牌、报纸、杂志、电视、电台广播、招贴画、宣传册、旅游手册、活页宣传品等。广告的费用一般都比较高，因此旅行社应该根据自身的实际需要，谨慎选择广告媒体，以期用最少的投入产生最大的促销效果。

2. 制订广告预算

所谓广告预算，就是旅行社在一段时间内投入广告活动的费用总额，一般以年度为时间单位。广告预算是旅行社得以持续、顺利运营的重要保障，是扩大旅行社产品销量的保障。在旅行社产品促销活动中，旅行社选择广告的媒体类型、时间和频率、制作负责单位等，往往都是取决于广告预算。旅行社的广告预算必须结合自身的实际情况与竞争者的预算来制订。

为了实现成本与效果的最佳结合，以较低的广告成本达到预期的广告目标，旅游企业必须进行合理的广告预算，这决定了各种费用额度和使用范围等。制订广告预算的方法具体可以分为以下四种：

（1）保守预算法。保守预算法的宗旨就是根据旅行社财务的承受能力来决定广告预算的方法。这种方法比较简单，只需财务部门制订即可。但是，这种方法也容易导致广告的投入费用与实际需求脱节，使广告计划难以执行，无法达到预期的广告效果。因此，这种方法一般只适用于小型旅行社的广告预算和临时的广告开支。

（2）比率预算法。此方法是根据某一销售额的一定百分比做广告预算，或者是将其设置为销售价格的百分比。这种方法使广告费用与销售收入挂钩，虽然方法较简单，但是使用者往往会颠倒两者间的关系，忽视了广告促销对销售收入的正效应，或者强行将两者之间建立关系。同时，旅行社需要根据历史经验和数据、行业一般水平等确定这个百分比，充分考虑到未来市场环境的变化。

（3）目标预算法。目标预算法是根据为实现广告目标所必须完成的任务以及完成这些任务所需要的费用来确定广告的预算。目标预算法具有较高的科学性，以结果为导向，使得预算满足实际需求。但这种方法具有较高的主观随意性，有可能造成预算的浪费，且不易控制。

（4）追随预算法。追随预算法是以竞争对手的广告费用为基础来确定本旅行社的预算，以期与之抗衡，抢占市场份额。把竞争对手的广告费用考虑进来，有利于与竞争对手在同一平台上对话，从而保持在广告促销中处于平等或优势地位。但是这种方法过于强调跟随竞争对手的节奏，忽略了对手广告支出中的不合理部分，并且难以与竞争对手形成差异。因此，使用追随预算法时，旅行社需要充分考虑到自身的实力与竞争对手之间的差异，切忌盲目攀比。

3. 运用广告策略

一些大型的旅行社和一些在线旅游（online travel agency，OTA）巨头往往会全年不断地进行广告，但是在国内还存在着很多的中小旅行社，这些旅行社的财力和资源不足以支撑起如此巨大的广告开销。因此在运用广告策略时，需要精打细算，并采取一定的策略才可做到事半功倍。

（1）选择合适的广告投放时间。传统的旅游者预订期一般为正式旅游日期前的一到两个月，他们有的直接在旅行社参团出游，有的通过旅行社预订自由行。但随着互联网的发展，旅游者的预订周期、预订方式都发生了很大的变化。旅游者可以参考旅游网站的游玩攻略，自己制订出游计划，然后通过在线预订平台购买机票、火车票或船票，提前或当天在线预订酒店、购买景区门票，甚至可以根据天气状况随时修改、调整行程，故现在大多数旅游者都会选择在出游的前几天才开始预订出游行程。因此，国内的旅行社在选择广告投放时间时，往往集中在旺季到来之前的一段时间或是整个旺季；而当旅游淡季来临时，广告投放量就会比较少。

（2）选择合适的媒体投放广告。现阶段，我国旅行社行业的基本状况是“散、小、弱、差”，大多数的旅行社是不可能运用电视广告的形式来进行产品促销的，因此国内旅行社在选择广告媒体时，会倾向于使用报纸、电台和广播、活页宣传以及优惠券发放等。另外，由于互联网的高速发展，旅行社与 OTA 平台合作销售旅游产品，甚至直接在 OTA 平台上发布相关促销广告的形式也越来越普遍，有的大型旅行社也会建立起自己的预订网站，让旅游者可以根据需要随时在网上购买本旅行社的旅游产品。但是即使是同一类媒体或 OTA 网站，由于其本身的市场定位不一样，旅行社仍然需要根据自己旅游产品的特点做审慎的比较和选择。

4. 评价广告效果

这是广告策略的最后一步，也是非常关键的一步，只有真正通过实践检验的广告策略才能对其进行效果评价。企业可利用评价所得出的结果对前期的策略进行修改与完善，为后期制定更好的广告策略做铺垫。评价广告效果主要可分为两个方面。

（1）评价广告的传播效果。衡量广告传播效果的指标包括广告信息传播的深度与广度、对消费者的认知和偏好所产生的影响程度，具体表现为受众对广告信息的接触范围、理解和记忆程度。

接触度评价表现为受众对音像广告的视听情况和书面广告的阅读情况；理解度评价主要测定接触过广告的受众对广告信息的认知、理解情况；记忆度评价指受众对接触过的广告的印象深刻程度，即记住了多少信息，这可以采用让受众回顾广告用语、回想广告表现手法、复述广告内容等方法进行评价。

（2）评价广告的销售效果。广告的销售效果并不等于广告的传播效果。利用广告可以提高旅行社及产品的知名度，但不一定能提高旅游产品的销售量，因此越来越多的企业开始关注广告对销售的促进作用，即广告发布后，相关旅游市场上产品的销售变化情况。但是除了广告之外，旅游产品的销量还受价格、市场竞争激烈程度等多种因素的影响，因此要想准确测定广告对销量的促进作用是比较困难的。下面提出两个可以初步评估广告销售效果的公式：

广告销售效果＝销量增加值/广告费增加值×100%

广告销售效果比率＝销量增长率/广告费增加率×100%

（二）旅行社人员推销

1. 人员推销的方法

人员推销是指旅行社通过推销人员直接沟通达成销售目的的一种促销方式。推销人员可以寻找潜在旅游者并与其直接接触，向他们推荐旅游产品，帮助他们解决各类问题，引导并设法取得购买旅行社产品的合同。人员推销大致可以分为三种。

（1）人员接触。人员接触的方式包括个别推销人员与个别旅游者接触、个别推销人员与客户接触、推销小组与客户接触三种形式。

（2）会议促销。会议促销是指旅行社推销人员将目标旅游者或潜在旅游者召集在某一约定地点开会，由推销人员向旅游者们介绍旅行社的产品并实施促销活动。

（3）讲座促销。讲座促销是指由旅行社派遣推销人员前往客户所在地，并对旅行社最新产品进行教学式专题讲座的促销方式。

2. 人员推销的技巧

（1）推销前的准备工作。旅行社的推销人员不可能亲自试验每个产品，但在推销的时候，却必须要展现出自己“旅行专家”的一面，这就需要推销人员对旅游产品进行仔细、透彻的研究。比如，从客源出发地到目的地的距离、交通通行时间、目的地的风土人情，以及游览景点的概况、住宿、用餐、特产等情况，旅行社的推销人员都应该非常熟悉。同时，旅行社门市服务人员还要得到门市经理或旅行社经理的必要授权，在适当的时机给出目标旅行者适当的折扣。

推销人员还应当对销售对象的有关情况有基本的认知，要清楚谁是这个旅游产品的消费者、消费者为什么需要这个产品、谁有拍板购买的权力，以及消费者在什么时候最需要购买旅游产品。除此之外，推销人员也需要知道所推销产品的特点，包括产品的构成（交通、景点、旅游点常识等）、价格、与同类产品相比的优势（服务优势、质量优势）等，被推销者对产品本身及其他方面（旅行社的经营、本地区其他旅行社的情况）可能产生的疑问，与目标旅行者进行沟通的话题等。

（2）推销过程中的工作。在与目标旅行者或客户的沟通过程中，推销人员应注意的细节有四点。

第一，尽量能叫得出对方的名字，以显示对对方的尊敬与重视。

第二，用开放式的话题而不是封闭式的话题打开话匣。

第三，在谈话初期，为融洽关系、消除彼此间的紧张情绪，要尽量引导被推销者多讲话。

第四，注意表达的语气、语速和情绪。

被推销者如果对该旅行产品感兴趣，一般会出现一些积极反应，比如认为价格偏高、产品与他们的理想需求有差距、有旅行打算但未确定选择哪家产品等。

(3) 推销信息总结反馈工作。总结工作主要是检讨自己的推销技术，积累经验。信息登记工作是旅行社建立信息库的重要步骤，它对旅行社以后的促销工作有着很大的作用。推销人员应该登记的信息主要有以下几点：①被推销对象对产品的需求能力、需求周期等；②被推销对象对价格的敏感度；③被推销者的基本信息；④旅行社产品促销档案；⑤被推销客户人数。

3. 人员推销的优缺点

人员推销的优点包括：①推销人员能在与被推销人员进行接触的过程中，及时得到反馈信息；②推销人员能够根据被推销对象的意见，在允许的范围内及时对产品的构成、服务、价格等进行适当的调整；③推销人员能够直接接触预先选定的推销对象，具有很高的推销命中率；④推销人员能够直接从被推销对象那里得到购买产品的保证，甚至会当场成交。

但是，人员推销也有一定缺点：①费用较高；②一次性推销的对象有限；③对于中小旅行社来说，建立一支合格的推销人员队伍并非易事。

（三）旅行社公共关系

旅行社公共关系是指通过信息沟通，发展旅行社与社会、公众之间的良好关系，建立、改善、维护或改变企业和产品的形象，营造有利于企业的经营环境和经营态势的一系列措施和行动。就目前我国旅行社经营的社会环境来说，采用公共关系的优势十分明显，其主要表现在两个方面：一是公共关系以远低于广告的代价对公众心理产生较强的影响，且可信度较广告更高；二是旅游产品生产与消费的同一性特点，使得它的质量只有在消费之后才能得到验证，因而其销售也更易受广告和公共宣传的影响。旅行社公共关系活动主要有针对新闻界的公关活动和针对社会公众的公关活动两大类。

1. 针对新闻界的公关活动

公众一般倾向于认为新闻媒体的报道更具可观、公正的色彩，而广告传达的信息可信度较低，因此如果能撰写或创作一些有吸引力的信息使各种媒介竞相采用，它所产生的价值可与花费几万、几十万元的广告相匹敌，而且不需要占用新闻媒体的篇幅和时间。旅行社公关的最常用方法是向新闻媒体发送消息，通报相关的特殊旅游产品及其他一些旅游相关消息。旅行社如果开发出新产品，就可采取新闻发布会的形式向旅游者及客户介绍产品相关信息。

目前，我国旅行社针对新闻界的公关活动方式主要有新闻发布会和熟识旅行两种。

(1) 新闻发布会。新闻发布会是旅行社向新闻媒体通报、发布有关的旅游产品及其他旅游消息的活动。

(2) 熟识旅行。熟识旅行是指旅行社通过邀请媒体人物免费旅行，让他们对旅行社的产品产生浓厚的兴趣，并留下深刻的印象，然后向公众介绍和报道旅行社产品的一种公关活动。

熟识旅行的效果主要由以下三点决定：

①被邀请的媒体人物。熟识旅行应该邀请和旅游有关的媒体人物，如旅游专栏、旅游版、旅游节目的记者或作家。

②人物所在媒体的知名度。人物所在的报刊发行量、电视台的收视率等在当地的知名度决定了熟识旅行的效果，其知名度越高，熟识旅行的公关效果越好。

③内容的新颖度。熟识旅行的内容本身要有新意，活动安排要丰富多彩、细致周到。

2. 针对公众的公关活动

根据不同对象，针对社会公众的公共关系可具体分为针对顾客、旅行社员工以及旅游目的地公众的公关活动。这类公关活动主要包括以下三个方面。

（1）对待顾客，旅行社要注重服务质量，高度重视并妥善处理投诉。

（2）对待旅行社员工们，旅行社可以出版内部杂志、刊物，通过定期或不定期的出版物与员工沟通，关心员工生活，增强员工归属感、自豪感和凝聚力。

（3）对待目的地公众，旅行社可以赞助公益事业，与有关机构建立良好联系，并积极参加社区活动，承担一定的社会责任。

（四）旅行社销售促进

旅行社销售促进是近年来发展极为迅速的一种促销方式，是旅行社为了刺激特定的产品需求而设计的活动，如参加新线路的旅行、使用优惠券等。销售促进也叫营业推广，它是指对本行业（一般指中间商）以及旅游者或销售队伍成员提供短期激励的一种活动，其目的是促进购买或努力销售某一特定产品。

对于旅行社来说，销售促进有着非常明显的作用。首先，它可以促使旅游者购买本旅行社的旅游产品；其次，它有利于形成市场竞争优势；最后，它还可以促进旅行社其他产品的销售。销售促进策略一般可以分为以下三种。

1. 针对旅游者的销售促进

针对旅游者的销售促进活动，目的在于吸引公众的注意，以此来吸引新的顾客，促成老顾客对本旅行社的忠诚。旅行社常用的销售促进手段有免费赠送纪念品、宣传品，抽奖促销以及设立旅游俱乐部等。

2. 针对旅游中间商的销售促进

在国内的一些入境游市场中，以及一些拥有广泛销售网络的国内旅行社的业务开展过程中，积极争取中间商的支持和合作，对于产品的销售具有极其重要的现实意义。具体来说，旅行社对中间商的销售促进可以分为以下几种：

（1）给予中间商优惠和折扣，这是一种旅行社常用的促销方式。

（2）给予推广津贴。旅游零售商在销售某个产品之后，在佣金之外还能得到一定比例的补贴，以此来激励中间商更好地推广新产品。

（3）提供宣传品。这些宣传品包括用于陈列和展示的广告招贴画、小册子、录像带等宣传资料。

（4）联合开展广告活动。这是旅游产品生产者和中间商联合促销的一种方式，通常由旅游生产商提供资料和一定比例的资金（广告津贴），会同中间商联合制作或由中间商单独制作广告，然后联合发布广告，这种广告宣传服务于双方。

3. 针对旅游推销员的销售促进

对推销员实施销售促进的目的在于调动推销人员的积极性，销售促进中常用的方法有以下几种：

（1）让利。这就要求旅行社根据每个推销人员的业绩给予额外的奖励。

（2）销售集会。这种集会常常在旅游目的地的餐馆举行，在信息沟通的同时，也带有奖励的性质。

（3）销售竞赛。通过组织销售竞赛，奖励销售成绩突出的推销人员，以此调动推销人员的积极性。

（4）推销人员素质拓展。通过请相关素质拓展机构或旅行社自行组织推销人员，将其分成不同的小组，共同完成任务，以此促进推销人员之间的相互了解与信任，培养团队精神。

二、旅行社产品的销售方式

作为旅行社市场营销的重要组成部分，销售工作是联系旅行社产品开发与最终将产品转移到旅游者手中的中间环节。选择正确的销售方式，管理好销售过程是旅行社经营的重要内容。旅行社产品的销售方式可以分为直接销售和间接销售，这里主要讨论直接销售的方式，间接销售的方式在下一节销售渠道策略中进行介绍。

旅行社产品的直接销售方式包括门市销售和互联网销售两种。

1. 门市销售

门市柜台已经成为许多旅行社，尤其是经营组团及散客旅游业务旅行社的重要销售渠道，不少对旅行社产品不太了解的顾客，通常是通过旅行社门市部所坐落的位置，以及内部装饰来判断旅行社的实力及产品质量。因此对旅行社来说，门市的位置、布局、装饰，以及门市销售人员规范化的服务，都很有可能成为影响产品销售的重要因素。

（1）门市部位置的选择。旅行社门市部的位置，应该选择靠近其产品的目标市场。另外，旅行社还应该考虑相对集中原则，因为相对集中的同行可以使大家彼此间相互借鉴经营经验，促使旅行社降低产品成本、提高服务水平、不断改善产品质量，以吸引更多的游客。

（2）门市部的布局。门市入口及等候区应布置得简洁合理，因为这将影响顾客对旅行社的直接印象。在等候区，旅行社可以安排供顾客休息等待的座位，以及摆放旅行社的宣传资料。接待与咨询服务区是旅行社门市部的核心区域，其布局设计应有利于提高员工的工作效益。同时，门市部的布局要使来访者感到心情愉快。

（3）门市部的装修。旅行社门市部的装饰环境如何，直接影响着前来咨询的顾客的心情，以及办公人员的工作积极性。因此，旅行社在进行门市部内部装饰时，应重点关注声音、色调、家具、设备、采光等因素的搭配与协调。

2. 互联网销售

（1）自主建立网站。建立自己的网站，对宣传企业的产品、提高企业的知名度效果显著。但是，需要有专业的人员来进行网站的设计，以及产品的发布和维护，这将产生较高的费用。如果网站缺少浏览量的话，就形同虚设，因此不适合中小旅行社采用。

（2）在他人网站发布本旅行社信息。例如，很多旅行社在携程旅行网（简称携程网）等网站上进行销售，甚至作为其供应商。目前很多的OTA网站与中小型旅行社进行合作，可以在其网站上发布关于旅行社的产品信息，就如同在淘宝网上售卖商品一样。采用这种方法，不仅可以节省大量成本，而且可以借助平台的力量提升产品的点击率。但是众多的旅行社在公共平台上同时发布产品信息以及报价，将使得竞争更加激烈，并且由于价格的透明化，旅行社的利润将大幅减少，甚至引发恶性竞争。

（3）与旅行社内部网相连。将自己的网站与企业内部网站相连，并将自己的旅游信息定期进行发布及更新，也成为旅行社在利用网络这一销售平台进行销售时的选择方式。很多经营时间较长的旅行社，都会有较为固定的客户群，但是这种方式难以在新客户市场上应用。

目前，在我国国内旅游者中，也有通过直接销售方式购买旅游产品的。比如，旅游者可以直接到火车站、机场或网站上购买火车票、飞机票，也可以直接到酒店或在网站上订购房间等。虽然大部分来华的外国旅游者，都是通过国外旅游代理人与我国旅行社建立联系并被安排旅程的，但也有一些“背包旅游者”，他们大多是国外的学生、青年，他们自购车票，自己订房、订餐，成为旅游的直接销售对象。

三、旅行社产品的销售过程

1. 确定目标市场

这一过程是由策划推广部确定新产品方案，并将相关资料发送给外联部；再由外联部根据旅游产品的特点、线路、辐射范围、价位等，认真分析目标受众，并与策划推广部人员沟通，最终确定目标受众的范围。

2. 制订销售计划

外联部根据旅游产品的特点，并结合目标市场的消费特点、消费习惯等因素，制订《旅游产品销售计划书》，其内容主要包括销售方式、销售策略、销售渠道和报价策略。外联部经理审阅制订完成的销售计划，提出意见后予以修改，最后上报营销总监审批。

3. 旅游产品销售

外联部经理将《旅游产品销售计划书》呈送营销总监审批通过后，开始组织旅游产品的销售工作。如果是旅行社自行销售，则外联部组建相应销售团队，或者将销售任务下发到各门店，直接面向游客进行业务洽谈、销售，为游客提供旅游顾问服务；如果选择间接销售，则外联部派遣人员收集中间商的信息资料，并对其进行评估，然后双方洽谈合作事宜。经过与中间商的接触、合作条件对比、信誉评估等工作事项后，选定合适的中间商，并经双方协商达成一致意见，签订合作意向书。

4. 签订旅游服务合同

旅行社如果采用直销的方式，则外联部门人员（门店）经过与顾客的沟通、协调，最终签订《旅游服务合同》，并按合同规定提供优质的旅游服务。如果采用中间商销售旅游产品的方式，则旅行社可以为游客提供旅游顾问服务，同时与中间商签订《旅游服务合同》，并根据合同的相关规定履行职责、结算佣金。

第三节　旅行社产品分销

一、旅行社分销渠道的设立

对产品进行设计、定价、促销的最终目的是销售。旅行社只有将产品销售出去，才能得以生存和发展。在当今社会，很多企业不再直接销售产品，而是由一些中介机构将产品最终销售给消费者，这些中介机构就是销售渠道。销售渠道是联系企业和最终消费者的中间环节，销售渠道的畅通与否直接影响产品能否顺利到达市场，实现交易行为。

旅游产品的销售渠道又称分销渠道，是指旅游产品的生产者将产品提供给最终消费者的途径。旅游产品的销售渠道是一个内涵较为宽泛的概念，它不仅包括旅游企业借助旅游中间商向顾客出售其产品的间接销售途径，也包括旅游企业在其生产现场直接向来访旅游者出售其产品和服务的传统渠道。简单地说，销售渠道就是旅游产品生产者将产品提供给最终消费者所经过的路径，旅行社本身就是涉及参与这一过程的一系列独立组织中重要的一员。比如，旅行社是航空公司的销售渠道，机票通过散布在各地的旅行社转到消费者手中，游客才得以飞往世界各地。

（一）旅行社销售渠道的类型

以销售渠道的基本原理类推，旅行社的销售渠道就是指旅行社的产品（组合或单项）从旅行社这一层级出发到达旅游者所经过的路线。它的起点是旅行社，终点是旅游者，中间包括各种旅游批发商、零售商等环节。旅行社产品的销售渠道和旅游产品的销售渠道的区别在于起点的不同，前者的起点是旅行社，而后者的起点是旅游供应商。在某些情况下，旅行社本身就构成了旅游产品销售渠道的重要一环。

1. 直接渠道与间接渠道

我们可以按是否经过中间环节，将旅行社的销售渠道划分为直接销售渠道与间接销售渠道。

（1）直接销售渠道。直接销售渠道又称一级销售渠道或零层次销售渠道，是指旅行社直接向旅游者提供产品，不涉及任何中间环节或中间商的销售途径。其具体的销售模式与策略在本章第二节旅行社的销售方式中已详细介绍，在此省略。

直接销售的优点是便捷、灵活，由于其省去了中间环节，旅行社可以及时地将产品投放市场，并迅速获得反馈信息。但是这种销售渠道需要旅行社有强大的实力，如果客源市场太分散或太远，则会影响产品的成本收益；如果旅行社的实力有限，销售渠道过少，则难以将产品覆盖至整个市场，进而影响旅游者对产品的市场认知。

（2）间接销售渠道。任何一家旅行社都不可能在所有市场上设立分销渠道，当旅行社对客源地的情况缺乏了解，或者销售成本受到限制时，间接销售渠道就应运而生了。间接销售渠道是指旅行社在旅行社和客源地之间加入的旅游代理商或零售商等中间机构。美国夏威夷大学名誉院长朱卓仁（Chunk Y. Gee）教授按照中间环节的不同把旅游销售渠道划分为四级系统。其中，一级系统为航空公司、饭店等旅游供应商直接将产品销售给旅游者；二级系统为旅游供应商通过旅游经营商和旅游批发商等中间环节将产品销售给旅游者；三级系统在旅游经营商、旅游批发商和消费者之间增加了代理商，以此类推；四级系统则在最终消费者之前又增加了一个中间环节。其中，后三者为间接销售渠道。

间接销售渠道的优点是覆盖面广，拥有广泛的市场影响力，并可以有针对性地进行营销。但由于增加了中间商的层次，旅行社需要向它们支付一定数额的佣金，因此其直观价格有可能高于采用直接销售渠道的产品的价格，从而降低了产品价格的竞争力。如果中间环节过多，旅行社对中间商的控制力度也会大打折扣。

2. 长渠道与短渠道

销售渠道的长度通常是指产品从生产者（或供应商）向最终消费者转移过程中所经过的中间层次的多少。按照产品从旅行社到旅游者手中所经过的流通环节的多少，我们可以将销售渠道分为长渠道和短渠道。所经过的中间层次越多，其销售渠道越长。最短的销售渠道就是直接渠道，3层及以上的销售渠道属于长渠道。

3. 宽渠道与窄渠道

按照每个中间环节所容纳的同类中间商的多少，我们可以将旅行社的销售渠道分为宽渠道与窄渠道。

（1）宽渠道。旅行社使用的同类中间商越多，产品在市场上的分销面就越广，产品的销售渠道就越宽，常见的日用消费品多采用宽渠道。在形式上，宽渠道由多家批发商经销，又转卖给更多的零售商，能大量触及消费者，大批量地销售产品。这种渠道避免了旅行社对中间商的依赖，便于迅速、大量地将产品投放到旅游市场，从而方便旅游者及时、就近购买旅行社产品。当然，过多的中间商或销售点会增加旅行社的经营成本和管理难度，导致中间商和旅行社的关系较为松散。

（2）窄渠道。旅行社使用的同类中间商越少，销售渠道越窄。窄渠道由一家中间商统包，几家经销商销售，一般适用于专业性较强的产品或贵重的耐用消费品。窄渠道的优点是旅行社容易控制分销商，并可以加强旅行社和中间商的关系；缺点是旅行社容易过分依赖其中一家中间商，导致市场覆盖面受到限制，经营风险较大。

4. 单渠道与多渠道

如果旅行社的全部产品都由自己所设的门市部直接销售，或者全部交给批发商经销，则称之为“单渠道”。

与此相反，旅行社采取多渠道时，则有可能是在本地区采用直接渠道，在外地采用间接渠道；在有些地区独家经销，在另一些地区多家分销；对观光产品采用宽渠道，对特种产品采取窄渠道；对畅销产品采用长渠道，对新产品采用短渠道。

（二）旅行社销售渠道的选择

在产品销售过程中，旅行社到底选择哪种销售渠道，应考虑以下四个方面。

1. 产品特性

旅行社产品的价格、生命周期和淡旺季差异是影响销售渠道选择的第一个因素。

①低价格的产品可以实施渗透战略，但需要较大的市场容量作支持，因此可采用间接渠道进行促销，以扩大市场范围；反之，如果产品定价较高，则市场范围相对较小，目标市场大多集中在金字塔的塔尖，宜采用短渠道或直接渠道。

②处于不同生命周期阶段的产品，对销售渠道的选择也不尽相同。在产品的开发阶段和引进阶段，因销售增长缓慢，旅行社宜采用直接销售渠道，让营销团队接触第一线的消费者，收集更多的需求信息，加深对目标市场的认识。在成长阶段，旅行社产品逐渐被市场所接受，旅行社在实力有限的情况下，可以采用宽渠道，吸收更多的中间商进行销售。在成熟阶段，产品的销售增长率开始下降，越来越多的中间商使旅行社的控制力受到限制，这时旅行社需要对中间商进行评估，淘汰劣质的中间商，在加强渠道控制的同时推进高价撇脂战略，收获产品生命周期中的最后一批利润。在衰退阶段，产品销量急速下降，没必要使用过多的中间商或更多层级的销售环节，因此以窄渠道和短渠道销售为佳。

③由于旅游活动具有明显的季节性特征，处于淡季和旺季的旅行社产品在销售渠道的选择上也会有所不同。在旺季到来之前，产品预订激增，旅行社应采用短渠道和宽渠道，占领有利时机，迅速将产品投放市场；在旅游淡季，由于销售额较低，旅行社采用窄渠道来维持重要产品的销售即可。

2. 市场条件

旅行社的目标市场范围、客源地距离和市场的宏观经济环境是影响销售渠道选择的重要因素。

①旅行社所面临的目标市场范围会影响产品销售渠道的选择。如果目标市场的范围较广，旅行社应采用长渠道和宽渠道，以扩大市场覆盖面；反之，可采用短渠道和窄渠道。

②目的地和客源地的地理距离是影响旅行的重要因素。如果客源地距离旅行社较近，则直接和间接销售渠道都可以选择；反之，如果客源地较远，一般适合采用间接渠道，由中间商负责促销。

③旅游业是敏感度比较高的行业，宏观经济环境的变化会极大地影响旅行社业务的拓展。在经济繁荣时期，人们的旅游意愿增强，引进旅游需求不断增长，这时可以加宽、加长销售渠道；反之，在经济萧条时期，企业压缩商务旅游费用，人们减少旅游消费预算，旅行社就要相应地减少中间环节，以降低销售成本。

3. 旅行社的自身条件

旅行社的实力和管理能力等条件决定了企业的控制力，控制力强的旅行社可以有效地使用长渠道，这样既可以使企业精神贯彻到最后一级中间商，又可以提高市场影响力。但控制力不强的旅行社最好采用短渠道。

4. 比较不同销售渠道所产生的经济效益

不同销售渠道给旅行社带来的经济效益肯定是有区别的。一般来说，旅行社通过旅游中间商销售产品所获得的销售收入，要低于旅行社直接进行产品销售所获得的收入，因为旅行社必须要支付部分佣金给中间商。但是，旅行社通过旅游中间商销售产品可以节省另外一些费用。所以旅行社在确定销售渠道时，应该比较不同销售渠道所产生的实际经济效益。

二、旅行社销售渠道策略

销售渠道策略是旅行社根据销售渠道的类型、渠道选择原则和有关因素进行销售渠道决策的行为。旅游产品的销售渠道选择策略有多种，这里只对其中常见的策略性考虑做简要归纳。

（一）销售渠道长度策略

销售渠道长度策略就是对选取何种长度的销售渠道进行决策。例如，旅行社是选用直接销售渠道还是选用间接销售渠道，如果选用间接销售渠道，那么选用几个中间层次的间接渠道为宜等。

一般来说，在条件允许的情况下，短渠道优于长渠道，这主要基于三点原因。①就消费者心理而言，直接销售意味着旅游业以“出厂价”销售其产品，因而价格比较便宜，并且产品质量能得到保证，这也是许多消费者希望直接预订或购买的主要原因。②从旅游产品流通的实际情况来看，在间接渠道的销售中，旅行社代理商要向被代理的旅游企业收取佣金，旅游批发商则要在批发价格的基础上加价出售。前者无疑会减少有关旅游企业的收入，那么如果后者加价过高，则会影响产品的市场占有率。③中间层次的增加不仅会影响生产者与旅游者彼此间信息沟通的速度，甚至有可能产生信息误导。

当然，对于绝大多数旅行社来说，究竟采用何种长度的销售渠道需要根据前述影响因素进行调研和分析。不过在某些因素的制约下，旅行社选择的销售渠道不一定是最佳渠道，而只是诸多选择中比较合适的渠道而已。

（二）销售渠道宽度策略

一个旅行社在选定产品销售渠道模式的基础上，还需要考虑所选渠道的宽度。销售渠道的宽度一般是指旅行社商品销售网点的数目和分布广度，其中既包括自设网点，也包括代销网点。代销其产品的中间商越多，该旅行社的产品销售渠道也就越宽。销售渠道宽度策略主要是指对销售网点数目及其地域分布，特别是对选用中间商的数目等销售渠道问题进行决策时采用的方法。就旅游业中常见的情况而言，有关渠道宽度的选择策略有三种，即广泛性销售渠道策略、选择性销售渠道策略和专营性销售渠道策略。

1. 广泛性销售渠道策略

对于经营国际旅游业务的旅行社来说，广泛性销售渠道策略就是通过旅游批发商，广泛地招募旅游零售商，以期尽可能多地销售产品，招徕客源；对于经营国内旅游业务的旅行社来讲，广泛性销售渠道策略就是广泛地委托当地旅行社代销其产品，提高产品的销量。这种简洁的销售方式不仅拓宽了旅行社的销售渠道，也方便让游客及时了解信息并购买产品。同时，旅行社也可以通过产品销售，发现理想的合作伙伴。但是，这种方式将致使旅行社的营业利润减少，使其管理较为困难，因此一般只适用于旅行社的初期阶段。

2. 选择性销售渠道策略

选择性销售渠道策略是指旅行社在某一目标市场中，选择几家中间商，并与其建立稳定的合作关系，委托其进行产品销售的策略。这一策略可以降低价格成本，方便管理。但是如果旅行社对中间商选择不慎，有可能失去市场机会并影响销售。

3. 专营性销售渠道策略

专营性销售渠道策略是指旅行社在一定时期内，在某一个市场中只选择一家中间商作为自己的合作伙伴。一般情况下，该中间商也不能同时代销其他竞争对手的产品。

这一策略可以降低旅行社经营成本，提高中间商的积极性和工作效率，使双方合作关系更为紧密。但是，如果中间商在产品经营上失误，对旅行社来说有可能是致命的，因为这不仅意味着旅行社会丢失部分旅游市场，而且甚至可能会失去整个市场。

三、旅行社中间商的选择与管理

旅行社中间商是指协助旅行社推广并销售旅游产品给最终消费者的集体和个人。它主要包括旅行社批发商、旅行社经销商、旅行社零售商、旅行社代理商以及随着互联网的产生与发展而出现的在线网络服务商。

（一）旅行社中间商的类型

旅行社中间商是指介于旅行社与旅游消费者之间，从事转售旅行社产品，具有法人资格的经济组织或个人。旅行社中间商根据其业务方式，大体上可分为旅行社批发商和零售商两大类。旅行社中间商根据其是否拥有所有权，又可划分为旅行社经销商和旅行社代理商，而旅行社批发商和旅行社零售商都属于旅行社经销商。

1. 旅行社经销商

旅行社经销商是指将旅游产品买进以后再卖出（即拥有产品所有权）的旅行社中间商，它们的利润来自旅游产品购进价与销售价之间的差额。旅行社经销商可以分为旅行社批发商和旅行社零售商。

（1）旅行社批发商。旅行社批发商是指从事批发业务的旅行社中间商，它们一般不直接服务最终消费者。旅行社批发商通过大量订购旅游交通、景点、饭店等旅行社的单项产品，将这些产品编排成不同时间、不同价格的包价旅游线路，然后再批发给旅行社零售商，最终出售给旅游消费者。目前，国内的旅行社都在尝试“旅游批发”这种新的经营模式。一般来说，旅行社批发商的经营范围可宽可窄，有的旅行社批发商甚至通过在海外设置办事处或建立合资企业、独资企业等形式进行大众化产品的促销工作，或者广泛经营旅游热点地区的包价旅游产品；有的旅行社批发商也可在特定的目标市场中只经营一些特定的旅游产品，如专项体育活动、专项节日活动等产品；还有的旅行社批发商可以通过某一交通运输工具组织包价旅游，如我国长江三峡豪华游艇包价旅游、汽车穿越塔克拉玛干沙漠包价旅游等。

（2）旅行社零售商。旅行社零售商是指那些直接面向广大游客，从事旅行社产品零售业务的中间商。旅行社零售商主要向游客宣传与销售最终的整体旅游产品，是当前世界上旅游产品销售渠道的主要形式。旅行社零售商承担着游客决策顾问与产品推销员的双重角色。为适应旅游消费者的多种需求，旅行社零售商要熟悉多种旅游产品的优劣、价格和日程安排，要了解和掌握旅游消费者的经济支付水平、生活消费需要和方式等情况，以帮助旅游消费者挑选适宜其需求的旅游产品。同时，旅行社零售商在市场营销活动中应具有较强的沟通能力和应变能力，要与旅游目的地的饭店、餐馆、风景点以及车船公司、航空公司等旅游接待企业保持良好的联系，能根据旅游市场及旅游消费者的需求变化相应地调整服务。

2. 旅行社代理商

旅行社代理商是指那些只接受旅行社产品生产商或供应商的委托，在一定区域内代理销售其产品的旅行社中间商，它们的收入来自被代理旅行社所支付的佣金。旅行社代理商的零售业务包括：为游客提供旅游咨询服务，代客预订、代办旅行票据和证件等。

（二）选择旅行社中间商的标准

旅行社选择采用间接销售渠道后，一个重要的工作就是正确选择旅行社中间商。它直接关系产品的销量，也关系旅行社的经济效益。一般来说，在选择旅行社中间商时，旅行社应着重考虑以下标准。

1. 具有良好的信誉和声誉

良好的旅行社信誉和声誉是旅行社与中间商合作的基础。

2. 要求目标市场一致

旅行社在选择旅行社中间商时，要关注中间商的目标群体是否与旅行社的目标市场相一致。这就要求旅行社优先选择那些位于旅游客源比较集中的地区或比邻地区。

3. 具有较强销售能力

销售旅行社产品是旅行社中间商的工作核心。衡量旅行社中间商的销售能力，旅行社可以通过其经营策略、分销能力、经济实力等方面来考察。

四、旅行社分销渠道管理

旅行社主要通过四个途径实现对中间商的管理。

1. 建立旅行社中间商档案

旅行社中间商档案包括不同内容，可详细亦可简单，但要包括中间商的基本信息。中间商档案信息的积极备案在旅行社与中间商合作过程中起着决定性作用。

2. 旅行社中间商的激励

旅行社应不断采取相应的激励措施，最大限度地发挥中间商的销售职能。一般来说，激励方法有正刺激和负刺激两种。正刺激通常有利润刺激、资金支持、信息支持等；负刺激则可通过处以中间商一定的罚款、减少相关优惠政策、降低其信用评级等。

3. 旅行社中间商的协调

为保证销售渠道通畅，旅行社应尽量使各中间商结成利益共同体，协调各中间商以合作为主，这样双方所获得的信息和效益才能更大。销售渠道的冲突，会发生在零售商与零售商之间，或者旅行社与批发商之间。为了将冲突带来的损失降到最低，协调中间商的经营，旅行社可依据具体情况采取适当措施，通常可采用共同目标法、互相渗透法、责任权力法等协调旅行社中间商。

4. 旅行社中间商的调整

市场变化迅速，经常令旅行社应接不暇。旅行社应当不断调整中间商队伍，通常可采用增减中间商数量、调整销售渠道等手段，以确保销售渠道的畅通。

第四节　旅行社的产品品牌化

一、品牌的基本概念

（一）品牌的定义

品牌是一个复合概念。国际上一般认为，品牌是指用以区别不同销售者所销产品或服务的名称、词语、图案、标记或其他特征。品牌包括六层含义。

①利益——品牌能给购买者带来物质上、精神上的利益；

②个性——品牌应传达出差异化的个性；

③属性——品牌应表达出产品的特定属性；

④价值——品牌应体现制造商的某些价值观；

⑤文化——品牌有其附加及象征的文化；

⑥使用者——品牌应体现购买和使用这种产品的消费者。

由此可见，品牌是主体与客体、主体与社会、企业与消费者相互作用的产物。品牌虽然存在于社会环境及消费者心里，但其所有权归企业所有。

（二）和品牌相关的基本概念

1. 品牌名称（brand name）

品牌名称是指品牌中可以用语言表达的部分，包括文字与数字，其通常是识别产品的唯一标志。对消费者而言，品牌名称是产品的基本组成部分，是品牌质量的一种标志，是消费者自我表现的凭借物。品牌名称是旅行社培养顾客忠诚的有效途径之一。

2. 品牌标记（brand mark）

品牌标记是指品牌中非文字或数字表述的部分，通常是图案或标记。

3. 注册商标（trade mark）

注册商标是指依法注册的标记，其表明注册者对特定品牌或品牌组成部分具有唯一使用权。

4. 品牌内涵（brand concept）

品牌内涵是指营销者为特定品牌所创造的，并用以与目标市场进行沟通的特定含义，它与上述概念有着密切联系。

5. 品牌化（branding）

品牌化是指赋予某种产品特定品牌的活动。

6. 品牌资产（brand equity）

品牌资产主要由品牌名称与图案、品牌名称知名度、品牌产品的质量、顾客对品牌产品的理解、品牌联想、明晰的品牌所有权和品牌忠诚等因素构成。品牌资产是整个品牌价值的积累。

二、旅行社品牌化的作用

在激烈的市场环境下，产品品牌化是提高旅行社竞争力的重要因素。

1. 品牌是旅行社核心价值观的体现

旅行社创立品牌的目的，不仅是要将商品销售给目标消费者，满足消费者的需求，为企业获得利润，而且要使购买者通过使用品牌，形成对品牌的好感，赢得品牌信任和品牌忠诚。而这正是品牌所反映出的企业核心价值。

2. 品牌是识别商品的“分辨器”

旅行社打造的品牌产品代表不同的产品特征、文化背景、设计理念、心理目标及产品服务质量。对于旅行社来说，品牌有助于它们区分不同的产品，有助于进行产品介绍和促销，有助于培育顾客对品牌的忠诚；对于购买者而言，品牌可以帮助他们识别、选择和评价不同旅行社的产品，并通过消费名牌产品等方式获得心理满足和回报。

3. 品牌是质量和信誉的保证

企业设计品牌、创立品牌、培养品牌的目的是希望此品牌能变为名牌。这就要求企业必须在产品质量上下功夫，在售后服务上努力。同时，品牌代表企业形象，树品牌、创名牌就是在树立企业形象，就是在打造、展示和巩固企业文化。品牌的形成过程，也是企业核心竞争力的形成过程。

4. 品牌是企业的“摇钱树”

品牌以质量取胜，富有文化情感内涵，会扩大产品市场占有率，增加产品的附加值，为企业带来高效益。同时，品牌一旦形成，便会形成一种推动力，为新产品开发和市场准入奠定基础。

三、旅行社品牌建设策略

对有形产品而言，产品品牌是最主要的，而对于无形的服务来说，企业品牌是首要的。旅行社需要品牌，但由于旅行社提供的服务具有服务产品的无形性特征，这使得服务产品的品牌化变得比较困难。因此，建设旅行社的品牌首先是要打造良好的企业品牌，其次再进行产品品牌建设。在品牌建设时应注意把握以下五种策略。

1. 确定适当的品牌名称

品牌名称是品牌的核心。首先是确立一个好听好记、具有独特性和恰当性的旅行社名称，将其作为旅行社服务品牌的核心。在良好的企业品牌之下，为排斥其他竞争者，旅行社也可以为自己的旅游产品确定适当的品牌。一般情况下，品牌名称不能以通用的旅游线路命名，可采用一个概念性的名字，也可以采用特有的文字组合和图案，并通过注册使自己的产品具有排他性使用权，如“浪漫欧洲游”“巴厘岛阳光之旅”等，但这并不排斥其他旅行社经营类似的活动，只是不能使用同一名称。

2. 赋予品牌独特的内涵

确定品牌内涵的基本思路是从企业目标、企业所拥有的资源和企业发展战略出发，通过细分目标市场，提高具有特色的产品或服务，形成良好的企业产品形象。品牌内涵的关键是旅行社产品和服务的特色。

3. 设计与品牌名称和内涵一致的品牌标志

用图案或标记作为标志，连同品牌名称一并注册，取得排他性的使用权。在品牌的传播中，所有与品牌有关的传播性要素都应共同塑造一个完整的形象。视觉识别是最直观的可见性手段，如品牌的名称、标记、识别语、颜色、制服、设备等，品牌在顾客心中的形象越统一，品牌地位就越强。

4. 加强品牌内涵的营销

通过营销活动，企业将精心设计的品牌内涵传递给消费者，唤起消费者对品牌的关注，力争取得消费者的认同，促成消费者的购买行为，甚至是重复消费直至形成品牌忠诚。品牌内涵营销是为了销售产品，但消费者有选择的权力和倾向，营销成功的关键是要达成企业和消费者的共识。企业要将品牌内涵准确地传递给消费者，得到消费者的认可，就必须建立起双向信息沟通渠道，及时了解消费者对企业品牌的认知程度，并据此调整品牌信息和传播渠道，最终使消费者的认知与企业的初衷达成一致。

5. 不断提高服务质量，培育顾客的品牌忠诚

质量是品牌的本质和基础，也是品牌的生命和灵魂。“最佳服务是最佳宣传”，对既有顾客提供优良服务，无论是对吸引回头客还是对口碑宣传都具有至关重要的作用。因此，服务是创立品牌的利器，旅行社在强化服务意识时应注意以下问题。

（1）树立“品牌就是服务”的意识。

旅行社必须树立全心全意为旅游者服务的意识，旅行社越为消费者着想，离成功就越近。

（2）深入理解“顾客至上”的含义。

“顾客至上”不仅意味着围绕顾客需求不断推出新的高品质的产品，还体现出对顾客的信任和尊重，要处处为顾客着想，认真对待和处理旅游者的批评和挑剔，对旅游者一视同仁。

（3）系统完善的全过程服务。

旅行社在售前、售中、售后都要为旅游者提供优质服务。

（4）优化服务措施，加强培训工作。

尤其是在接待服务方面，旅行社要加强对计调、导游、司机等人员的培训，健全培训网络，完善设施，不断优化服务措施。

【复习思考】

1. 旅行社应该如何对市场进行细分？如何选择应该进入的细分市场？
2. 旅行社在某一个特定的细分市场里，如何对自己的旅游产品进行定位？
3. 旅行社对旅游产品实施促销的方法有哪几种？该如何去实施促销？
4. 简述旅行社产品的销售方式与过程。
5. 旅行社的分销渠道有哪些？如何管理这些分销渠道？
6. 简述旅行社的分销渠道策略。
7. 旅行社如何对中间商进行选择与管理？
8. 旅行社在销售过程中应该向旅游者提供哪些服务？
9. 简述旅行社产品的品牌化策略。

【参考文献】

[1] 菲利普·科特勒，约翰·T鲍文，詹姆斯·C麦肯斯. 旅游市场营销［M］. 谢彦君，李淼，郭英，译. 北京：清华大学出版社，2017.

[2] 李学芝. 旅游市场营销与策划：理论、实践、案例、实训［M］. 3版. 大连：东北财经大学出版社，2018.

[3] 菲利普·科特勒. 营销管理［M］. 王永贵，等译. 北京：中国人民大学出版社，2014.

[4] 迈克尔·所罗门. 消费者行为学［M］. 12版. 杨晓燕，苗学玲，胡晓红，等译. 北京：中国人民大学出版社，2018.

[5] 赵文明. 旅行社管理工具箱［M］. 北京：中国铁道出版社，2015.

[6] 符国群. 消费者行为学［M］. 2版. 北京：高等教育出版社，2014.

[7] 甘朝有. 旅游心理学［M］. 天津：南开大学出版社，2001.

第五章 旅行社计调管理

【案例导入】

沈阳某旅行社计调人员小王的一个老客户向其透露，单位要组织员工前往北京旅游，于是小王和这家单位的领导取得联系，并约定第二天面谈。小王事先做了充足的准备，第二天准时来到这家单位，向领导进行产品介绍和销售工作。小王首先询问了企业对这次旅游的想法和要求，其次根据企业的需求设计了一条能领略首都精华景点、行程安排松紧得当、接待标准较高、价格合理的旅游线路，企业领导相当满意，当即决定和小王签约，并支付了预付款。

小王回到旅行社里，马上安排票务人员落实团队机票，并和合作多年的北京地接社取得联系，预报了团队行程。此后，小王将正式出团计划发给游客，并和地接旅行社（简称地接社）进行了团队确认，并委派旅行社里一名资深导游人员担任全陪。在整个旅游过程中，小王密切关注团队动态。此次旅游活动进行得十分顺利。团队回程后，小王向地接社结清团款，并将团队操作中的各个文件进行了归档。小王还给这家单位的领导打了电话，询问对此次行程安排的意见和建议，感谢其对自己工作的支持，并表达了再次合作的意愿。

请根据上述案例，列举计调人员小王在团队操作中都做了哪些工作？

【任务要求】

1. 熟悉旅行社计调的概念，了解旅行社计调业务的特点和工作内容。
2. 初步掌握组团旅行社与地接旅行社的工作流程，能够根据游客的需求设计一条内容完整的旅游线路。
3. 了解旅游服务采购的内容及旅游服务采购合同的形式。

第一节　旅行社计调业务概述

一、计调业务的概念

“计调”是指计划、调度、安排。计调业务是整个旅行社业务运作的灵魂。旅行社的计调工作涉及面很广，因此旅行社计调业务的概念也就有广义和狭义之分。

广义的旅行社计调业务是指为旅行社业务决策而进行的市场调研提供信息，编制计划等参谋类工作，以及为实现旅游计划目标而进行的统筹安排、协调联络、组织落实、协议签订、检查监督等业务类工作。

狭义的旅行社计调业务是指在旅行社的接待业务工作中为旅游团安排各种旅游活动所进行的各项具体工作，包括食、住、行、游、娱、购等事宜的安排，旅游合作伙伴的选择，导游人员的委派，旅游接待计划的制定，以及旅游预算的编制等业务。

二、计调业务的特点

1. 复杂性

旅行社计调业务的复杂性主要体现在以下三个方面：①计调工作涉及采购、接待、票务、交通以及安排旅游者食宿等工作，内容复杂；②计调工作程序繁杂，从接到组团社的报告到旅游团接待工作结束的财务结算，各项工作各有程序；③计调工作涉及的关系繁杂，计调人员几乎与所有的旅游接待部门都有业务上的联系，协调处理这些关系贯穿计调工作的全过程。

2. 具体性

计调部门担负着收集本地区各旅行社的接待资料，向组团旅行社（简称组团社）预报情况，接受组团社业务委托，联系各个接待单位，编制接待计划，委派导游人员，进行旅游质量监督、售后服务、旅游费用的结算等具体工作，这些都涉及非常具体的事务性工作。可以说，计调部门总是忙于解决和处理采购、联络、安排接待计划等具体事宜。

3. 多变性

由于在旅游过程中不确定因素众多，计调业务具有多变性的特点。计调工作的多变性是由旅游团人数和旅行计划的多变性决定的。旅游团的人数一旦发生变化，就会影响计调人员的工作。比如，客房安排、旅游团人数、旅游接待计划、交通工具和住宿条件等方面的临时变更，以及其他不可抗力的因素等，都会影响计调人员的具体操作，可谓“牵一发而动全身”。此外，我国住宿条件尚不能完全满足顾客预订的要求，这也在无形中给计调工作带来许多不确定的因素。

4. 时效性

旅行社计调人员在获悉客人或旅游团队的要求后，需要立即进行操作，包括制定线路、安排行程、采购各项服务、安排接待人员、与组团社或接待社联系等工作。计调工作对时效性要求很高，稍有延误就会影响与合作伙伴的关系和旅游团队的正常运行。

5. 创新性

计调工作最重要的内容是产品创新。旅行社产品的主体是旅游线路，包括食、住、行、游、购、娱等相关内容。旅游产品设计是一项创新性工作，不能墨守成规，必须伴随客人消费习惯的改变和旅游景区变化的情况及时调整、更新，才能有效地占领市场。因此，计调工作本质上是一项创新性的工作，需要从业人员具有较强的创新思维能力。

6. 灵活性

计调业务的灵活性主要体现在旅游线路的变更上。如旅游旺季，因交通要素供应变化，游客不得不改变旅游行程时，计调人员可以通过临时变更旅游路线来履行旅游合同以满足游客的需求。为了防止投诉的发生，计调人员在制作行程时一般都会注明这一条款。

三、计调业务的类型

根据旅行社的规模大小、组织机构形式、业务范围、管理方式等不同，各旅行社计调岗位的划分也有所不同。一般按照业务范围可以把计调分为地接计调和组团计调两大类，在此基础上又可以细分为不同的类别。按照销售渠道的不同，计调又可以分为批发商计调和经销商计调，批发商计调负责线路设计、产品采购的工作；经销商计调则根据自己的客户需求，采购批发商计调设计的线路，然后转卖给客户，赚取中间的差价。

1. 组团计调

组团计调是在组团社内，根据游客的要求，设计行程，联系地接旅行社（简称地接社），负责游客出行各项事务操作的专职人员。组团计调根据游客的出行目的地又可以划分为省内周边游计调、国内游计调和出境游计调。

2. 地接计调

地接计调是指在地接社中负责按照组团社的计划和要求，确定旅游用车等区间交通工具、用餐、住宿、游览、安排导游等事宜的专职人员。按地接社接待游客的来源可分为国内接待计调和国际入境接待计调。

3. 专线计调

专线计调是指在旅行社的办事处或旅游批发商中专门负责某一条线路的设计、开发、运营的计调人员。专线计调要取得所负责专线的交通优势，即能够获得航空公司的优惠、充足的机位安排，同时要熟悉自己负责线路的宾馆、车辆、景区情况和对应地接导游的情况。专线计调往往还要对自己负责的线路进行销售开拓，熟悉竞争者的产品情况，适时调整自己的线路设计，最大限度地满足组团社或游客的需求，获得组团社的支持。

4. 散客计调

散客计调是为出行的“散客”安排出游活动，在预订机票后以散客拼团为主要工作任务的计调。优秀的散客计调不仅能敏锐地判断出不同时期、不同季节的散客出行量，而且能够准确地预测并控制航班机位、车辆数量、房间数量，做到既能满足游客需求，又能节约经营成本。由于散客数量多、需求差别大，散客计调要十分注意细节，随时关注机位、地接价格的变化。散客计调的工作在很多方面和组团计调一致。

第二节　旅行社计调业务流程

一般而言，旅行社计调业务的流程包括：收集信息、计划安排、组织联络、参谋咨询、费用估算。

1. 收集信息

收集信息是旅行社计调工作的第一步，也是计调人员开展工作的前提。计调人员每天要接触众多的旅游者、旅游服务供应商和合作伙伴，处在旅游市场的一线位置。他们了解旅游者的需求及其需求变化规律，了解供应商提供产品的质量情况，也了解合作伙伴的愿望和企求，因而掌握了大量的信息。身为计调人员，就是要从大量的信息中发现、找到对旅行社的成长和发展有利的信息，并对这些信息加以收集、整理、加工、分析、归类、保存，以备业务之需。

2. 计划安排

计调部门是旅行社接待计划的下达部门。无论是组团旅行社还是地接旅行社，都是由计调部门将团队接待计划下达给相关接待部门和接待人员，并负责督促相关接待部门和接待人员确认接待信息，做好接待工作。因此，在旅行社组织系统中，计调部下达的接待计划具有最高的权威性。

3. 组织联络

计调部门是旅行社与当地单项旅游产品供应商的联络中枢。当收到组团社发来的要约或外联部预订单后，计调部门就要预订当地的食宿交通，将本来松散的旅游企业统一协调起来，围绕旅游团的需求运转。可见，计调部门是旅游团整个行程的组织联络中枢，它能够保证团队行程上下站之间的顺利衔接，避免发生延误和脱节事故。

4. 参谋咨询

计调部门是协助旅行社决策层搞好计划管理的参谋部门。旅行社决策层要编制计划，就要掌握全面而科学的统计资料，而这些资料大部分来自计调部门。计调部门不仅掌管着旅行社接待旅游者的档案资料，而且还有与其他旅游企业业务往来的资料。对这些资料的分析和统计，有利于旅行社决策层有针对性地进行业务拓展和计划管理。

5. 费用结算

旅行社和饭店、餐厅、旅游车队等旅游接待单位的经济结算是以接待计划和合同为依据完成的。这些接待计划往往会因为导游的疏忽或其他人为原因而产生差错，或者由于交通、气候等因素的影响而发生变化，这就给财务结算带来了麻烦。在这样的情况下，计调部门保存的旅游团原始资料就成了团队财务结算的凭证。

一、组团社计调业务流程

（一）设计行程

组团计调的行程设计根据散客和团队的不同，方法也不尽相同。散客行程一般是事先在市场需求调研的基础上，由计调设计好的统一行程，通常称为常规行程，这样的行程不会根据游客的个别需求而进行调整。

而对于旅游团队（国内团队一般应在10人以上，才能享受团队价格），组团计调在接到团队的咨询后，应根据团队情况，按游客需求设计旅游线路，同时注意线路设计的基本原则和要求，并制作出旅游行程表。在实际操作中，组团计调也可将旅游团队的情况告知地接社，由地接社负责设计行程。

【资料链接】

国家旅游局《旅行社条例实施细则》规定，除非旅行社提供了与其他旅游者相比更多的服务或旅游者主动要求，否则同一旅游团队中，旅行社不得由于旅游者存在的年龄或职业上的差异，提出与其他旅游者不同的合同事项，如附加费用等，违者要受到处罚。对此，旅游者可以向旅游目的地的旅游行政管理部门投诉，要求立即制止旅行社、导游、领队的行为；也可在旅游活动结束后，向组团社所在地的旅游行政管理部门提出投诉，要求赔偿，旅游行政管理部门可依照有关法规予以处罚。

（二）选择地接社

旅游团队能否按计划顺利完成旅游活动，在很大程度上取决于旅游目的地的地接旅行社的接待情况。因此，组团计调在选择地接社时要十分谨慎。组团社应根据旅游市场的需求及其变化趋势，有针对性地在旅游目的地旅行社中进行比较和挑选，选择合适的、符合条件的旅行社作为自己的合作伙伴。

1. 地接社选择标准

旅游者的旅游活动主要是由地接社负责接待和运作的，因此组团社必须仔细甄选合作社。在选择地接社时，组团社应注意以下几点：

（1）考察旅行社合法性。组团社在选择地接社时，要考察该旅行社是否按照合法程序设立，有无旅游行政主管部门颁发的旅行社业务经营许可证，还要明确该旅行社的性质、业务范围和许可证期限，导游人员是否为持证导游员、是否遵守旅游行业相关政策、法规和惯例等情况，以免错将旅游团队交给非法经营的旅行社，从而导致游客利益得不到保障，或者使组团社经济利益受损。

（2）考察旅行社经营管理模式。组团社应注意考察地接社采用何种经营管理模式。管理模式先进的旅行社，经营管理目标明确，在管理上实行负责制，有良好的激励机制、人性化的经营理念、良好的公众形象、蓬勃发展的朝气和潜力，要避免选择一些经营不正规的“皮包”公司。

【资料链接】

沈阳某组团计调小娜，接到一个华东5日游的25人团队，小娜刚接手华东线路，对当地的地接情况不是很了解，于是在网上选择了几个当地的旅行社，联系并询价，最终选择了一家她认为报价合理、态度诚恳的地接社，预付了80%的团款。但团队出发前一天，小娜再和地接计调联系时，却怎么也找不到人了，小娜找到地接社，地接社说当初和小娜联系的人承包了东北团的地接业务，现在承包期到了，那人已经不做了，地接社也找不到人。万般无奈下，小娜又联系了其他的地接社，以高于原先报价

20%的价格，确定了行程和接待事宜。虽然团队顺利出行，但这次业务让小娜损失了近10 000元。

友情提示：组团社的团队接待质量很大部分取决于地接社的接待服务，因此组团社在选择地接社时要慎重，要仔细考察地接社的资质，避免由于地接社选择失误带来的经济和声誉损失。

（3）考察旅行社规模大小。选择地接社时，组团社应根据自身的实际情况和旅游者的需求来选择合适的地接社，不能只盯着规模大、实力强的旅行社，而忽视经营方式灵活、规模较小的旅行社。

（4）考察接团记录。组团社通过了解地接社的接团经验、对各线路的熟悉程度、服务质量、游客评价、奖惩情况等，从中挑选出接团经验丰富、接待线路明确、服务质量优、游客评价高、重合同、讲信用的旅行社作为合作地接社。

（5）其他因素。组团社在选择地接社时，还要考虑地接社的报价、地接社对本旅行社及某项业务的依赖性、地接社的发展潜力等因素。在选择地接社时，还应注重合作的长期性，以追求长期的最大经济效益为目标。

2. 选择地接社的方法

地接社的选择是组团管理中的一个重要环节，对整个旅游活动的成功与否，起着关键性的作用。组团社要多方选择、重点培养旅游目的地的地接社，并与之建立长期、稳定的合作关系。组团社在掌握了众多地接社的情况后，要根据本次旅游团队的特点和要求，综合考虑各种因素，选择最合适的旅行社作为地接社。有时一个团队的旅游目的地不止一个，此时就会涉及两家以上的地接社，因此组团社还要考虑各地接社之间的衔接和协作等因素。

组团社选择地接社的主要方法如下：

（1）发团考察。发团考察是一种很实际的考察方式。通过与地接社的实际合作，组团社可以获得切身感受和可靠的第一手资料。组团社可通过业务联系得知对方的人员素质、办事效率，通过本社的全陪导游了解地接社的导游素质、服务水平、接待用车、用餐情况、业务网络的广泛程度等。组团社还可以组织专门的考察团，对地接社各方面的情况进行详细的考察。

（2）实地考察。组团社可以委派本社经验丰富、资历较深的工作人员赴目的地实地考察，走访当地各地接社，进行比较分析，挑选出满意的地接社，建立合作关系。

（3）参加旅游行业组织，建立广泛的合作网络。组团社可以积极参加一些旅游行业协会和组织，以获取全面、可靠的信息，结识更多的旅行社和相关的旅游企业，形成广泛的合作网络。

3. 地接社的调整

随着各种情况的不断变化，如组团社经营范围、客源地发生变化，或者因地接社报价偏低、服务质量下降等，需要对地接社进行调整。组团社采取的主要措施有：

（1）建立地接社档案库。组团社可以建立各个目的地的地接社档案，内容包括旅行社的性质、业务范围、注册资金、联系方式、规模、接待能力、导游人员数量、语种等；还要及时补充新的信息，如接团情况、近期业绩等。当组团社将团发至某地时，可直接从该旅行社档案资料中进行比较选择。这是一种高效的管理方式。

（2）地接社的调整。对于列入档案库的地接社，当发现其不适应新的接团要求、游客投诉较多、效率低下时，要及时与其终止合作关系，寻找新的地接社。对于新开发的旅游目的地和旅游产品，组团社要及时补充和发掘新的合作伙伴。

（三）询价

计调设计好行程之后，由于旅游产品包含内容复杂，不同时间、不同行程的产品成本变化较大，因此计调人员必须及时进行询价，以了解当前价格变化情况，核算产品成本。

组团计调询价涉及两方面的询价，即向地接社询价和交通询价。

1. 向地接社询价

向地接旅行社询价是指将设计好的线路行程传给所选地接社，由地接社报出地接价格。向地接社询价时，组团社应尽量要求地接社进行分项报价，以便了解地接价格构成以及各方面的成本。

2. 交通询价

交通询价一般指“大交通”的价格。“大交通”是旅行社的一种通俗用语，就是从客源地到第一站目的地的交通。一般情况下，远距离旅游应选择航空运输，以节省时间；高铁背景下，高铁也是一种较好的选择；选择徒步用脚步丈量旅行的距离，可以磨炼自己的意志，亲切地感受到大自然的鬼斧神工，亲近每一片空气与土壤。

计调在设计行程、计算成本时要密切关注交通价格的变化，尤其是航空运输价格的变化，因为在旅游线路的成本中，交通成本占了50%以上。交通方面，要向航空公司询问近期的机票政策、航班时间等，向铁路部门、轮船客运单位询问火车票、船票的价格。

其中，询价主要以询问航空票价为主，一般情况下，旅行社会根据自己的出团量向航空公司预订机位。但航空公司的机票政策在不同时期的差别较大，因此组团社在每次组团时都应进行机票价格的咨询。在询价时，首先应选定可乘坐的航班，其次了解航班价格和团队票政策。

（四）计价、制作行程单

1. 计价

通过询价，组团社就可以对线路行程的整体价格进行核算，制订宣传计划，对线路产品编制团号，并通过外联部门对产品进行销售。组团社线路报价应包括往返“大交通”费用、地接社报价、全陪费用、组团社运营成本、组团社利润。

核算出价格后，组团社即可向游客报价。组团社报价除了要考虑旅行社经营成本，还应留出10%~20%的利润空间；同时还要结合游客的具体情况、旅游线路的情况、市场竞争情况等，制定出合理的价格。

2. 制作行程单

组团计调根据设计的行程和价格制作完整的行程单，编制团号。行程单要标明具体行程、住宿、餐饮、交通、购物娱乐、费用说明、出团日期、行程天数等详细信息。

【资料链接】

《旅行社管理条例》里关于旅游行程的规定：

（1）不允许再出现“车游、车观、远观”之类的词语，此种景点不能算作旅游景点。

（2）包含在行程中的景点（包括免费的）都必须写上游览的时间（几小时）。

（3）自费景点不写入行程中，另起一行或一项，写清楚自费的名称、项目、价格及游览时间。

（4）另起一行或一项目，写上本次行程自由活动的时间和次数。

（5）另起一行或一项目，写上本次行程进入购物店的次数、停留时间及购物场所名称。

（6）每条行程都要写好出发地、途经地、目的地。

（7）住宿：以后不能写“准、同等级”等字样，一律以下列标准为准。

准二——经济型酒店（标间）；挂二——挂牌二星酒店

准三——高级酒店（标间）；挂三——挂牌三星酒店

准四——豪华酒店（标间）；挂四——挂牌四星酒店

准五——超豪华酒店（标间）；挂五——挂牌五星酒店

（8）餐饮：写清楚全部行程中含几次早餐、几次正餐，以及每餐每人的费用。

（9）新旅行社条例规定强制游客购物最高罚50万元。

（五）接受报名，签订组团合同

游客接受组团社的行程和价格后，组团社要和游客签订《国内旅游合同》，全额收款，交财务部入账，填写交款记录，开具发票，成团。

组团社在与游客签订的旅游合同中，应包含明确的旅游行程安排、旅游费用说明、不含费用说明、旅行社和旅游者的权利和义务说明等，团队游客应附游客名单，散客应附游客报名表。同时，旅游合同应明确下列事项：旅游者不适合参加旅游活动的情形；旅游活动中的安全注意事项；旅行社可以依法减免责任的信息；旅游者应当注意的旅游目的地相关法律、法规，风俗习惯和宗教禁忌，依照中国法律不宜参加的活动等；法律、法规规定的其他应当告知的事项。

如果旅行社委托其他旅行社代理销售旅游产品并与旅游者订立了旅游合同，那么应当在旅游合同中说明委托社和代理社的基本信息。

（六）落实交通

组团计调在接受游客报名后应立即联络相关售票部门，落实好交通。

如果组团社的产品是面向市场公开销售，要提前发布组团线路价格。作为计调人员应提前进行机票申请，或者直接预订机位（一般又称卡位），这样才不至于因机票价格的上涨而蒙受损失。

一般情况下，组团社在接受游客报名后，要根据出团人数、最终行程，向航空公司、铁路部门等交通机构落实好往返的交通。但在旅游旺季，为了保证机位充足，旅行社往往会根据以往的销售经验，提前预订机位，或者采取包机的方式，保证团队能够顺利出行。

在团队操作中，组团计调应仔细核对团队计划，向票务人员下达“团队订单”，注明团号、人数、航班（车次）、用票时间、票别、票量，并由经手人签字。如遇变更，组团计调人员应及时通知票务人员。

（七）预报计划

组团计调在与游客签订合同、落实了交通以后，应第一时间向地接社预报计划，预报计划的内容应包括团号、人数、行程、到达日期、返程日期、食宿要求、接待标准，应特别注明抵离的交通工具、车次、航班等信息，并要求地接社回传确认。预报计划如图 5.1 所示。

xxx 旅行社

xxx 您好

感谢贵社的信任与支持，现将我社（团号）一行__________人__________（行程名称）预报如下。此团于__________年__________月__________日乘坐（航班或车次），于__________点抵达__________（机场或车站），于__________年__________月__________日乘坐__________（航班或车次）返程。请贵社安排好此团住宿、餐饮等事项，此团要求全程入住__________星级酒店，请代订标准间__________间和全陪房 1 间。此团是我社重要客户，请务必保证接待质量。

谢谢合作！

×××旅行社

×××计调

年　月　日

图 5.1　预报计划

（八）确认行程，签订委托协议

组团社和地接社经过协商后，在价格、人数、日程确定的情况下，应该在团队出发前，尽早将《团队接待通知书》或《团队行程确认书》加盖公章传真至地接社，并要求地接社尽快回传确认。双方应就机（车、船）票、用房、用车等内容进行重点确认，同时应附上游客名单。《团队行程确认书》可作为双方合作的协议，若出现纠纷，则以《团队行程确认书》上的约定内容为准。因此，组团社和地接社都应重视《团队行程确认书》的制作和审核，避免出现差错，导致双方出现纠纷，影响团队接待质量。

《团队行程确认书》内容应包括最终出团行程和具体游览项目，餐费标准，住宿标准，旅游汽车标准、价格，以及参团游客的人数及名单，航班及车次，接团方式，紧急联系人姓名、电话，接待要求等。

（九）选派全程导游陪同

组团社选派的全陪导游可以照顾整个旅游团在旅游途中的食、行、住、游、购、娱等方面，此外，全陪导游还要与组团社、接待社、旅游者、地陪导游等诸多方面进行联系和沟通。团队计划内外发生的一切事情，都要靠全陪导游来完成。其全陪除全心全意为游客着想做好服务工作外，还应关心行李工作、导购工作；同时还要处理突发事件，可谓责任重大。如果全陪导游的工作完成得出色，那么旅行社不仅会赢得效益，还会赢得客户，但是如果全陪导游的工作不尽如人意，那后果可想而知。因此，一个好的全陪导游应该熟悉业务，有职业道德，机智、沉着，既要站在游客的立场维护旅游者的利益，又要和当地地陪人员直至饭店服务人员搞好关系。能否找到并派出这样一个“举足轻重”的人物，是计调工作的一个很重要的部分。所以，要做好计调工作，一定要了解全陪导游并配合旅行社做好对全陪导游的培训和管理工作，注意提高全陪人员的素质。

组团计调选派全陪导游时，应向导游交代接待计划，派发出团通知书，确定团队接待重点及服务方向。同时也应给予全陪导游适当的权限，诸如加菜、买饮料、交际费等。组团计调在选派全陪导游时，除了向全陪导游下发《出团通知/计划》外，还应下发游客意见反馈单、全陪日志、游客名单等文件，在《出团通知/计划》中应详细列明行程，要与地接社确认的行程完全一致，还应说明团队接待标准，以便其监督地接社的接待质量。

（十）跟踪团队

组团计调的业务操作，从与旅游团队签订旅游合同生效时开始，贯穿旅游团队旅游活动的始终。组团计调要掌握旅游团队在整个旅游线路中所涉及的接待单位（饭店、餐厅、车队、船队、景点等）的联系方式、负责人，以及所在的地点，要与全陪导游、地接社保持密切联系，及时获得团队的有关信息，因此组团计调人员在团队运行过程中，应保证 24 小时开机。

组团计调要监督地接社，使其按照合同要求提供相应的服务，维护游客和组团社的利益。遇到突发事件，组团计调要负责协调各个方面的关系，及时排除困难因素，确保旅游活动的顺利进行；若遇到天气等不可预见因素而导致旅游活动的中断或旅游线路的更改，组团计调要与地接社配合做好游客的思想工作，并按有关规定及时处理理赔事宜，避免事态扩大、扩散。

（十一）付款、报账

团队行程结束后，组团计调在确认团队质量无异议的情况下，经财务部审核，总经理批准，将团款汇入地接社账户。

团队行程结束后，地接社一般会很快传来团队结算单。组团计调应根据计划认真审核，填写决算单，决算单应详细列明团款支出明细，连同与游客签订的《旅游合同》、与地接社签订的《行程确认书》、地接社的结算单、地接社开具的发票等原始凭证，交公司财务部进行报账；实事求是，纠正差错，并请财务人员按协议准时向地接社付清团款。

（十二）回访、归档

旅行社业务档案是指旅行社在组织旅游者出游、接待旅游者、提供旅游服务等业务活动中形成的有价值的文字、图表、声像等历史记录，是企业跟踪服务质量、掌握导游（领队）带团水平、有效规避责任、了解游客反馈意见、分析投诉产生原因、促进旅行社又好又快发展的必要条件。

组团计调在团队行程结束后，应整理团队操作过程中涉及业务的传真、各种单据、合同等资料，将其进行资料归档，并由专人实行统一管理，一般情况下国内团队档案应保存2年。

客户管理也是组团计调重要工作内容之一。在团队行程结束后，组团计调人员应对参团客人（尤其是重点客户）进行回访，建立客户档案，客户档案应包括客户基本信息、历史消费记录、未来消费需求与取向、产品信息来源等内容；此外还应进行客户评估、客户关系的巩固等工作。

二、地接社计调业务流程

地接计调的工作主要是与组团社、旅游接待单位、旅游者、地陪导游对接工作。地接计调的接团操作流程包括接受询价、设计行程、计价报价、编制团队运行动态表、落实接待计划、团队确认、选派地陪、接待团队、团款结算、向财务报账、归档等。

（一）接受询价

地接计调接受询价时应全面了解组团社的团队信息。组团社的团队信息包括组团社名称、联系人姓名、电话（手机和座机）、传真、行程线路、等级标准、团队大概人数、出行日期、客人有无特殊要求（如风味餐、回民餐、增减住房、禁忌等）等相关信息，并进行详细记录。如果是电话询价，接听电话时，计调人员应亲切、礼貌、吐字清晰、音速适中、语言委婉流畅，在通话时要将各个重要事项进行逐一确认。在组团社提出要求后，计调人员要重复对方要求，以免发生因双方语言表达而产生歧义的现象。

（二）设计行程

地接计调在设计行程时，要充分考虑组团社的要求和旅游者的需求，根据旅游市场的需求和发展趋势，了解游客的旅游动机；同时针对不同的目标顾客和不同的消费水平，设计合理的行程，最大限度地满足旅游者和组团社的要求。

1. 设计行程时应考虑的因素

（1）选择旅游者未曾到过的、本地区最具特色的、可以开阔眼界的旅游景点。

（2）选择能够使旅游者从日常的紧张生活中求得短暂的解脱、提高情趣、舒畅身心的景点。

（3）行程设计要有效利用时间而又不太劳累。

（4）行程设计要花费尽量少的费用得到最大的实惠，物美价廉。

2. 旅游行程制作的过程和方法

（1）收集同业行程。计调人员在设计行程时可以通过网络查询旅游行程，整理本社现有行程，收集同业的旅游行程。

（2）找出行程的优点和不足。收集完成后，计调人员找出这些行程的优点和不足之处，在制作行程时进行借鉴。

（3）模拟制作。根据行程制作的要素，自己开始制作行程。

（4）检查核实。制作完成后，计调人员检查行程的格式是否规范，要素是否全面，内容是否正确。

（5）完善改进。计调人员在实际使用过程中发现问题及时改正，并存档以备后用。

3. 旅游行程中包含的要素

计调编制的旅游行程体现在组团社和地接社之间的行程确认单，组团社给游客下发的旅游行程计划单，以及组团社和地接社发放给导游人员的旅游行程上。这三种行程在具体内容上虽然有一些差别，但是，在编制行程中所包含的要素却基本相同。旅游行程中的基本要素包括旅游团的基本情况和要求、旅游日程安排、游客名单、特殊说明四方面。

（1）旅游团基本情况和要求。

①团名、团号、组团社名称等；

②旅游人数、工作人员人数等；

③团队类别（考察团、观光团等）；

④服务级别（豪华、标准、经济等）；

⑤自订和代订项目；

⑥用餐要求（素食、回民餐等）；

⑦地陪要求（语种、性别、水平、性格、年龄等）；

⑧全陪情况（姓名、联系方式等）；

⑨组团社负责人、各个接待社联系人等。

（2）旅游日程安排。

①游览日期、具体时间、地点等；

②出发和抵达城市的名称；

③交通工具种类、抵离时间、抵达地点等；

④住宿情况（地点、等级、标准等）；

⑤自费项目、风味餐。

（3）游客名单。

①姓名、性别、国籍、证件号码；

②分房要求（双人间、单人间等）；

③特殊身份。

（4）特殊说明。

①免责事由；

②餐饮标准；

③承诺事项；

④所赠送的物品和服务；

⑤特殊要求：衣物、行李、游览项目、文娱活动等。

（三）计价报价

地接计调按组团社的要求设计行程后，要进行价格核算并报价，报价时应体现出地接社的作业水平和合作诚意。地接计调每天要接到和发送很多询价和报价，但这些报价不可能每次都成功，但是作为地接计调，在做每份报价时都要细致，每一份报价都要体现出自己的合作诚意和工作水平。

1. 地接计调的报价技巧

（1）了解本地区其他同业的接待价格。计调在报价时要在本地区同业的接待价格中选择最高和最低的地接社进行比较，从中选择一个平衡点。地接计调报价过高会导致组团社另找他家，报价过低会影响地接社的营业利润。

（2）分析旅行社的优势和劣势、业务合作中可能存在的风险和机会。

2. 地接社接团价格计算

地接社接团价格是指为接待游客在本地旅游所需的各种费用的总和。费用一般包括车费、餐费、住宿费、景点门票费、地陪导游费、保险费、待定返程交通费、各种附加费、地接社操作成本、地接社利润、其他费用等。

3. 地接计调报价的注意事项

（1）报价速度影响组团社的选择。地接计调在进行报价时，一定要迅速，给组团社留下快速高效的印象。事实证明，报价速度越快，被组团社选择合作的机会就越大。

（2）报价准确度影响地接社声誉。地接计调在和组团社沟通团队情况时，要了解团队大概的出发日期、人数，做到心中有数，尽量确定价格和行程。报价传真发送后，5 分钟之后打电话向组团社核实是否收到报价传真件及传真内容是否合乎其要求。

同时，地接计调应该督促组团社尽快发送预报传真，认真审查、核实团队信息，重点确认团队人数。如发生人数变更，应重新核算价格，如果价格差别不大，不影响旅行社的利润收入，尽量不要更改价格。报价一出就不要轻易更改，否则会给组团社留下言而无信的印象，从而影响地接社与组团社的合作。

（3）报价合理性影响是否能成功接团。地接计调在报价时应充分考虑市场需求和行业竞争，进行合理报价，并且所报价格应留有商量和回旋的余地，这样才能保证交易的成功。

（4）价格高低影响团队接待质量。地接计调如果一味报低价，就会直接影响团队接待质量，甚至还会引起游客投诉，不仅影响旅行社的声誉，还会遭受经济损失。

4. 地接计调报价的基本要求

（1）地接计调应掌握所报价地区的所有与旅游相关资源的详细信息。例如，地接计调需要了解当地的酒店情况，其不仅要明确酒店不同时期的价格，还需要掌握酒店周边区域情况、交通道路情况、房间设施情况、安全保卫情况、停车场或车位情况、早（正）餐提供情况等细节；用车情况，其不仅要明确价格，更要熟悉车型、车况、司机的基本情况以及线路中的停车、路桥费用、准确的里程等细节；餐饮、景点（门票）、导游等情况。地接计调在掌握各方面信息时，要及时掌握信息受淡季和旺季、重大活动、政府行为等影响发生的变化情况。

（2）合理的行程编排是基础。地接计调应在报价中体现出：①游览行程安排每天游览景点、游览时间、停靠地点、用餐地点、每天移动距离、交通工具、抵达和离开的时间、购物点、下榻酒店等；②特殊安排风味餐、娱乐项目、语言导游、特殊细节等。地接计调在编排行程时，要突出本社线路的特色，提高竞争力。

（3）价格是报价的核心。地接社一般都采用“成本加成定价法”进行报价，即在各种服务成本上加上一定利润；在报价时要综合考虑本社产品竞争力、同类产品情况、组团社客户类型等。

（4）说明结算办法。在报价后注明结算办法，是吸引对方的重要细节。一般情况下，地接社应在团队确认后全额收取团款。但目前的实际情况是，大部分组团社出于各种原因都会扣下部分团款，在团队结束后付清余额。作为地接社要根据团量大小、淡旺季节以及自身的垫付能力等情况，同时考虑组团社的结算周期、与本社的合作关系等，在坚守协议的基础上做出适当让步，可以要求对方现付或预付“大交通”或定额百分比费用，余款待“团后结清”。

(5) 报价单的制作。

地接计调在制作报价单时应注意以下内容：

①文件抬头格式一定要醒目、规范，要与企业的企业形象识别系统（CI）保持一致。

②文本设计必须清晰、美观，既要有利于对方阅读，又要突出重点、特色。

③字体、字号选择恰当。

④报价行文中，首先对对方的信任表示感谢，表现出合作的诚意，列明报价依据（人数、国籍、用房、用车等费用明细）；其次按照日程、行程、特殊安排、报价（单列）、联络方式的顺序进行逐一说明，文字要精练、表达要准确，特别是对景点的描述，要与产品宣传有所区别。

⑤接到报价后应快速并准确地给予回复，回复的速度体现出本社业务的熟练程度。

（四）编制团队运行动态表

地接计调报价后，如组团社接受报价，应要求对方尽快预报计划，以便落实相关服务项目。

为了顺利完成地接工作，避免出现错漏，地接计调可以编制团队运行动态表，将团队信息、抵离时间、交通工具、房、餐、购物、娱乐、下站地接社、导游及其他特殊要求等信息编制在团队运行动态表中。

（五）落实接待计划

在接到组团社的预报计划或组团社明确发团的情况下，地接计调应该着手落实相关接待事宜。尤其是在旅游旺季，地接计调应该提前预订餐饮、住宿、用车等服务项目，根据组团社要求编制订房单、订车单、订餐单等，如包含返程交通，还应编制订票单，做好充分的接团准备工作。

（六）团队确认

地接社应尽快制作或督促组团社制作《团队行程确认书》，并进行双方的书面确认。

《团队行程确认书》必须使用公司制作的标准模板或其格式，确认书填写人员必须按要求准确并完整地填写包括团队基本信息、行程、收费标准、结算方式、团队名单、特殊要求等内容。

同时，地接社计调应与下一站的地接社确认行程，制作《团队行程确认书》。《团队行程确认书》为双方委托接待的合同，也是双方发生纠纷时处理的重要依据，特别是现在很多组团社都是口头通知或约定，一旦发生问题就纠缠不清，因此一份详尽的书面《团队行程确认书》对于双方都是一个保障。

（七）选派地陪

地接社计调根据《团队行程确认书》及组团社的要求，选派地陪导游，印发出团计划。出团计划应注明团队基本信息、详细行程，住宿、餐饮、购物等安排，全陪姓名、联系电话、双方计调的姓名、联系方式等信息。

同时，地接社计调向地陪印发游客名单、相关结算单据、备用金、游客意见反馈表等资料，并要求地陪签字确认。地接社安排的餐、宿、景点门票，一般都采取签单的方式。因此，地接社计调要让地陪携带各种费用的结算单，并在结算单上加盖作业专用章。

（八）接待团队

在团队到来前，地接社计调要再一次确认团队车、房、餐、返程交通、下站地接等情况，以确保团队行程万无一失。

在团队运行过程中，地接计调应注意"一进一出"原则（对于重点团队尤其注意跟踪），即密切关注团队抵达第一日及团队返程最后一日的情况。

计调人员对整个旅游活动实行 24 小时跟踪监控，妥善解决各种重大问题，处理旅游过程中的突发事件，保证采购的旅游服务的供应，并做好衔接工作，从而保证游览过程的服务质量，减少或杜绝投诉事件的发生，避免给游客和旅行社造成损失。

如产生问题或投诉，计调人员应及时与游客沟通，以最快速度解决问题，尽量把问题处理在当地，不要带回组团社。计调人员在解决问题时应配有明确的处理意见书，需全陪和游客签字确认。如是重点团队，可请领导看望团队，也可赠送一些当地特产。

地接社计调在处理突发事件时，既要考虑到游客的利益，同时也要兼顾地接社和组团社的利益，在了解具体情况后，积极解决问题，协助组团社做好游客安抚工作。

（九）团款结算

地接社计调团队行程结束前制作团款结算单，标明团款明细、团款总额、已付金额、余额、地接社银行账号等信息，在团队返程后，以传真形式发给组团社，催收团款。

（十）向财务报账

团队结束后，地接社应要求地陪导游凭各结算单、发票等原始单据和游客意见反馈表及时报账。计调根据团队发生的费用制作团费用小结单及决算单，向财务部报账。

（十一）归档

地接社计调员将团队操作的原始单据及与组团社往来的各种文件整理归档。团队档案一般应保存 2~3 年，以便旅游行政管理部门检查与监督旅行社接团情况。地接社接团业务档案文件整理要求如表 5.1 所示。

表 5.1 地接社接团业务档案文件整理要求

序号	分项内容	规范要求
1	档案封面	封面注明旅行社名称、档案类别、档案编号、建立档案时间、保管期限、立卷人等项目信息，以便检索、保管和利用档案
2	档案目录	标明序号、业务文件名称、页数、备注等信息
3	业务文件	（1）地接社报价单
		（2）与组团社的《委托协议》和《团队行程确认单》（附：游客名单）
		（3）地接社与下一行程地区旅行社的委托合同和确认单
		（4）订房确认单
		（5）订车确认单
		（6）订餐确认单
		（7）定（大交通）票确认单
		（8）《导游出团计划》
		（9）导游报账单（附分项结算单和发票）
		（10）游客意见反馈单
		（11）《合同内容变更协议》（行程变更、其他变更、增减项目）
		（12）如有游客投诉的情况，还应具备处理游客投诉的相关材料
		（13）与组团社的结算单
		（14）如有转并团情况，还需有转并团游客同意证明、转并团旅行社之间的确认件

第三节 旅游服务采购

一、旅游服务采购的概念

（一）旅游服务项目

1. 旅游交通服务

交通服务是旅行社产品的重要组成部分，其费用在旅游服务费用中占很大的比重，特别是在长途旅游产品中，交通服务费用有时达到旅游者旅行总支出的30%~40%。根据交通工具的不同，交通服务可以分为四种。

（1）航空交通服务。航空交通服务主要分为定期航班和旅游包机两种形式。其中，定期航班所提供的服务又可分为单程旅行、往返旅行、环游旅行和不完全来回程旅行四种类型。旅游包机是解决航空交通运力不足的有效途径之一。

（2）铁路交通服务。铁路交通服务是旅行社在其产品中向旅游者提供的一种重要交通服务方式，它具有载客量大、价格低、污染少、安全舒适、受季节和气候变化影响小的优点。近年来，高速铁路的发展使铁路运输具有了更快速、更便捷的特性，其不仅有利于促进沿线区域的旅游开发，而且高铁本身也成为部分旅游者观光体验的对象。

（3）公路交通服务。公路交通服务是指旅行社为旅游者提供的以汽车为交通工具的旅游交通服务方式，主要用于市内游览和近距离旅游目的地之间的旅行。公路交通的最大优点是方便，并且受出发时间的限制较小。

（4）水运交通服务。水运交通服务是指旅行社为了满足旅游者在各种水域中旅行游览的需求，而向内河航运、沿海航运和国际航海等水上客运部门或企业购买的交通服务。水运交通服务具有运载量大、价格相对便宜、旅行悠闲舒适的特点。

2. 旅游住宿服务

住宿服务是旅行社产品的重要组成部分。旅游住宿服务设施包括饭店、旅馆、招待所等基本住宿设施和露宿营地、度假村、公寓及活动预制住宅等辅助性旅游住宿设施。其中，饭店是接待旅游者及其他宾客的基本住宿设施之一。

3. 旅游餐饮服务

旅游餐饮服务在旅行社产品中占有重要的地位。旅游者若在其旅游过程中享受到质量上乘、环境幽雅的餐饮服务，使会对旅游目的地和提供旅游服务的旅行社留下美好的印象，并给予高度的评价。旅游者通常从餐饮质量、服务水平、卫生条件、价格与价值、就餐环境等方面来评价旅游餐饮服务质量。

4. 旅行社接待服务

旅游活动的好坏，在很大程度上取决于旅游者是否确实对旅行社的接待服务感到满意。旅行社接待服务包括的内容很多，主要有接送站服务、导游服务、代订当地的住宿与餐饮设施、代订或代为确认交通票据、安排文娱活动、提供行李运送和托运服务、引导旅游者在当地商店购物等。

5. 旅游吸引物服务

旅游吸引物是指各种能够吸引旅游者前来观赏的自然旅游吸引物和人文旅游吸引物，是旅行社产品的核心。旅行社通过组织旅游者到旅游景点参观、游览，欣赏各种文娱节目和参加各种娱乐活动，以及到商店购物。这些行为既为旅行社增加了收入，又为有关部门和企业带来了经济效益，同时也满足了旅游者的旅游需求。

6. 其他旅游服务

除了上述旅游服务外，旅行社还向旅游者提供旅游咨询、代办旅游保险、代办出境护照和签证等多项服务。

（二）旅游服务采购

旅游服务采购是指旅行社组合旅游产品后以一定的价格向其他旅游企业、与旅游业相关的其他行业和部门购买相关服务项的行为。

二、旅游服务采购的内容

（一）计调部门对交通服务的采购

1. 航空交通服务采购

航空交通服务采购是指旅行社计调人员根据旅游团队的旅行计划或散客旅游者的

委托，为旅游者和旅游团队代购旅游途中所需的机票。负责航空交通服务采购的旅行社计调人员必须具备有关航空交通服务方面的知识。这些知识包括了解航空公司使用的各种设施设备及其提供的各种服务项目，了解机票价格，了解国家关于民航运输的有关法律规定及航空公司的各种相关规定等。只有具备这些知识，旅行社计调人员才能够顺利开展航空交通服务的采购工作。

航空交通服务采购分为两种形式，即定期航班机票采购和旅游包机预订。

（1）定期航班机票采购。定期航班机票采购业务包括机票的预订、购买、确认、退订与退购、补票与机票变更五项内容。

①机票预订。航空交通服务的采购始于机票预订。旅行社计调在预订机票之前，必须了解乘坐飞机的旅游者和提供这种服务的航空公司两方面的信息，以便能够顺利地预订到旅游者满意的航班及相应的座位。旅游者方面的信息包括旅游者的姓名、年龄、性别、国籍、家庭住址、联系电话、身份证号码（或护照号码）、护照及签证有效期、同行的人数、有无儿童随行、旅行目的地、乘机日期和具体时间、旅游费用支付方式及其特殊要求等。航空公司方面的信息包括飞行设施设备的情况、机票价格及其他服务信息。

②机票购买。计调人员在掌握全部所需的信息后，就要向有关航空公司提出预订和购买机票的要求。预订时，计调人员应按照航空公司规定的日期，将填好的“机票预订单”送至航空公司的售票处，然后按照规定的时间到航空公司的售票处购买机票。购票时，计调人员须持现金或支票，并带上乘机人的有效身份证或旅行社出具的带有乘机人护照号码或身份证号码的乘机人名单；在取票时，计调人员应该认真核对机票上的乘机人姓名、航班、起飞时间、票价金额、前往目的地等内容。如果是电子机票，计调人员可以请乘机人在乘机前到机场自行办理取票及登机手续。

③机票确认。对于已经事前自行购买了机票的旅游者，旅行社提供的服务则变成代旅游者确认飞机上的座位。

④机票退订与退购。计调人员在为旅游团队或旅游者预订或购买机票后，有时会遇到因旅游计划变更而造成旅游团队的人数减少甚至取消旅游者（团队）旅行计划等情况。遇到此类情况时，计调人员应及时办理退订或退票手续，以减少损失。旅行社退订机票，一般按照旅行社事先同有关航空公司达成的协议或口头谅解所规定的程序办理，旅行社退购机票应按照民航部门的规定办理。

⑤补票与机票变更。如果旅游者机票遗失，旅行社计调人员应协助旅游者挂失，并向航空公司申请补发机票。旅行社因旅行计划变更需要变更航班、日期、舱位等级时，计调人员应按照航空公司的规定及时向航空公司提出变更申请。在航班有空位的情况下，航空公司原则上可以同意每张机票变更一次的申请。

（2）旅游包机预订。旅游包机是旅行社因无法满足旅游者乘坐正常航班抵达目的地的要求而采取的一种弥补措施。这种情况多发生在旅游旺季及旅游热点地区或正常航班较少的地区。另外，旅行社在接待过程中发生误机事故后也会采取包机的方式将旅游者尽快送达目的地。当出现需要包机的情况时，旅行社计调人员应立即设法同旅游包机公司或其他航空运输公司联系，通报乘机人数、日期、前往地点等情况，并询问租赁飞机费用、所能提供的飞机机型、起飞和降落的地点等信息。一旦条件合适，计调人员应该立即请示旅行社有关领导，经批准后向所选择的旅游包机公司或其他航空运输公司提出包机申请。当包机申请被接受后，计调人员应该立即同对方签订包机协议。

2. 铁路交通服务采购

火车是旅游者在旅行时经常乘坐的一种交通工具。目前我国多数国内旅游者及部分海外旅游者选择火车作为主要的城市间交通工具。旅行社采购铁路交通服务的关键在于，火车能保证旅行社及时购买到旅游活动所需要的各种火车座位票。

铁路交通服务采购业务包括火车票预订与购买、退票、车票改签和变更线路。

（1）火车票的预订与购买。计调人员在采购铁路交通服务时，应首先向铁路售票处提出预订计划，包括订购火车票的数量、种类、抵达车站及车次等，其次持现金或支票到售票处购票。实行实名制的车次，计调人员订票时必须登记客人的有效证件号码，并提醒客人持有效证件乘车。

（2）退票。当旅游者的旅行计划变更或取消时，计调人员应按铁路部门的相关规定办理退票手续，并交纳退票费。

（3）车票改签。旅游者如不能按票面指定的日期和车次乘车，在不延长客票有效期和列车有能力办到的条件下，普通列车可在开车前两小时（团体旅客必须在开车前48小时，高速动车不受此限制）办理一次提前或晚乘手续，票价多退少补，但铁路部门不能保证卧铺客人的铺位。

（4）变更线路。由于团队的旅游计划变更而致使乘车线路发生改变的，计调人员应先办理退票手续，然后按调整后的接待计划重新预订车票。

3. 公路交通服务采购

公路交通主要用于市内游览和近距离旅游目的地之间的旅行。旅行社计调人员在采购公路交通服务时，首先，应对提供此项服务的旅游汽车公司及其他长途汽车公司进行调查，充分了解该公司所拥有的车辆数目、车型、性能、驾驶员的技术水平、公司的管理状况、租车的费用等情况；其次，将收集到的有关信息加以整理和分析，从中选出汽车车型、驾驶员技术水平和租车价格均适合旅行社的需要且管理水平较高的旅游汽车公司或其他长途汽车公司，作为公路交通服务的采购对象；最后，计调人员代表旅行社与汽车公司进行谈判，并签订租车协议。

旅行社计调人员在每次接到旅游者或旅游团队用车计划之后，应根据旅游者的人数及收费标准向提供公路交通服务的汽车公司提出用车要求，并告知其旅游者或旅游团队的旅游活动日程，以便汽车公司在车型、驾驶员配备等方面做好准备。为了避免出现差错，计调人员应在旅游者或旅游团队抵达前的2~3天内再次与汽车公司取得联系，核实车辆落实情况，并将所用汽车的车型、驾驶员的姓名等情况汇报给旅行社的接待部门。

4. 水运交通服务

旅行社计调人员在采购水运交通服务时，应根据旅游者或旅游团队的旅行计划和要求，向轮船公司等水运交通部门预订船票，并将填写好的船票订票单在规定日期内送交船票预订处。取票时，计调人员应根据旅行计划逐项核对船票日期、离港时间、航次、航向以及乘客名单、船票数量及船票金额等内容。购票后，如因旅行计划变更造成乘船人数增加、减少，或者旅行计划取消的，计调人员应及时向水运部门办理业务变更手续。

（二）计调部门对住宿服务的采购

1. 旅行社计调部门订房的目的和作业要求

旅游住宿服务是旅行社产品的重要构成内容之一。旅行社能否通过旅游采购活动获得旅游者所需的住宿服务，这从一个侧面反映了旅行社接待能力的强弱。因此，旅行社计调人员应该通过自己的辛勤工作，为旅游者采购到令人满意的住宿服务，保证旅游者在其旅游过程中拥有良好的休息条件，以充沛的体力和精力旅行。同时，计调人员还应该设法在保证住宿服务供给达标的前提下，尽量降低采购的成本和服务的价格。

旅行社计调部门订房的目的：一是满足客人的要求，向客人提供事先承诺的或合同中约定的饭店房间，从而保证接待工作的质量，使旅游团队顺利进行旅游活动；二是利用合作关系、结合市场状况、考虑季节因素，最大限度地降低采购成本，为旅行社争取最大经济效益。这就要求旅行社计调人员在作业时要有强烈的职业意识和工作责任心，认真细致地把工作落实到每一个细节上，及时准确地做好住宿服务的预订工作。

2. 订房程序

（1）旅行社计调人员应认真研究外联部与客人签订的旅游合同或组团社发来的订房传真，弄清楚旅游者的食宿标准和用房数量。

（2）旅行社计调人员应根据旅游者住宿要求，在已签订协议的合作饭店中选择合适的饭店。

（3）旅行社计调人员应提前电话联系饭店营销部，传真发送订房通知单；并在订房通知单上准确填写订房要求，尤其是对于团号、入住时间、入住标准、入住人数、房价（是否含早餐）、有无特殊要求等项目，计调人员必须正确、清楚、完整地填写。

（4）注意查收饭店回传。饭店收到旅行社的订房传真后，一般会较快地做出决定，并在旅行社发去的传真上签注相应意见，再回传给旅行社。

（5）登记存档。收到饭店确认传真后，计调人员应立即登记，并按照发团日期顺序排列存档。若同一天有两个及以上的团队确认传真，计调人员可按收到回传的时间先后排列存档。

3. 订房业务中常见问题及应对措施

（1）饭店无房，无法确认预订。此类问题一般多出现在旅游旺季。每当此时，计调人员应该立即与其他的协议饭店联系订房；实在无法解决，就要请示经理，提高预订价格。为了防止类似现象的发生，计调人员在前往旅游目的地考察饭店时，就应注意与多家饭店签订订房协议，选定的客房类型及价格也应该多样化，同时还应努力与饭店营销部的人员建立起良好的私人关系。

（2）无法拿到理想房价。由于预订时间离入住时间太近或预订的房间太少，计调人员订房时无法拿到理想的房价。遇到这种问题，计调人员应该与平时有业务往来的或有良好私人关系的实力较强的旅行社联系，委托其计调人员帮助联系订房，并以其旅行社的名义入住。实力较强的旅行社同意这样操作的理由在于：若本年度采购量增大，来年与饭店签订合同时讨价还价的能力将增强。

（3）在旅游者前往的目的地，旅行社无协议饭店。任何一家旅行社都不可能与所有目的地的饭店签有协议，若出现上述问题，计调人员可采用两种解决方案。一是多方寻找与饭店有协议的旅行社，通过其联系订房；二是使用电讯和网络找到当地饭店的联系方式，自行联系订房。这就要求计调人员平时一定要主动收集各种与旅游业务有关的综合信息，并做好所收集信息的分类工作。

（4）因故临时增加或减少甚至取消订房。计调人员在工作中常遇到此类问题，此类问题处理起来有一定难度。处理此类业务，计调人员要尽早办理，越早越能争取主动权。计调人员增加订房时，要力争原价增订，如果难度较大，也可以接受饭店的涨价，但要将涨价情况告诉客人，由客人承担涨价部分费用。对于减少或取消订房的情况，一般而言，旅行社与饭店在签订协议时有明文规定，计调人员在处理时既要考虑按协议处理问题，又要灵活应对，把损失降低到最小。

（5）房间不够或房型不符。旅游旺季时房源紧张，旅行社在预订房间时，经常出现房间不够或房型不符的现象。针对房间不够的问题，旅行社计调人员可联系其他饭店看能否解决，必要时可让客人分住多家饭店，此法虽不方便，但总比无房住或降低住房标准好。若是房型不符，一时又无法解决，计调人员应尽量就高不就低，即提供高于合同标准的房间且不再另行收费；若房间低于合同标准，则计调人员应考虑给予客人一定补偿。

（三）计调部门对餐饮服务的采购

计调部门采购餐饮服务时，主要有七项工作。

（1）计调部门应安排计调人员先实地查看餐馆的地点、环境、卫生设施、停车场地、单间雅座、便餐菜单和风味菜单等，并与之签订有关经济合同及协议书等。

（2）计调部门应与财务部门协商并印制专用的餐饮费用结算单（见表5.2）。

表5.2　餐饮费用结算单

XXX旅行社（餐饮签单）　　　　　年　月　日

团号		日期	
餐厅		人数	
桌数		标准	
计调		导游	

此单必须加盖旅行社专用章方可使用，否则无效。

（3）计调部门应将下列有关内容整理并列表，打印分发给接待部并报财务部备案：一是签约餐饮单位名称及电话、联系人姓名、风味特色等；二是旅游者（团）不同等级（标准、豪华）的价格，便餐、风味餐的最低标准，饮料单价等。

（4）计调部门应与业务部协商，设计、印制下列订单，即用餐预订单、用餐变更通知单、用餐取消通知单（有些单位是用笔在彩色纸上写内容，加盖变更/取消章）。

（5）计调部门应将用餐地点、餐厅联系人姓名告之接待部门或陪同人员，以做好接待工作。

（6）计调部门应根据餐饮费用结算单，与财务部门共同复核费用数据，并由财务部门定期统一向签约餐馆结账付款。

（7）与餐饮行业合作时，计调人员应注意以下事项：

①选择餐馆时，不宜过多，应少而精，而且要注意地理位置的合理性，尽可能靠近机场、码头、游览地、剧场等场所，避免因用餐多花费往返交通费。

②订餐时，及时把旅游者（团）的宗教信仰和个别客人的特殊要求转告餐馆，避免造成不愉快和尴尬场面。

③提醒餐厅，用于结算的餐饮费用结算单上必须有陪同导游的签字，否则无效。

（四）计调部门对参观游览项目的采购

1. 与游览部门合作的步骤

（1）计调部门应与旅游单位就以下内容洽谈，并签订协议书及经济合同书。

①旅游团门票购买记账事宜；

②门票单价；

③大、小车进园单价；

④结账期限。

（2）与签约单位协商印制结算用的参观游览券。

（3）将以下事宜整理列表，打印分发给接待部，并报审计和财务部门备案。

①签约单位的名称、电话、联系人；

②带团前往某旅游参观点的进门方向；

③去某旅游参观点的行车路线、停车地点。

2. 与游览部门合作的注意事项

（1）结算所用的游览参观券上必须有导游的签字，否则无效；

（2）旅行社计调人员要与游览单位附属的服务部门和相关服务公司建立合作关系，签订合作协议书，以方便旅行社开展旅游团的游览和导游服务工作；

（3）旅行社计调部门还应与旅游单位内的餐饮供应点建立合作关系，解决旅游团参观游览过程中的餐饮供给服务。

（五）计调部门对文娱项目的采购

（1）与娱乐单位就以下事宜进行合作洽谈，并签订协议书。

①旅行社可以通过电话订票；

②旅行社可以为旅游者（团）包场观看演出；

③文艺单位提供送戏上门演出的服务。

（2）将下列事宜整理列表，打印后分发给接待部，并报审计、财务部门备案。

①签约娱乐单位的名称、地址、电话、联系人；

②演出节目种类和演出时间；

③每张票的价格。

（3）随时与娱乐单位保持联系，在娱乐单位推出新节目时，旅游社计调部门要了解节目内容，向其索取节目简介并通报接待部。

（4）与外联部协商后，设计、印制文艺票预订单、文艺票变更/取消通知单，并明确其使用方法。

（5）根据接待计划或订票单实施订票，并把订票情况如实转告给接待部或陪同导游。

(6) 财务部按协议统一结账或一次一报。

(六) 计调部门对购物服务的采购

(1) 根据国家及地方旅游行政管理机构的有关规定，与定点商店签订协议书，并洽谈以下合作事宜：

①确认本旅行社导游将带旅游团前来购物；

②旅行社持有商店的股份或投资合营；

③明确旅行社应尽的义务及经济收益份额。

(2) 本着兼顾国家、集体、个人三方面利益，要鼓励多劳多得的原则，制定内部分配政策和奖励措施。

(3) 打印所签约商店的信息、导游带团旅游购物的手续及相关规定的文档，并分发给接待部。

(4) 与财务部和接待部协商后，设计印制购物结算清单，并明确使用方法。

(5) 财务部按所签协议书上的规定，从签约商店领取劳务费或按股分红，然后根据旅行社内部分配政策对各方实施奖励。

(七) 计调部门对旅游保险业务的处理

(1) 认真阅读由国家旅游局与中国保险监督管理委员会联合颁布的《旅行社责任保险管理办法》的有关规定。

(2) 与保险公司就旅行社游客的旅游保险事宜签订协议书。

(3) 将协议书上有关内容整理打印，发给外联部门并通知其对外收取保险费。

(4) 将每一个投保的旅游团的接待通知（含名单），按时传真到保险公司作为投保依据。

(5) 注意接收和保存保险公司的《承保确认书》。

(6) 以季度为时间单位，按投保的准确人数向保险公司交纳保险费。

(7) 当旅游途中发生意外事故或遇到自然灾害时，计调人员须及时向在第一线的导游了解情况，必要时去现场考察并以最快速度通知保险公司。计调人员还应在事故发生后3天之内向保险公司呈报书面材料，其中包括《旅行社游客旅游保险事故通知书》《旅行社游客保险索赔申请书》。

(8) 索赔时，旅行社须向保险公司提供有关方面的证明，其中包括医院的治疗费用单据原件或《死亡诊断证明》，民航或铁路部门的行李丢失单，饭店和餐厅保卫部门的《被盗证明信》（经司法部门公正）等。

(八) 计调部门对相关旅行社委托服务的处理

(1) 收到组团社的接待计划后，计调人员要仔细核对各团的每项要求，尽可能地按计划要求落实执行。

(2) 组团社在选择地接社时一定要认真仔细，要在对接待社进行全方位的考察后方可交团。

(3) 当组团社在遇到困难向接待社提出帮助需求时，接待社计调人员要积极配合并协助解决困难。特别是在涉及以下的一些问题时，计调人员必须及时处理：

①接待计划提前或推迟；

②住房变更；

③航班、车次、船次发生改变；

④客人行程结束或中途退团；

⑤要求代订各类交通票据及委托其他事项；

⑥临时要求增加游览项目；

⑦临时增加团队接待计划内容；

⑧突发事件造成预料不及的困难。

三、旅游服务采购合同

旅游服务采购合同应包括以下内容：协议双方名称协议范围、双方的责任与义务、费用结算、质量保证、违约责任、协议生效和其他。

旅游服务采购合同

甲方：________________________

乙方：________________________

甲乙双方遵循自愿、公平、合法、诚信的原则，签订本协议，共同遵守。

一、协议范围

1. 乙方作为××供应商，负责安排甲方公司员工的相关旅游项目。

2. 甲方员工报名的出发日期相同、服务内容相同的旅游产品，乙方报价不应高于××市场其他旅行社报价。

3. 甲方参加乙方的旅游项目中，必须含有保险。

二、双方的责任和义务

甲方应当履行下列义务：

1. 甲方所提供的证件及相关资料必须真实有效。

2. 甲方应确保自身身体条件适合参加旅游团旅游，并有义务在签订本合同时将自身的健康状况告知乙方。

3. 甲方应妥善保管随身携带的行李物品，未委托乙方代管而损坏或丢失的，责任自负。

4. 甲方在旅游活动中应遵守团队纪律，配合导游完成本次旅游行程。

5. 甲方应尊重目的地的宗教信仰、民族习惯和风土人情。

乙方应履行下列义务：

1. 乙方应当提醒甲方注意免除或限制其责任的条款，按照甲方的要求，对有关条款予以说明。

2. 乙方应当按照有关规定购买保险，并在接受甲方报名时提示甲方自愿购买旅游期间的个人保险。

3. 乙方代理甲方办理旅游所需的手续，应妥善保管甲方的各项证件，如有遗失或毁损，应立即主动补办，并承担补办手续费，因此而导致甲方产生的直接损失，乙方应当承担赔偿责任。

4. 乙方应为甲方提供导游服务，无全陪的旅游团体，乙方应告知甲方旅游目的地的具体接洽办法和应急措施。

5. 甲方在旅游中发生人身伤害或财产损失事故时，乙方应做出必要的协作和处理。如因乙方原因导致甲方人身伤害或财产损失，乙方应承担赔偿责任。

6. 乙方应当按照旅游行程表安排行程，不得强制甲方购物。当甲方发现所购物品系假冒伪劣商品，如购物为甲方要求的，乙方不承担任何责任，如购物为行程内安排的，乙方应当协助甲方退还或索赔；如购物为乙方在行程外擅自增加的，乙方应赔偿甲方全部损失。

7. 非因乙方原因，导致甲方在旅游期间搭乘飞机、轮船、火车、长途汽车、地铁、索道、缆车等交通工具时受到人身伤害和财产损失的，乙方应协助甲方向提供上述服务的经营者索赔。

三、费用结算

1. 旅游项目金额按月结，出团前签订的合同金额的50%为合同定金，甲方应在合同签订的一周内支付合同定金，尾款在所对应的合同履行完成30天内，乙方提交给甲方最终旅游价格结算单，经由甲方采购确认无误后凭票结算，复印件由乙方留底。

2. 签订合同后，如因甲方（乙方）原因未能完成行程的，则根据按所对应的旅游合同违约条款协商解决，并支付相应的违约金。

3. 乙方公司账号：

户名：______________________________

账号：______________________________

开户行：____________________________

四、质量保证

甲方客户和乙方双方在旅游开始前必须签订合法的旅游合同，明确双方的权利、义务关系，报价包含的内容，附加服务以及关于合同变更、解除的约定，如甲方出现服务质量等违约行为，应根据合同约定承担违约责任。

五、违约责任

除了以上约定的权利义务，乙方为甲方旅游团队提供的服务应该符合《旅行社管理条例》，乙方出现以下任何情况之一并造成游客投诉、索赔的，甲方有权根据《旅行社管理条例》的相关规定向乙方索赔：

1. 将旅游业务委托给不具备相应资质的旅行社；

2. 未经甲方同意，将为优质转交给其他旅行社组织接待；

3. 拒不履行旅游合同约定的义务和内容条款；

4. 非因不可抗力改变旅游合同安排的行程；

5. 为接待旅游者选择的交通、住宿、餐饮、景区等企业，不具备合法经营资格或接待能力；

6. 要求旅游者必须参加旅行社安排的购物活动，需要旅游者另行付费的旅游项目，或者对同一旅游团队的旅游者提出不同合同事项；

7. 地接旅行社及其导游人员和领队人员拒绝继续履行合同、提供服务或以拒绝继续履行合同、提供服务相威胁；

8. 为旅游者安排或介绍的旅游活动含违反相关法律法规规定的内容；

9. 旅行社违反旅游合同约定，造成旅游者合法权益受到损害，但不采取必要的补救措施；

10. 发生危及旅游者人身安全的情形，未采取必要的处置措施并及时报告。

六、协议生效及其他

1. 本协议一式二份，具有等同法律效力，双方各执一份。

2. 本协议自双方授权代表签字盖章之日起生效，有效期为一年。

3. 在协议执行过程中，如因国家政策、市场变化等原因导致协议需要修改，经双方协商后另行签订补充协议，补充协议与本合同具有同等法律效力。

4. 在协议执行过程中如产生纠纷，双方应友好协商解决。协商不成的，提交仲裁委员会裁决。

5. 任何一方违反上述条款均视为违约，守约方有权要求违约方赔偿造成的一切损失，并有权终止本合同。

甲方：（公章）	乙方：（公章）
授权代表：	授权代表：
日期：	日期：

【拓展阅读】

国内组团合同规范要求

1. 标明旅行社的名称及其经营范围、地址、联系电话和旅行社业务经营许可证编号。

2. 标明旅行社经办人的姓名、联系电话。

3. 标明签约地点和日期。

4. 明确旅游行程的出发地、途经地和目的地。

5. 明确交通、住宿、餐饮服务安排及其标准，不得使用或出现“以××为准”“与××同级”“相当于××”“仅供参考”等不确定性用语。

6. 明确旅行社统一安排的游览项目的具体内容及时间，不得使用或出现“远眺”“车览”“途游”等不确定性用语。

7. 明确旅游者自由活动的时间和次数。

8. 明确旅游者应当交纳的旅游费用及交纳方式和交纳时间。

9. 明确购物次数、停留时间及购物场所的名称（购物次数每天不得超过 2 次）。

10. 明确需要旅游者另行付费的游览项目及价格。

11. 明确解除或变更合同的条件和提前通知的期限。

12. 明确违反合同的纠纷解决途径及应当承担的责任。

13. 明确旅游服务监督、投诉电话，双方协商一致的其他内容。

14. 标明为旅游者购买保险的种类和方式。

15. 旅行社在签订合同时，不得要求旅游者必须参加旅行社安排的购物活动或需要另行付费的旅游项目。

【复习思考】

1. 组团社和地接社计调的工作特点分别是什么？
2. 计调采购交通服务的步骤是什么？
3. 简述地接社计调的工作流程。
4. 计调编制的旅游行程应包含哪些要素？
5. 地接社报价的基本要求有哪些？
6. 对比组团社计调和地接社计调工作流程，说明两者在工作性质上的区别。

【参考文献】

[1] 吕海龙，刘雪梅. 旅行社计调业务［M］. 北京：北京理工大学出版社，2017.

[2] 李瑞甜，吴殿勇，王亚楠，等. 旅游社计调实训［M］. 济南：山东人民出版社，2016.

[3] 孔辉，曹景洲. 旅游计调概论［M］. 北京：中国旅游出版社，2013.

【附录】

附录 1

报价单

TO 组团社：		RROM 地接社：	
TEL： FAX：		TEL： FAX：	
籍别：CN		人数	
行程：		团号：	
行程描述（行程游览顺序可以前后调整，保证不减少游览时间及游览景点）			
日期	行程安排	用餐	住宿
D1		早中晚	
D2		早中晚	
D3		早中晚	
分解报价： 1. 住宿 2. 用餐 3. 门票 4. 导服 5. 用车 备注： 1. 全程需持导游 IC 卡免门票。 2. 请提醒游客带上身份证及各种可能有效优惠证件，团队中小孩实际产生消费现收。 3. 以上行程报价如有不详之处，敬请赐电，多谢支持。			

附录 2

结算单

组团社				经理	
电话		传真		领队（全陪）	
地接团号		日期		人数	
标准		路线			
用房					
				小计	
用餐					
				小计	
用车					
				小计	
门票					
				小计	
综服					
				小计	
飞机交通				小计	
火车交通				小计	
综费合计（大写）				小写	
备注				结算方式	现金：
					汇票：
					电汇：

附录 3

用餐预订单

预订人		预订人部门	
预订事由			
用餐日期	用餐酒店	预计用餐费用	用餐人数
实际用餐发生费用			
接待人员名单			
客人名单			

第六章

旅行社接待业务管理

【案例导入】

乐游旅行社接待了一个20多人的入境团队，为了安排游客品尝当地风味菜，该旅行社安排旅游团在市中心的一家餐厅就餐。该餐厅在当地的名气很大，因此就餐的客人很多。外国游客就坐后，服务员端上了茶水、饮料以及精美的菜肴。菜肴十分可口，服务员的服务也很热情周到。餐厅的四周安放了电视机，正在播放当地的一场足球比赛，精彩场面不时引起就餐客人的喝彩声。有些国内客人还边喝酒边猜拳行令，热闹非凡。另外有少数其他旅行团的游客在就餐时吸烟，袅袅烟雾不时飘到该入境旅行团的餐桌上，这让团里的游客感到不适，他们匆匆吃完饭，便立即离开了这家餐厅，并对此次旅行社的安排不满，表示要向旅行社的领导投诉。

分析此案例之前，我们需要对旅行社接待服务管理进行初步学习。旅行社的接待服务是指对已经订购旅行社产品的旅游者按照已签订的协议兑现服务承诺的整个过程，它是旅行社经营过程中的一项中心工作，也是旅行社基本业务的一个重要方面。对旅游者而言，一次旅游活动的好坏很大程度上取决于旅游者对旅行社的服务接待是否满意；而对旅行社而言，只有提供符合其销售价格的产品，其价值才能得以实现。旅行社的接待服务与管理涉及接团产品、组团产品和其他产品的运营以及门市接待等几个方面，这也是本章的阐述思路。

【任务要求】

1. 了解组团社和接团社的接待业务。
2. 熟悉旅行社接待业务流程。
3. 掌握门市部人员的选用标准。
4. 了解门市接待服务的流程。
5. 掌握旅行社接待服务的原则。
6. 熟悉散客旅游的接待服务内容。

第一节 旅行社的接待业务与接待流程

一、旅行社的接待业务

按照旅行社团队的组成和接待过程，旅行社所扮演的角色可以分为组团旅行社和接团旅行社两种。组团社负责旅游产品的销售，组成旅游团队，并将团队发送到异地接团社；接团社负责由异地组团社发来的旅游团队在当地旅游行程的安排与接待。旅行社的接待业务因其团队的组成及接待过程的不同，可以划分为组团社接待业务和接团社接待业务。一家旅行社可以扮演不同的角色，也就是说，在旅行社接待业务过程中，旅行社的业务既包括了组团社的接待业务，又包括了接团社的接待业务。

（一）组团社的接待业务

组团社的接待业务是团队的输送，即将团队发送到异地或境外的接团社接待，其业务主要包括接团社的选择和接待计划的落实。

1. 接团社的选择

组团社在团队输送时，首先要面临的问题就是接团社的选择。可以说，旅行社的接待质量在很大程度上取决于接团社的工作质量，因此旅行社选择接团社必须慎重。

选择接团旅行社应考虑的因素主要包括三方面：①接团社的基本情况。其既包括人力资源、财务能力和接待能力等情况，还包括旅行社的成立年限、发展史、等级、注册资本、员工人数、管理人员、业务人员、组织机构形式、车辆配备和票务能力等情况。②接团社的报价方式。旅游的价格，直接关系到旅游者的切身利益以及旅行社的收益，因此旅行社在选择接团社时，必须考虑接团社的报价方式。目前，旅行社的报价方式可划分为：总报价式、分项报价式、开账式。组团社应根据实际情况选择报价方式合理的接团社。③接团社的服务质量。接团社应能信守接团合同，按照接团合同要求提供优质的服务，且作业规范。接团社的接待人员应具有较好的素质，熟悉业务。

旅行社应认识到，整个旅游活动最终要靠接团社来完成。接团社的接待质量直接影响旅游活动质量。组团旅行社在选择接团社时，应对接团社进行适当的调查，综合考虑各项因素，选择信誉良好的旅行社作为接团社，以保证接待质量。选择了适当的地接社，组团社还必须与之签订具有法律制约作用的经济合同，既保证组团社和地接社的经营利益，又保证旅游者的合法权益。组团社要根据双方的经济合同，对地接社的接待质量进行监督，以保证组团社接待计划的全面落实。

2. 接待计划的落实

接待计划是指旅游团队（者）在整个旅游活动过程中或在某一地的旅游活动中所涉及的食、住、行、游、购、娱的线路、地点和时间安排计划。对于组团旅行社而言，接待计划是同旅游者之间的契约，同时也是与各地接团社之间的契约性文件，因此接待计划的落实是组团接待工作中的重要环节。组团社接待计划的落实主要包括：①旅行团团名、团号、人数、性别、类别、标准及所需何种语言的导游员；②抵离接团社地区的交通工具、航班号、车次、时间及去向，下一站的接待单位；③旅游活动日常安排的要求；④全陪的选择与安排。

组团社应根据旅游者的需求制订接待计划，并要求接团社按照计划要求及相应的标准执行。

（二）接团社的接待业务

接团社又称接待社，其主要业务是接受组团社的委托，按照接待计划委派地方人员，负责组织安排旅游团（者）在当地参观游览等。其接待业务内容包括审阅接待计划、编制本地区接待计划以及实施接待服务。

1. 审阅接待计划

组团社所下发的接待计划，实质上就是其与接团社之间的契约性文件。接团社在接到接待计划后，则须对接待计划进行审阅。审阅的内容主要包括：①旅行团别名、团号、人数、性别、类别、服务标准及所需何种语言的导游员；②抵离本地的交通工具、航班号、车次、时间及去向，下一站的接待单位；③旅游活动日常安排的要求，是否有风味餐或特殊要求。审阅结束后，接团社应及时给予确认。如有疑问或不详处，接团社应及时向组团社询问。接团社在审阅接待计划的同时，应分析本社的采购实力与计划要求的供需矛盾以及解决方法。对于超出旅行社接待能力的旅游团队必须对组团社据实相告。

2. 编制本地区接待计划

接团社的"接待计划"是本地区向旅游团（者）提供旅游服务的主要依据。合理编制"接待计划"，对保证接团社的接待质量、创造良好的经济效益和社会效益有着至关重要的作用。接团社必须要按照组团社下发的计划要求和标准，同时要把握时间准确、路线合理、活动内容丰富等原则来编制接团社的"接待计划"。其编制的具体内容包括：①重新编制接团社的团名、团号；②注明团队的人数、国别、抵离时间、服务标准及所需导游的语言种类；③团队抵离本地的航班号或车次、时间以及去向；④住宿的地点、饭店的名称、房间数；⑤团队的领队或全陪的姓名和性别；⑥旅游观光的时间，用车地点和时间、餐标、文艺节目内容等。接待计划编制完毕并经相关负责人批准后，负责人应及时发给计调等接待部门，以落实计划中的各项内容。

3. 实施接待服务

接待服务的实施是指从旅游团（者）抵达本地开始进行旅游活动，到旅游团在本地的活动离开本地前往其他旅游目的地为止，包括了接团社的整个服务过程。接待服务的实施是接团社接待业务的核心。这部分接待业务主要由导游人员带领旅游团（者），按照接团计划的安排及要求，完成各项旅游活动。接团社的接待部门必须严格按照合同规定的接待标准提供交通工具、住宿场所、餐饮等服务，在保证接待服务的规范化的同时，还应提供个性化的服务。

二、旅行社的接待流程

接待流程是指旅行社接待工作的程序，是旅行社接待部门所具备的管理系统。根据旅行社的接待业务，旅行社的接待流程可分为组团社接待业务流程和地接社接待业务流程。

（一）组团社接待业务的流程

无论是境外组织的入境团，还是国内旅行团，组团社将旅游团（者）发送到接团社，都须按如下作业流程进行操作。

1. 预报计划

组团社接待作业的第一个环节是向各地接团社以传真或电传的形式预报计划。预报是为了使接团社将此团纳入该社的接待计划，要求接团社及早订票、订房。预报应尽可能提前，预报内容应包括团号、人数、抵离日期、食宿要求等，并要求接团社迅速予以回复。

2. 书面确认

预报计划发出后，接团社应在最短的时间内给予组团社书面答复，主要对预报的内容逐一确认，最重要的是机票或车票的落实情况。如情况发生变化，组团社须发传真确认。

3. 正式计划的发出

预报计划在经过双方多次更改确认后，如人数、日程等基本内容无大变化的情况下，组团社应该在团队到达第一站前 10~15 天将正式计划发于接团社。正式计划应以正式文件打印、盖公章。它既是接团计划，同时也是接团社的结算收款依据，应力求准确。正式计划在发出后，不应再有大的变更。

4. 再确认

在团队出发前 24 小时以内，接待业务作业人员还应对计划进行最后的确认，以防接团社出现疏忽和遗漏，从而发现问题、及时补救。

5. 安排全陪（领队）

全陪（领队）除了要为旅游者做好服务外，还应做好行李安顿工作、导购工作以及督促接团社按计划要求和标准做好接待工作，同时还要处理突发事件，可谓责任重大。因此，根据旅游团（者）的要求，安排适合的全陪（领队）是组团社整个接待业务流程的重要环节。

6. 账单审核

旅游团（者）旅游活动结束后，各地接团社会发来收款账单。组团社的相关业务人员应根据计划认真核查，实事求是地纠正差错，并请财务按协议向接团社及时付款。

（二）地接社接待业务的流程

地接社的接待业务流程主要是指旅行社接待旅游团（者）的程序。接团社的接待业务流程大致可划分为三个阶段。第一个阶段是准备阶段，这一阶段主要作业包括接受组团社的接团计划、制订本社的具体接待计划、根据接待计划落实相关事宜，如选派适合的导游人员、做好预定工作等。第二个阶段是接待服务阶段，由导游人员带领旅游团（者）按照接团社的要求及安排，进行旅游活动。第三个阶段是总结阶段，其主要是对接待过程中发生的各种问题进行总结，及时收集反馈信息并处理旅游者的表扬或投诉。

第二节　旅行社门市接待业务管理

随着旅游业的不断发展，旅行社经营业务范围不断扩大。旅行社招徕旅游者的渠道已多种多样，如海外旅游中间商、国内客源地组团旅行社和旅行社门市柜台等渠道。其中门市柜台已成为许多旅行社，尤其是经营出境团体旅游业务、国内团体旅游业务、散客旅游业务的重要销售渠道。随着散客旅游者和入境旅游团的不断增多，旅行社门市接待业务量越来越大。门市是旅行社的形象、窗口、广告，门市接待的能力对旅行社核心竞争力的形成有至关重要的影响。因此，旅行社做好门市接待工作对整个旅行社的经营具有重要意义。

一、门市接待人员的选用

旅游者最终决定购买旅游产品，往往取决于门市接待员的素质。因而，选用优秀的门市接待员是做好门市接待工作的关键。优秀的门市接待员需要具备以下几种能力。

1. 予人良好印象的能力

门市接待人员的服务给客人留下的印象，会成为客人选择签约的重要因素。门市接待人员可以通过修饰自己的形象、加强业务知识水平和能力、提供真诚的服务，给客人留下良好的印象。

2. 情绪态度控制的能力

作为服务行业，旅行社接待员要具备强烈的服务意识，对于每一位进店的顾客都要热情接待。对于游客提出的挑衅性问话，旅行社门市接待员不要据理力争，应当忍耐谦让，尽量让游客高兴而来、满意而归。

3. 沟通表达的能力

与顾客交谈时，门市接待员能清楚地表达自己的意见是他们开展工作的基础。此外，能随机应变，做一位好的聆听者也是门市接待员的必备技能。门市接待员要充分了解旅游行程及景区情况，才能打动游客的心。

4. 具有高品质的专业能力

门市接待员要赢得顾客信赖，就要具备应有的专业知识。一名好的门市接待员要在导游、计调、外联等岗位全面锻炼，在压力下冷静地思考和回应问题，从而达到“以一人抵三人”的效果。一个门市与其安排五六个一般水平的接待员，不如用二三个优秀的高水平接待员，只有这样才能确保门市营运任务的完成。因此，作为一名优秀的门市接待员应具有良好的学习能力，记住更多的事情和细节。旅行社门市接待人员除了要熟悉各种常规线路、报价、旅游行程及景区状况外，还要能准确分析游客的意图，这就需要门市接待人员掌握更多的市场营销、顾客心理学、游记小说等方面的知识，运用多学科的知识来优化自己的知识结构。

5. 培养良好人际关系的能力

门市接待人员的工作特殊性要求他们必须接触形形色色的人，这使得处理好与不同客人的人际关系成为他们工作的需要部分。

二、门市接待服务的流程

（一）接受咨询

门市部接待人员需要通过电话、网络或现场交流等途径，为客户提供咨询服务、推介旅行社旅游产品。当客户询问有关旅游线路时，门市接待人员要热情、耐心地倾听客户需求，并耐心解答客户的咨询，提醒客户相关旅游注意事项等。

（二）记录客户资料

当客户对某旅游线路感兴趣并确定购买该旅游产品后，门市接待人员需要详细记录客户的联系方式、出游线路、出游日期以及旅游人数，并询问客户是否有特别需求，将其需求进行备注。

（三）编制行程及报价

根据客户的要求，门市接待人员要联系优秀的地接社或办事处，编制线路最优、价格实惠的行程，在24小时内将行程计划及时反馈给游客。

（四）跟踪及反馈

门市接待人员要与客户保持联络，跟踪客户最新出游信息，尽可能地根据客户需求调整旅游线路，进行报价，并督促客户及早下单，签订旅游合同。

（五）接受报名

门市接待人员要详尽、如实地向游客说明行程安排、行程标准、注意事项、自费项目等信息；解释合同条款，签订《组团旅游合同》，正确核对客户姓名及身份证号码，发放旅游包（长线），登记收款并交财务部入账，填写交款记录，确定成团。

（六）团体确认

门市接待人员要根据客户需求，再次落实团体计划（机票、车辆、住宿、用餐、地陪导游等），并及时确认团体计划。

1. 机票情况

机票情况包括飞机的往返时间、机票折扣、飞机机型和航程、飞机隶属的航空公司等方面。

2. 车辆情况

车辆情况包括车辆的车型、车龄、车况、正座数、车队、司机情况、接送时间地点以及用车价格等方面。

3. 住宿情况

住宿情况包括入住酒店的星级标准、所处地段、最近装修的时间、硬件标准、软件管理水平、同级竞争情况、经营者特点、经营状况、沟通和讨价还价的能力、各季节的价格及变化情况等方面。

4. 景区情况

景区情况包括景区的门票、折扣情况、自费景点、索道价格、资源品位、特点等方面。

5. 用餐情况

用餐情况包括饭店的餐标、卫生、地理位置、风味（特餐）、结算、配合、早餐（桌早或自助早）等方面。

（七）选派导游

门市接待人员要向导游交代接待计划，确定团队接待重点及服务方向。这也要求门市部接待人员要熟悉导游人员的情况，包括导游的年龄、外形、学历、性格、责任心、平常心、金钱观念、突发事故的处理能力、适合的团型以及社内导游的安排情况，门市接待人员了解了这些情况，才能针对客户需求做出最合适的导游安排。

（八）出游准备

出游准备随着旅行团队的不同而有所变化。针对一般团体而言，在出发前一天，门市接待人员要通知客户出发的时间、地点、出游准备、目的地注意事项、自费项目、送机人联系方式、导游联系方式等。而接待特殊团体，旅行社一般会约定时间同游客召开见面会。

（九）最终确认

在出发前 24 小时门市接待人员要与客户核对计划，重点落实游客特殊要求，要求客户最终确认；对保险单进行确认，传真给相应的保险公司。

第三节　旅行社接待服务管理

一、旅行社接待服务的原则

（一）标准化

旅行社接待服务的标准化是指旅行社应按照一定的标准向旅游者提供旅游过程中的各种相关服务。旅行社接待服务标准化的基本依据是国家旅游局颁布实施的一列规范性文件。旅行社对客人服务的基本标准主要有以下十四点内容。

（1）旅行社与海外客户签订的合同应遵循国家旅游局统一规定的合同范本内容，注明所提供的价格等级、服务标准、服务项目、双方责权义务及当地投诉电话和地址。

（2）旅行社应按合同所确认的日程、等级标准及包价内容提供相应的服务。除不可抗拒的因素外，若旅行社未能向旅游团（者）提供符合合同规定标准，应为旅行团（者）提供补偿服务或将低于规定标准的服务费差额退还对方。

（3）旅行社应根据团队客人的国籍、身份、职业、年龄、健康状况等特点以及和团队客户确认的日程来合理安排活动。旅游活动的安排要尊重旅游者的生活习惯及风俗，对不同国别、肤色、职业、性别、年龄的旅游者要一视同仁，热情相待。

（4）除人为不可抗拒的因素外，因旅行社工作疏漏而致使旅游团（者）减少服务项目或延误旅游时间的，旅行社应退还未提供服务项目的费用，并给予一定的补偿。

（5）旅行社应按照合同中所确定的标准为旅游团（者）预订饭店。如因特殊情况须变更已预定的饭店，旅行社在征得游客同意后，可调换同星级或高于原订购星级的饭店，不另加收费用。如调换的饭店星级低于原承诺的饭店星级，旅行社要向旅游者说明情况，并将差价部分退还给旅游者。旅行社不得将旅行团（者）安排到非定点饭店住宿。

（6）旅行社应将文娱活动作为固定节目安排。游览日程在3天以内的，文娱活动次数一般不少于1次；游览日程在4~7天的，文娱活动次数一般不少于2次；游览日程在8天以上的，文娱活动次数一般不少于3次。

（7）旅行社必须安排游客在定点饭店或定点餐馆就餐，并按照规定的餐食标准订餐，不得克扣餐费，不得强行要求游客增加风味餐。

（8）旅行社要有具体的防范措施以保证旅游者人身财产安全，必须为旅游者购买相应的人身财产意外保险。旅途中，如发生意外事故，导游人员必须及时采取措施并将事发的详细经过和处理情况向上级主管部门汇报请示。

（9）要完善客人行李交接手续，保证游客行李运输安全且准确无误。行李财物损失如是旅行社方面造成的，旅行社要进行赔偿；如是饭店、交通部门造成的，旅行社有责任协助游客联系相关部门，帮助解决问题。

（10）旅行社委派带团的导游人员必须通过全国导游人员资格考试，取得国家旅游局颁发的导游员证书。

（11）导游员应提前做好一切接待准备工作。上团时要衣着整洁、举止大方、佩戴胸卡、携带导游证；服务要热情、周到，工作认真负责，积极主动；导游语言要准确、流利，内容要健康、丰富、生动。接待10人以上的旅游团时，导游员要使用引导标志和话筒，如需接站，导游员应提前与机场、车站、码头取得联系，以免因抵达时间变更而漏接或迟接。

（12）旅行团（者）购物要纳入旅游活动日程。导游员要严格按日程节目安排引导客人到定点旅游商店购物。

（13）旅行社全体人员要认真学习涉外人员守则，严守国家机密，遵纪守法，不索要小费，不私收回扣，不套换外汇。

（14）旅行社应对重视服务质量、成绩突出的集体和个人给予表彰和奖励。对受到客人投诉的旅行社及个人，旅游行政管理部门会严格按《旅游投诉暂行规定》进行处理。

（二）程序化

旅行社接待服务的程序化是指旅行社根据接待服务的特点，对接待服务的每一环节和每道程序都做出详细规定，并据此向旅游者提供接待服务。接待服务的程序化是旅行社保证旅游服务质量的有效措施，接待服务程序化可以减少事故隐患，保证落实接待过程中的各项工作，从而提高旅行社接待服务的质量。

（三）个性化

旅游接待服务的个性化是指旅行社要根据不同类型旅游者的个性特点，提供具有针对性接待的服务。旅行社接待服务的旅游者来自不同的国家或地区，有着不同的生活习惯、文化背景、宗教信仰、价值观念，对旅游接待服务的要求也有不同程度的差别。旅行社应针对不同旅游团（者）的特点，坚持接待服务的标准化和程序化，在力所能及的范围内尽量满足旅游者的个性化要求，提供个性化的服务，提高旅游团（者）的满意度。

二、旅行社接待服务过程的管理

一般而言，旅行社的接待过程可以分为三个阶段，即接待前的准备阶段、实际接待阶段和接待后的总结阶段。在接待过程的不同阶段，旅行社应采取不同的措施予以控制，以实现有效管理、提高接待服务质量的目的。

（一）准备阶段的管理

旅行社在准备阶段所实施的管理主要包括三个方面。

1. 接待计划的管理

接待计划是旅行社落实各项旅游服务的文字依据，是组团社和接团社的财务依据。做好接待管理首先要管理好接待计划。

（1）制订接待计划。组团社应根据市场的需求做好接待计划。接团社在接到组团社的接待计划后，首先应根据团队的基本情况或要求制订一份具体的接待计划，包括游程安排、旅游团（者）成员背景资料和团队的基本情况及要求三部分。计划制定后要进行分类管理，确定不同的工作重点。例如，商务会议、科学考察等专业旅游团，除应做好旅游活动安排外，还须尽早同有关部门取得联系，安排好专业活动的时间、地点、用车等。

（2）合理安排旅游日程。接待部门的日程安排要合理，导游人员在接团过程中，也可做适当变更。安排日程应注意：日程的安排应留有余地，有张有弛；根据旅游团（者）自身的特点，安排旅游活动；适当为旅游者空出自由活动的时间。

（3）做好预订工作。接团社应按照接团计划向旅行社相关后勤人员发送飞机、车票的订票通知单；按计划要求预订旅游团（者）的住房，并与饭店核对订房计划；按旅游团（者）抵离时间安排市内用车；按计划要求合理安排旅游团（者）的订餐、购物活动；按旅游团（者）要求安排文艺节目及其他娱乐活动。完成以上工作后，接团社要汇总所有确定的计划，并向有关部门下达接待通知，如接待计划发生变更，应按业务流程逐一下达变更通知。

2. 选派适当的导游人员

旅行社应根据接待计划中旅游团（者）的情况和所提出的具体要求选派适合的导游人员。因此，接待管理者应全面了解旅行社接待人员的性格、能力、知识水平和身体条件等情况，在下达接待任务时，选择适合的导游人员。例如，旅行社在接待重点团队时，应选择经验丰富、反应灵活又具有一定协作能力的导游人员陪同；对于学习、考察团的陪同，要求导游人员一定要有丰富的知识；对于游览团的陪同，要求导游人员的性格应开朗活泼。总之，旅行社要根据旅游团队的特点，选派相应的导游人员，方能达到理想的接待效果。

3. 检查接待工作的准备情况

旅行社管理人员应督促相关服务人员落实好接待工作的各个环节。对于活动日程中某些不当的安排，管理人员应提出改进意见。对于重点旅游团（者）的接待计划和活动日程，旅行社管理人员应予以特别关注。旅行社管理人员要注意承担接待任务的导游人员的准备工作的进展情况，对于经验较少的导游人员，应给予适当的指导。总之，旅行社管理人员应该适时检查接待计划及其落实情况，以发现计划的不足和不同环节可能存在的漏洞，防患于未然。

（二）接待阶段的管理

接待阶段是旅游团（者）进行旅游活动直至旅游活动结束的阶段。在接待阶段，担任接待工作的导游人员往往是单独带领旅游团（者）活动，接待部门难以随时保持对接待人员的监督管理，而接待过程中发生的问题又多集中在这一阶段。因此，接待阶段的管理是旅行社管理工作中最困难也是最薄弱的环节。旅行社管理者应特别重视这个阶段的管理，使旅游团（者）的接待服务工作能够顺利完成。

1. 严格请示汇报制度

接待阶段的工作具有较强的独立性，因此接待人员特别是导游人员，必须具有较强的组织能力、独立工作能力和应变能力，这是旅游活动顺利进行的保障。但这并不排斥导游人员在旅游过程中就一些重大变故和事故需要及时请示旅行社相关管理部门，并取得必要的指导和帮助，以避免由于个人知识、能力与经验所限而造成处理失误的情况发生。

因此，为了加强接待过程的管理，旅行社应根据实际情况制定出请示汇报制度，并严格执行。这种制度既要允许接待人员在一定范围内和一定程度上拥有随机处理问题的权力，以保证接待工作的高效率；又应要求接待人员在遇到一些重大变故时，及时请示旅行社有关部门获得指导和帮助，保证旅游团（者）的接待工作顺利进行。

2. 必要的现场抽查与监督

旅行社管理人员亲自到旅游景点、旅游团（者）下榻的饭店、就餐的餐馆等旅游活动场所，直接考察相关接待人员的工作情况，并向旅游者了解对各项接待工作及各项安排的意见，以获取有关接待方面的各种信息。通过调查，旅行社可以迅速、直接地获取有关接待方面的信息，了解接待服务质量和旅游者对旅行社工作的评价，从而为旅行社改进服务质量提供宝贵的资料。

3. 及时处理出现的问题和事故

接待过程中，由于种种原因，可能出现一些责任性或非责任性事故，如漏接、错接、误机、旅游者丢失证件或财物等。旅行社一方面要制定标准化、程序化服务规范，避免事故发生；另一方面，事故发生后，旅行社应及时采取有效措施，弥补接待过程中发生问题及事故所造成的损失，减少不必要的投诉，维护旅行社良好的声誉。

（三）总结阶段的管理

总结阶段的管理是指旅行社通过对运行过程中发生的各种问题进行总结，处理旅游者对接待人员的表扬和投诉，增强接待人员的服务意识，提升接待人员的专业知识水平和业务处理能力，以提高旅行社的整体接待水平。旅行社在总结阶段的管理主要是建立健全接待总结制度，及时收集反馈信息以及处理旅游者的表扬和投诉。

1. 建立健全接待总结制度

总结是接待服务不可缺少的一个环节，是旅行社提高工作效率和服务质量的必要手段，因此旅行社必须建立健全接待总结制度。比如，制度要求导游人员应总结接团过程中的收获与经验教训；发生重大事故后，导游人员应将有关事故的全部调查材料及善后处理措施、意见整理成文等。旅行社管理人员还可通过抽查陪同日志和接待记录，了解旅游者的接待情况和相关服务部门的协作情况，为旅行社改进旅游产品、提高导游人员接待服务水平和完善协作网络提供必要的依据。

2. 及时收集反馈信息

旅行社可通过导游人员向旅游者分发“接待质量调查表”，收集旅游者对旅游服务中各个环节的意见和建议，了解旅游者对旅游服务的直接感受及旅游需求，为旅行社制订高服务质量的接待计划提供依据。

3. 处理旅游者的表扬和投诉

表扬是旅游者对接待人员工作的肯定，旅行社通过对优秀员工及其事迹的宣传，可以在接待人员中树立先进的榜样，而榜样的作用又将促进旅行社接待人员素质的提高。投诉则是旅游者对服务质量不满的一种表示，处理得当不仅可以争取旅游者的理解和谅解，还可以教育工作人员，以此为戒。对情节严重者，旅行社应对其进行必要的处罚。

第四节　旅行社散客旅游接待

一、散客旅游的概念与特点

散客旅游是相对团队旅游而言的。长期以来，我国旅游业务区分散客与团队的标志是人数的多寡，订房的多少。在入境旅游中，一般认为，订房不到5间（4间或4间以下），人数不足10人（9人或9人以下）的旅游集体被称为散客。旅行社根据人数的多少，分出了三个收费等级，即1人等、2~5人等和6~9人等，人数越少，收费标准越高。而在国内旅游中，对散客的界定有两种办法：一是订房不到5间（即4间或4间以下），二是不论人数多少，只要不独立成团的旅游集体就算是散客。散客具有临时性和随意性及项目不定、时间不定的特点。

1. 临时性和随意性

散客旅游对服务项目的订购往往是临时性的，随时需要，随时订购。散客对服务项目的要求，也是比较随意的，往往是单项的、零星的，不是系列式的、捆绑式的；散客对服务时间要求是短暂式的、间断式的；散客旅游是以个性化为核心的，散客的思维会更加主动、积极，因此散客对导游服务方式是灵活多变且随意的。在整个导游讲解中，聊天式的、问答式的、对话式的方法会更加受到散客的青睐。

2. 项目不定

散客具有随意性的特点，因此散客对服务项目的要求也是不固定的，有可能是购买旅游的单个项目，也有可能购买旅游的全部项目或旅游的整个系列。

3. 时间不定

散客具有随意性、人数少的特点，因此散客旅游在时间安排上有很大的灵活性。有的散客可能要求提供一日游或半日游或两三个小时的服务，但也有可能是数日、十几日的服务时间。

二、散客旅游的服务内容

旅行社散客旅游服务主要包括服务预订、旅游线路设计和报价估算三个方面的工作。

1. 服务预定

服务预定是散客旅游服务工作的开始，对前来预定的旅游者，工作人员应该弄清楚参加散客旅游活动的人数、性别、国籍等，还须了解旅游者的特殊需求。接受委托时，工作人员必须对游客询问的价格、线路、游程等内容认真做好工作笔记以备查询。

2. 旅游线路设计

旅行社要根据游客的预定要求，精心设计旅游线路，尤其要关注在本地停留时间较短的散客旅游者，他们可能只参加半日游或一日游之类的旅游项目，对旅游产品设计往往有特殊要求，对服务质量要求较高。因此，旅行社的产品设计要有精品意识，游览内容要突出重点，服务要讲究水准，购物消费要注重特色，以实现全方位满足散客旅游者需要的目标。

3. 报价与结算

对旅游者的询价，旅行社工作人员一定要正确答复，务必向旅游者详细说明旅游费用所包含的各项服务内容以及尚未收费但可选择的其他部分项目。填写报价表时，内容必须完整，数字书写必须清楚。旅游者购买旅游产品可以预购，也可现购，其结算方式可以预付，也可以现付。

【拓展阅读】

中国“散客时代”的到来

随着中国旅游业的日渐成熟，旅游市场正逐步进入“散客时代”。权威统计显示，团队游数占中国旅游业游客数的比重已由1989年的70%下降至目前的30%，而自由行比例飙升。游客不再满足基于成本考虑的团队观光旅游，中国旅游发展从以观光为主向观光和度假转变。

散客时代改变了游客出游方式和消费行为，这也导致景区管理体制及景区的内部建设出现了问题。

(1) 散客时代游客出游方式发生重大变化。成本、时间、交通构成是影响现代旅游的主要因素。从2016年国庆黄金周开始，《中华人民共和国旅游法》正式实施，对旅行社团队执法监管力度的加大助推了团费理性回归；同时，在交通条件极大改善的前提下，高速公路对小型车辆实施免费政策，推动了游客选择自驾游和自助游作为出游的主要方式。

（2）散客时代的游客消费行为发生变化。在团队观光旅游中，每个团队由领队和导游人员管理，团队的行程固定，团队纪律和旅游秩序维护较好；而散客往往是小团体构成，追求的就是行程自由和旅程安排相对宽松。由于旅行社对散客的约束相对较少，而其权利意识又相对较强，少数游客在出游中容易出现不遵守秩序、不听从安排的情况，极易引发相关的恶性连锁反应。

（3）散客时代与景区传统管理体制存在矛盾。一直以来，景区的管理模式都是以接待团队游客为主，单一强化对景区内管理，缺乏区域统筹与政府多部门联动。在当前由团队旅游为主向散客旅游为主的转变过程中，游客多方式、多批次、小群体进入景区，涉及景区内、景区周边区域的管理等，单纯依赖一个国有景区管理部门显然力不从心。

思考：景区应该如何迎接散客旅游时代面临的挑战？

【复习思考】

1. 描述旅行社的业务流程。
2. 旅行社门市部人员应当具有哪些素质？旅行社如何进行门市部人员的选用？
3. 散客旅游与团队旅游相比有何特点？
4. 散客旅游的服务内容包含哪些方面？
5. 旅行社接待服务有哪些原则？

【参考文献】

［1］杜江. 旅行社经营管理［M］. 北京：旅游教育出版社，2003.

［2］夏林根. 旅行社经营管理［M］. 福州：福建人民出版社，2002.

［3］程遂营，刘荣. 旅行社经营管理［M］. 郑州：郑州大学出版社，2002.

［4］梁智. 旅行社运行与管理［M］. 沈阳：东北财经大学出版社，2000.

［5］何忠诚. 旅行社管理［M］. 广州：广东旅游出版社，2002.

第七章 旅行社质量管理

【案例分析】

陈先生一行9人报名参加越南芽庄的旅游，行程6日，费用共计32 041元。陈先生表示：由于没有按导游的安排参加自费项目，地接导游很生气，把陈先生一行人的照片发到朋友圈并附有辱骂和诅咒的言语。

此后，导游在安排游客泡泥浆浴时，没有安排陈先生一行跟其他游客在一起，而是单独安排到其他地方的泥浆浴，因此陈先生一行9人增加了往返路程，故实际比其他游客泡泥浆浴时间少了一个小时。陈先生一行非常不满，投诉到旅游公司，要求对该地接导游做相应处理。

导游的态度与行为给旅行社的整体服务质量造成了极大的破坏，严重影响了旅行社的形象与声誉。

导游代表旅游经营者为游客提供专业服务，应当遵守职业道德与操守，尊重和维护客人的权利与利益，导游应当为自己的违法或侵权行为承担赔礼道歉、消除影响、赔偿损失等法律责任。与此同时，旅行社也难辞其咎，归根结底这是对导游的任用与管理不到位，没有良好的质量管理体系与标准来对导游的行为进行控制，而给游客带来了非常不好的旅游体验。因此，旅行社必须要重视和加强质量管理，否则即使做再多的努力，都会因为无法为游客提供高质量的服务而毁于一旦。

【任务要求】

1. 了解旅行社服务质量的含义。
2. 熟悉旅行社服务质量的评估标准。
3. 掌握旅行社质量管理的内容与方法。
4. 掌握旅行社服务质量控制的步骤与方法。
5. 了解旅行社产品质量的概念和特点。
6. 掌握旅行社采购质量管理的方法。
7. 掌握旅行社在遇到旅游者投诉时的解决方法。

第一节　旅行社质量管理概述

假如你正在经营管理一家旅行社，谈到有关旅行社的服务质量时，你能想到哪些产品或服务的质量会对旅游者的体验产生非常重要的影响？你认为应如何评价这些产品或服务的质量是否达标？你可以先想想这两个问题，然后再往下学习，看看下面的内容哪些和你的观点是一致的，哪些和你的观点不一样。

一、旅行社服务质量的概念

旅行社的服务质量管理是指旅行社为了保证和提高产品质量，综合运用一整套质量管理体系、思想、手段和方法所进行的系统管理活动。

旅行社产品质量是通过旅游者对旅行社所提供服务的满意程度来体现的。质量是旅行社的生命线，全面加强质量管理，是现代旅行社管理的一项重要内容。

二、旅行社质量管理的意义与评价标准

（一）旅行社质量管理的意义

1. 旅行社服务质量管理的核心是顾客满意

服务质量与顾客满意是等价的，服务质量管理的核心是顾客满意。但顾客满意是一个比较抽象的概念，且因人而异，同样的服务对不同的顾客其感受是不同的，所以试图用精确的度量测定服务质量是比较困难的。一般而言，提高旅行社服务质量管理可以通过三种方法实现，即在保持顾客期望水平不变的前提下提高服务质量水平、利用广告和促销使顾客的期望值保持在合理的范围内、将提高顾客的期望值与较大幅度提高服务质量相结合。

2. 旅行社服务质量管理的重点是预防

服务具有无形性的特点，这就使服务质量的检验难以像实物产品那样通过事后检验来判断其是否符合标准，所以服务质量管理的重点不是对已经产生的缺陷的鉴别和剔除，而是强调“防患于未然”，重在减少和消除产生服务缺陷的原因，将服务质量的缺陷消灭在其形成的过程中。

3. 旅行社服务质量管理是一个持续改进的过程

旅行社的服务处于一个持续发展与变化的过程中，服务质量管理应根据既变的客观情况做出有效的调整，以不断更新并满足顾客需求和期望，提升服务质量。

4. 旅行社服务质量管理需要全面发展

旅行社质量管理全面发展既体现在服务的设计质量、服务质量过程控制、服务质量营销以及信息质量反馈与调整方面，也体现在服务提供人员质量的全面性方面。管理人员、一般员工、一线员工（如导游人员）和后台员工（如票务、勤杂）都包含在内。

5. 旅行社服务质量管理有成本

服务质量水平与成本有直接的关系，成本往往包含了损失成本（缺陷成本）、鉴定

成本、预防成本三个方面。损失成本是指由服务缺陷引起的成本；鉴定成本是指为发现不符合标准的服务或为确保服务质量而进行的检查、实验及其他相关活动所支付的费用；预防成本是指为防止服务质量问题而支付的因计划、管理、培训、质量控制所发生的费用。

（二）旅行社服务质量的评估

1. 客观评估标准

客观评估标准是指旅行社为了保障旅游者的合法权益，提高旅游接待服务质量，按照国际上旅行社行业的通用标准和国家制定的相关标准所制定的行业服务质量标准。这些标准为旅行社客观评价其接待服务质量提供了重要的依据。旅行社接待服务质量的客观评价标准主要包括下列内容：

（1）旅行社所提供的旅游计划，旅游线路安排合理，旅游项目丰富多彩，劳逸程度适当，能够满足旅游者在旅游过程中游览和生活的需要。

（2）旅行社应保证制定的旅游线路和日程能够顺利实施，不耽误或删减顾客的游程。

（3）旅行社应按质按量地提供计划预定的各项服务，如保证饭店档次、餐饮质量、车辆规格、导游水平和文娱、风味等节目。

（4）旅行社应保证旅游者在旅游过程中的人身安全及财产安全，保证其合法活动不受干预、个人生活不被骚扰。

（5）旅行社及旅游活动所涉及的相关旅游服务企业的服务人员不仅要有合格的文化素养和服务技能，还要有高尚的职业道德、强烈的服务意识和良好的服务态度，能够创造一种宾至如归的旅游氛围。

2. 主观评价标准

旅行社属于服务行业，其服务质量的最终评价标准是旅游者的满意程度。旅游者对旅行社接待服务质量的评价，主要根据其感受到的服务质量与其期望获得的服务质量之间的差距。当这种差距为正值时，表明旅游者获得了超过其期望的服务，旅游者对旅行社的服务感到满意；反之，当这种差距为负值时，显示旅游者获得的服务低于其期望值，旅游者便会认为旅行社提供的服务质量差。这种评价标准主要依赖旅游者的主观感受，所以被称为主观评价标准。主观评价标准包括两项内容。

（1）预期质量与感知质量的比较。旅游者通过将预期质量与感知质量进行比较，对旅行社产品的质量进行评价。预期质量是指旅游者在实际接受旅行社提供的服务之前，对旅行社产品质量所产生的心理预期。感知质量是指旅游者在旅游过程中实际体验到的旅行社服务质量。当旅游者的感知质量大于或等于其预期质量时，旅游者就会认为旅行社产品的质量优秀，对旅行社的服务感到满意；反之，旅游者就会认为旅行社产品的质量低劣，并且会对旅行社产生不满情绪。

（2）过程质量与结果质量的比较。旅游者评判旅行社产品的另一个标准是过程质量与结果质量的差距。旅游者在评价旅行社产品的质量时，不仅会考虑通过消费该产品所产生的结果，如是否获得了希望得到的旅游信息，是否购买到了计划中的旅游产品，而且更看重消费过程中的体验。

三、旅行社质量管理的内容与方法

（一）旅行社服务质量管理的内容

1. 接待服务态度的管理

旅行社服务质量管理首先应端正接待人员，尤其是导游人员服务的态度。良好的服务态度能够对旅游者产生一种强烈的吸引力，而低劣的服务态度则会对旅游者产生一种排斥力。旅行社管理者应通过现场抽查、向旅游者调查等方式，考察和了解接待人员的服务态度。

对于那些服务态度热情、受到广大旅游者喜爱的接待人员，旅行社应予以适当的表扬和奖励，鼓励他们继续努力为旅游者提供热情周到的服务；对于那些服务态度较差的接待人员，旅行社应向他们提出严肃的批评，要求他们立即改正；对于少数态度恶劣、屡教不改的接待人员，旅行社应坚决将其撤离接待岗位。

2. 导游讲解水平的管理

导游讲解是旅游接待业务的核心，其水平高低直接影响旅游者对旅行社服务质量的评价。旅行社管理者通常采取现场抽查的方式检查导游员的导游讲解水平，通过对导游人员的导游讲解水平的监督和管理，发现其中可能存在的不足并加以纠正，以确保旅游者享受到高质量的旅游接待服务。

3. 接待业务能力的管理

旅游接待人员的业务能力包括独立实施日常旅游接待的能力和处理各种突发事件的能力。旅行社管理者应通过日常的观察和定期考核，检验接待人员的业务能力，并做出适当的评价，以便量才使用。旅行社应对业务能力强的人员授予比较重要和复杂的接待任务，而将比较容易的接待任务交给那些业务能力相对较弱的人员。

同时，旅行社管理者还应不断地安排接待人员进行具有针对性的业务培训，使业务能力较强的人得到进一步的提高，使那些业务能力相对较弱的人经过一段时间的培训和锻炼，逐步胜任更加复杂和重要的接待任务。

（二）旅行社服务质量控制步骤与方法

服务质量的控制是指旅行社为了保证服务质量而综合运用的一整套质量管理体系。即旅行社按照事先制定的服务规范对服务质量进行跟踪了解，根据实际情况调整服务内容，以确保旅游者对旅行社的服务感到满意。

1. 服务质量控制的步骤

旅行社产品的服务质量涉及旅游产品生产、销售，产品采购，旅游接待，售后服务等各个过程。在保证旅游产品设计质量和上游旅游服务供应商服务质量的基础上，旅行社服务质量控制的重点是旅游接待人员的服务质量，其控制过程一般包括三个步骤：①制定服务规范，提出明确的服务质量要求；②由员工按照规范的要求提供服务；③由管理人员按照规范的要求对服务情况进行检查和监督。

2. 服务质量控制的方法

由于各旅行社的发展目标、制度建设不同，其服务质量控制的方法也多种多样。根据中国旅行社管理中的普遍做法，并借鉴其他企业服务质量管理的成功经验，旅行社服务质量控制的方法包括以下几个方面：

（1）设置专门机构和专人负责。大型旅行社应设立全面质量管理部，小型旅行社可指定专业人员，负责旅行社服务质量的监督、检查工作。组成人员可以是经验丰富的员工，也可以是从未涉足旅游工作的外行，这样可以原汁原味地反映旅游者对旅行社服务质量的评估。

（2）建立质量信息反馈系统。该系统信息分别来自旅游者、业务部、门市接待员、导游员、质管部和总经理办公室，旅行社应通过上述信息通道，收集来自各方面对服务质量的反映，并将质量评估结果及时反馈给相关部门和个人。

（3）跟团访问。采取明访或暗访的方式，通过现场观察、向游客发放“质量反馈书”或召开游客座谈会，了解旅游接待人员的服务质量情况。

（4）编制质量周报和质量报告。质量管理人员将质量调查结果分门别类地进行汇总，每周编制“质量周报”，以反映每位游客的意见和建议。对于游客存在不满、有批评意见的团队，质量管理人员要编制一团一包的专报。针对导游人员和接待社的服务情况，质量管理人员还要定期编制质量报告。

（5）建立质量档案。质量档案要按照团队、接待社、导游员分类，分别记录其服务接待情况，以此作为绩效考核和奖惩的依据。

（6）及时处置服务质量问题。对于游客的投诉，质量管理人员应及时进行相应的处置。对存在严重质量问题的团队和个人，在提出通报批评的同时，应按照有关规定进行经济惩罚，并将处置结果上报总经理办公室和有关部门。

第二节　旅行社产品质量管理

一、旅行社产品质量的概念和特点

（一）旅行社产品质量的概念

旅行社产品质量主要是指旅行社产品的设计质量，旅行社产品的设计是保证其整体产品质量的基础。服务产品设计质量是指旅行社所设计的服务产品是否既能在使用价值上满足旅游者的旅游需求，也能使产品的销售价格与产品所提供的使用价值相一致。

对于旅游者来说，旅游产品是旅游者出游所获得的经历，其在旅游过程中所接触到的所有的事物及所接受到的所有服务都构成了旅游产品。

因此，旅游产品质量的好坏源于整个旅游过程。而正是由于旅游产品的本质是一次经历，对于旅游产品的质量的评定并不完全取决于为旅游者提供产品及服务的旅游企业，而是旅游者根据自身感受来对其进行的评定。因此，旅游者的感受和评判标准非常重要，也就是说，旅游企业要以满足旅游者的需求为第一要务。

虽然旅游过程的每个环节在整个旅游经历中所占的比重不同，但根据旅游质量蛛网理论，旅游产品的各个组成部分对旅游者来讲是同等重要的。也就是说，看似十分微小的细节，例如马桶是否漏水、服务员的微笑是否真诚还是有某种意味等，都会影响旅游者对整个旅游过程的看法。另外，由于是主观判断，旅游者的知识水平、文化背景以及出游动机等也会影响其判断。

中国消费者协会根据投诉情况总结了消费者对旅游业的十大不满意，主要分为四类。一是旅行社不遵守承诺，随意减少参观景点、缩短旅游时间；二是旅行社不完全履行合同，旅游时食、住、行的档次低于事先约定的消费档次；三是以“免关税”“拍照免门票”等形式诱导消费者购物；四是宾馆、饭店和景点的服务质量不高，服务不到位，一些饭店、宾馆向不同阶层的消费者出示不同的价目表。此外，一些景点环境“脏、乱、差”，景区内的旅游车任意改变路线，强行兜售物品等现象也是让消费者对旅游业不满的原因之一。

（二）旅行社产品质量的特点

1. 安全性

旅行社所提供的产品或服务必须是安全的。例如，游客乘坐的交通工具，游玩的游乐设施，游览的目的地等都必须有足够的安全保障，让旅游者可以平平安安地享受旅游。

2. 便捷度

如果旅游者为了使用一个旅游产品或体验一项服务要花费很大的精力，除非旅游者追求极高的参与性；否则，该旅游产品或服务的质量就是不合格的，是有待提高的。旅行社应该让旅游者花费最少的时间和精力，游览和体验最多的旅游产品或服务。

3. 舒适度

舒适度是一个很广泛的概念，不同的人对于舒适度的评价也不尽相同。在旅行社产品中所谓的舒适度，主要是指旅游者在使用产品的过程中是否会感觉到不适。如果其感觉良好，没有明显的不适，则说明产品给予了游客良好的舒适度，该产品的质量是合格的。

4. 规范化程度

旅行社应对不同等级或档次的旅游产品制定不同的质量评估标准，使其评价过程更加规范化。这样做不仅让旅行社对于产品的质量有更好的把控，也可以让旅游者知道自己所购买的产品应该达到何种水平。

5. 人性化程度

旅行社所提供的产品在使用过程中要对旅游者足够的友好。旅行社可以结合产品的特点以及目标旅游者群体的特征，多注意细节方面的设计，确保为目标旅游者提供足够人性化的产品，以此提升产品的质量水平。

二、旅行社产品质量管理的内容和方式

旅游企业运营的核心任务就是尽可能缩小实际服务质量与旅游者预期之间的落差，实行旅游产品个性化策略。旅游产品个性化就是要求旅游企业提供以人为本的服务，在这里旅游产品已不仅仅局限于有形产品，还包括无形的服务、管理等。这就要求旅游企业的旅游硬件和软件应注重以人为本。

1. 从硬件的角度考虑

在硬件上，旅行社可以根据旅游者的不同需求提供相应的人性化的旅游设施。旅

游硬件设施是人们用肉眼所能观看到的，而且也是人们能在最短时间内对它做出反应的，也就是人们的第一印象。第一印象对于旅游者是重要的，它能决定人们用怎样的心态完成这次旅游经历。舒适、醒目的设施会给旅游者留下深刻的印象，这也就预示着潜在的、长远的效益；相反，则会是短期效益。在这里，旅游者的满意度取决于旅游者对硬件设施的第一印象，因此旅行社应对旅游硬件设施做长远的规划。

2. 从软件的角度考虑

在软件上，旅行社应根据消费者的感受提供符合人性需求的无形的旅游产品（服务）。无形产品往往在提供服务的过程中易被忽视，但事实上较之于有形产品，无形产品对旅游者有更深远的影响力，而旅游企业履行道德的行为是这些无形的旅游产品真正体现人性化的前提和必由之路。所谓道德的行为，在伦理学意义上就是在一定道德意识支配下，表现为有利于他人和社会的道德行为。也就是说，旅游企业在经营过程中，必须履行其有利于旅游者和社会的道德行为。道德的行为和不道德的行为对旅游企业来说只是一念之差，但这一念之差完全可能导致旅行社不同的发展道路和发展状况。道德的行为可以使旅行社经营良性循环，而不道德的行为则会导致旅行社经营的恶性循环。道德的行为具体表现为：旅行社要对旅游者诚实守信，旅行社的信誉是深入人心的广告，是超出一般广告的“广告”。旅行社信誉的建立和信誉度的不断增强要靠产品质量，更要靠树立高质量产品的生产全过程的责任心，靠兑现全方位的服务承诺。服务承诺是旅行社信誉的直接张扬，在激烈的国际经贸活动竞争中，服务承诺是增强信誉度的重要措施。这里的产品即旅游产品，也就是旅游服务。因此，旅行社要对旅游者坚决地履行其服务承诺，具体表现为旅游企业不降低服务标准，不擅自增减旅游项目，不延误游览日程和时间，不以次充好欺骗旅游者等；对社会有责任心，不为了局部的利益而损坏社会整体的利益，如保护生态环境等。

第三节　旅行社采购质量管理

一、旅行社采购的内容

旅行社作为旅游经营者，直接向旅游者或通过旅游中间商，向旅游者出售的综合包价产品大部分是由其他旅游服务企业或相关部门供应的。也就是说，旅行社通过向其他旅游服务企业或相关部门，采购食宿、游览、娱乐、交通等单项服务产品，经过组合加工，再进行销售。

旅行社采购的内容主要包括交通服务采购、住宿服务采购、餐饮服务采购、参观游览服务采购、娱乐服务采购、保险服务采购、异地接待服务采购等。由于在本书第五章第三节中已详细陈述关于旅行社的采购内容，本节将省去对旅行社采购的讲解。

二、旅行社采购质量的管理要点

为完善旅游产品各要素，确保旅游接待服务工作的顺利进行，达到降低生产成本、增加经济效益、提高服务质量的目的，并为今后的旅行社产品开发打下基础，旅行社必须重视对旅游服务采购质量的管理。

（一）建立广泛的采购协作网络

为了使旅行社产品的供应得到保障，旅行社必须和相关的旅游服务供应企业建立广泛的、相对稳定的协作网络。特别是在供不应求的情况下，建立广泛的采购协作网络能够使旅行社有更多的机会购买到紧缺的服务产品。在出现供过于求的情况下，旅行社还可以通过协作网络获得更加优惠的交易条件。旅行社要建立和维持广泛的协作网络，一是要善于运用经济规律，与协作企业建立起互惠互利的协作关系；二是要善于开展公关工作，促使企业领导之间及有关购销人员之间建立良好的人际关系。

（二）加强采购合同的管理

合同是当事人双方为了实现某一合作目的，依法订立的有关权利和义务的协议，并且对当事人双方都具有法律约束力。旅游采购合同则是旅行社为采购各种旅游服务项目与旅游企业或相关部门订立的各种购买契约。

旅行社交易不是一手交钱、一手交货的简单交易，而是一种可预约的批发交易，是一次谈判、多次成交的业务形式，并且在谈判与成交之间既可能存在时间间隔，又可能存在数量差距，因此针对旅游采购的这种特点，旅行社与协作部门签订经济合同就显得十分必要。同时，签订合同也是当事人为了避免和正确处理可能发生的纠纷而采取的一种行为，其目的就在于确保各自经济利益的实现，使双方免受或减少不必要的损失。

采购合同的基本内容有合同标的、数量与质量、价格与付款方式、合同期限、违约责任、采购合同的存档六个方面。

（三）正确处理保证供应和降低成本的关系

保证供应与降低成本是旅行社采购工作中两个同等重要的任务，两者都是为了使旅行社获得最大的经济效益。

旅行社能否满足游客在旅游过程中的各方面需求，并兑现关于产品的承诺，在很大程度上取决于其能否采购到相关的旅游产品。例如，没能使旅游者乘坐计划中的交通工具、住上计划中的酒店、欣赏到旅游协议中的景点，这些都会引起旅游者的不满甚至投诉，从而影响到旅行社的声誉和客源。再如，在旅游旺季时，由于采购业务量大，所需产品常常处于供不应求的紧张状态，假如旅行社的采购工作不得力，预定不到相关的产品，就会失去很多客户，或者使已经成行的团队退订，造成更严重的经济损失。总之，旅行社的采购工作就是保证提供给旅游者所需要的各种旅游服务，这是旅行社业务经营中一个非常重要的环节。此外，中国旅游业发展历史较短，基础较为薄弱，因而旅行社在客流量短期内大幅提升的情况下，常常会出现旅游产品供不应求的紧张情况，因此确保按质按量地提供各种旅游服务的前提就是必须重视采购工作这个环节。

在降低成本方面，由于在旅行社的产品成本中直接成本占据绝大部分，旅行社降低成本的主要着眼点应放在决定直接成本高低的关键因素，即采购价格上面。目前中国旅行社行业的价格竞争日益激烈，以致企业利润呈不断下降趋势。在此情况下，如果某家旅行社的采购价格比别的旅行社低，就能争取到更多的客源；反之，则会失去很多客户。由此可见，降低采购价格对增加旅行社的营业额和营业利润具有越来越重要的意义。同时，旅行社所出售的产品特别是系列产品，其从报价到成交有时间差，少则数日，多则一年以上，因此如果在此期间某些旅游服务价格大幅上涨，就可能导致消费者的不满和客源的流失。但是如果旅行社自行消化上涨的价格，又会降低利润，甚至出现亏损。所以如何尽可能地保持旅行社产品成本的稳定，同样是采购工作的一项重要任务。

然而在现实中，两者又常常是矛盾的。因此，旅行社要根据不同的情况来灵活地对待和处理两者之间的关系。在供应紧张时，应侧重保证供应，调动所有的关系来全力以赴地保证供应；在供应充足时，应侧重降低成本，尽可能扩大利润空间。也就是说，当某种旅游服务出现供不应求时，谁能按质按量地获得各种预订，谁就能在市场上具有更强的竞争力，并以此获得更多的利润。这不仅能显示自己的运营实力，还能赢得潜在的客源市场。

（四）正确处理集中采购与分散采购的关系

按照商业惯例，集中采购可以降低成本。集中采购通常包括两方面：一是把旅行社各部门所接到的订单集中起来，统一地进行对外采购；二是把集中起来的订单按照相关内容，尽可能地集中在少数几家供应商那里进行采购，以通过最大的购买量来获取最优惠的价格。

然而，在供过于求的情况下，分散采购也可能更易于以较低价格获得旅游者所需的服务。究其原因，集中采购数量虽然很大，但其实际采购量很可能有所减少，也就是说，计划量中存在一定的退订率。因此，当卖方对买方计划的可靠性缺乏足够信心时，就不一定会将价格定得较低。而分散采购由于多是近期预订，在预定时通常已有确定的客源，这样采购的可靠性要远高于远期预订。所以卖方迫于供过于求的压力，通常也愿意以低价格出售其产品。

除此之外，对中小旅行社而言，可以在自愿的基础上结成采购联盟，其目的就是将原先较为分散的购买力集中起来，以体现出集中采购的优势。

（五）正确处理预订和退订、预订和增订之间的关系

旅行社的采购是一种契约式的交易方式，并且旅游产品的特点决定了它与其他产品的不同，即旅游者只有在购买了该种旅游产品，并到旅游目的地进行实地消费后，才能实现其价值与使用价值之间的转换。因此，旅行社通常会在年底参照往年的实际客流量和对第二年市场的预测，制定其计划采购量，与相关企业洽谈第二年的合作事宜。但在一般情况下，计划数额与实际需求之间总会存在一定的差距，这就要求旅行社具有良好的预测和应变能力，并能处理好预订和退订、预订和增订之间的关系，即在实际运作过程中，如果计划预定量大于实际需求量，就需要临时退订，产生退订费用；反之，当计划预订量小于实际需求量时，就需要临时增订，产生增订费用。

当然，由于买卖双方立场不同，对退订和增订的期限、数额和相应的费用，也有着截然相反的期望。通常买方旅行社希望退订的期限越晚越好，增订的限额越高越好，退订的费用越少越好，而卖方则正好相反，但通常退订期限越晚，退订费用就越高，最高可达到销售价格的100%。

因而，在正常的情况下，旅行社要对自己往年的客流量进行精确的统计，并对第二年的市场状况进行准确的预测。同时，在与相关行业签约时，还应充分考虑到各种特殊情况发生的可能性，以便拟定临时退订和增订的相关条款，尤其是对非常事件和不可抗力等原因造成退订的规定，更要详尽明确，合理地维护自己的权益，避免双方发生不必要的纠纷。因此，买卖双方如果都能以互惠互利、相互理解、相互支持为原则，着眼于长久的合作，是能够达成共识并共同解决好预订和退订、预订和增订之间的矛盾关系的。

当然，买卖双方协商的结果还不可避免地要受到市场供求状况的影响，通常供过于求的市场状况有利于旅行社获得更为优惠的交易条件。除此之外，双方协商的结果还取决于旅行社的采购信誉，如果在过去的几年当中，其采购量一直处于稳步增长的状态，并且其计划采购量与实际采购量之间的差距较小，那么卖方也愿意提供较为优惠的条件。当计划变更后，相关的采购工作的调整通常应遵循三条原则。

1. 变更最小原则

将因计划变更所涉及的范围控制在最小限度，尽可能对原计划不进行大的调整，也尽量不引起其他因素的相应变化。

2. 宾客至上原则

旅游计划是旅游活动的依据，旅行社一旦同旅游者达成约定后，尽量不随便更改协议，尤其是在旅游活动过程中。对于不可抗拒因素引起的行程变更，应在尽力保护游客利益的基础上做好相关的后续工作。

3. 同级变通原则

变更后的服务内容应与最初的安排在级别上力求一致，保证提供同档次的产品或服务。

第四节　旅游者的投诉管理

一、旅游者投诉的类型

服务营销学理论认为，投诉可分为显性投诉和隐性投诉两种形式。

1. 显性投诉

显性投诉是指旅游者为维护自身和他人的合法权益，以书面或口头等公开形式向有关旅游行政管理部门或旅行社提出投诉，请求处理行为。显性投诉具有直观，易于观察、获取和统计等特点，因此一般的服务质量评价指标采用的都是统计显性投诉的质量。但是显性投诉只能大体上对旅行社产品或服务质量的好坏做出初步的判断，仅仅靠显性投诉并不能完全反映出旅行社的服务质量，甚至会因此而遗漏一些关键性的细节，由此阻碍旅行社对于服务质量提高的迫切性，或者将旅行社在提高产品或服务质量的过程中引入一个错误的方向。

2. 隐性投诉

隐性投诉是指游客对旅游接待或有关服务不满时，不向旅游主管部门等提出投诉，而是以“用脚投票”的方式来表示不满，自己或影响他人不再购买旅游产品。隐性投诉又可以分为两种类型。一种是口头传播，即旅游者对此次的旅游有不满的情绪，采用沉默的态度，不再到此地旅游或告知亲朋好友等避免上当受骗。另一种是通过网络投诉，将自己对某个旅行社或某个旅游目的地的负面看法写在网络论坛里，借助网络进行传播，以发泄心中的不满情绪。网络投诉具有传播速度快、范围广、自由度高等特点，负面影响力非常大。

因此，旅行社应当充分考虑旅游者是否存在隐性投诉。我们可以通过本章拓展阅读中介绍的 SERVQUAL 模型和差距分析模型来发现旅游者的隐性投诉。

二、旅游者投诉的原因

在旅游服务过程中，产生旅游投诉的原因多种多样，一般可归纳为三点。

1. 旅行社接待人员的原因

这是由旅行社接待人员的服务缺陷所导致的投诉。如导游对游客不友好、不尊重、不热情、态度生硬或过于亲近某些游客；导游人员或旅行社其他人员工作失误，导致工作流程衔接不好，不能按时出发或到达，致使游客行程延误；由于工作不负责任造成游客财物丢失或游客人身伤害等。

2. 协作部门的原因

协作部门导致的投诉主要表现在住宿条件不理想，餐饮方面没有达到预期的标准，交通工具没有达到预订的车辆标准、没有按时发车或到达、中途拉客、甩客或某些收费不合理等。

3. 旅行社顾客自身的原因

由于旅游者私自离队或不遵守时间，造成行程延误；或者因旅游者本身的性格和习惯爱好不同，对旅行社的服务过分挑剔。

从旅游者投诉的心理分析，旅游者投诉的目的不外乎以下三种：求补偿、求尊重、求发泄。了解旅游者投诉的原因和心理，有助于旅行社有针对性地处理好旅游者的投诉。

三、对旅游投诉的处理

1. 高度重视

投诉无小事，旅行社应高度重视游客投诉，如果处理得当，不仅可以挽回损失，还可以借此给旅游者留下好的印象，促使旅游者再次购买本社的产品，从而变坏事为好事。

2. 仔细倾听

旅游投诉分书面投诉和口头投诉两种形式。旅行社管理者在接到旅游者的书面投诉时，应仔细阅读其来信，总结出投诉的要点。在接待提出口头投诉的旅游者时，管理者应耐心冷静地倾听投诉意见，并做好必要的记录，不要打断旅游者，也不要急于解释。

3. 尊重客人

在处理投诉时，旅行社管理者要注意维护顾客的自尊心，即使有不合理的要求和误解，也不要当面顶撞客人。

4. 调查了解

旅行社处理投诉的工作人员要及时调查了解，弄清旅游者投诉的问题和投诉的心理状态，并将重要投诉及时向上级主管人员报告。

5. 迅速答复

对于能解决的投诉问题，旅行社管理者应迅速给予投诉者答复，并及时解决相关问题，同时要向顾客说明调查情况、处理经过、改进方法，并代表旅行社向顾客表示感谢；对于当场无法答复的投诉问题，管理者应向客人明确解决的时间，不可拖延。

6. 记录在案

旅行社工作人员要将顾客的投诉内容及旅行社相应的处理办法等记录在案，以备核查。

7. 积极改进

顾客投诉的问题，一般都是旅行社管理相对薄弱的环节，旅行社应对投诉的问题和涉及的其他方面积极进行改进。

【拓展阅读】

SERVQUAL 模型与五差距分析模型

20 世纪 80 年代，帕拉休拉曼、赞瑟姆和贝利依据全面质量管理理论在服务行业中的应用，提出了一种新的服务质量评价体系，称之为 SERVQUAL 理论。其核心理论是“服务质量差距模型”，即服务质量取决于用户所感知的服务水平与用户所期望的服务水平之间的差异程度，用户的期望是开展优质服务的先决条件，提供优质服务的关键就是要超过用户的期望值。

SERVQUAL 模型衡量服务质量的五个层面，即有形设施、可靠性、响应性、保障性、情感投入，每一层面又被细分为若干个问题，并利用调查问卷，让用户对每个问题的期望值、实际感受值及最低可接受值进行评分。然后通过问卷调查、游客打分和综合计算得出服务质量的分数。

SERVQUAL 模型认为，服务质量是期望服务质量与感知服务质量相互作用的结果，当期望服务质量大于感知服务质量时，游客就会感到不满意；当期望服务质量等于感知服务质量时，游客就会感到满意；当期望服务质量小于感知服务质量时，游客就会感到惊喜，满意度上升（见图 7.1）。

分析 SERVQUAL 模型的五个层面的游客期望值与游客实际感受之间的不同，我们得到最重要的结论是：最关键的差异层面是对服务质量和传递给游客的服务相关任务的理解，这些差异成为向游客传递他们所希望的高质服务的主要障碍。在此研究基础上，帕拉休拉曼、赞瑟姆和贝利等人又提出了“差距理论”（gap theory），该模型是评价服务质量的基础方法之一。有关专家称其为评价服务质量的概念性模型，可以用来分析服务质量问题的起源。

首先，差距分析模型说明了服务质量是如何形成的，模型的上半部分包括了与游客有关的内容，下半部分展示了与服务提供者有关的内容。其期望的服务是游客过去的经历、个人的需求以及口碑传播共同作用的结果。当然，它还受到企业营销的影响。

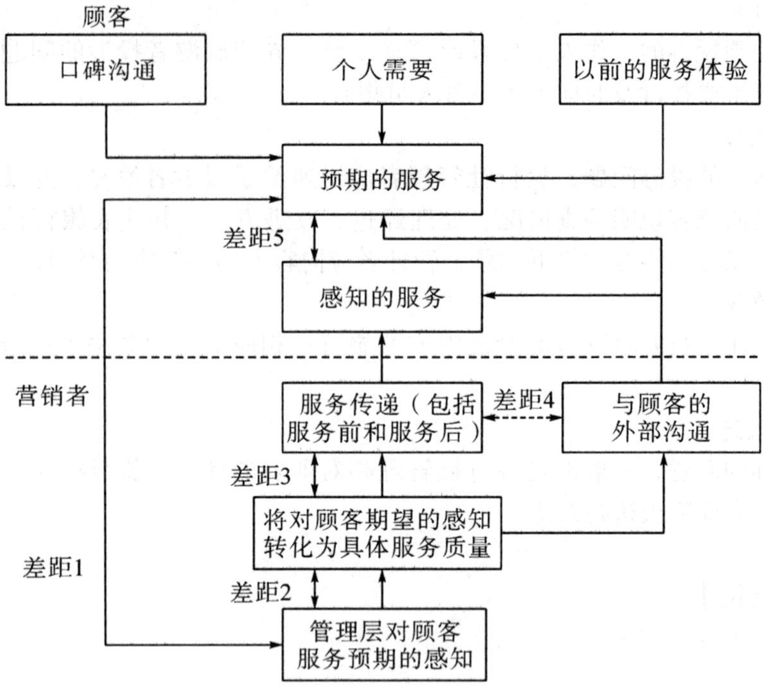

图 7.1　SERVQUAL 模型

其次，游客经历的服务在该模型中被称为“可感知的服务”，是服务提供者一系列内部决策和活动的产物。管理层对消费者期望的理解引导其制定服务质量说明，所谓服务质量说明，即当服务被传送时，服务组织所必须遵循的标准或原因。消费者所经历的服务传送和生产过程被称为“与过程相关的质量因素”，它包括技术质量。

最后，这个模型说明了当分析和计划服务质量时，我们需要考虑哪些步骤，以探明产生质量问题的可能根源，最重要的是，该模型显示出在设计和提供服务的过程中，不同阶段会产生五项差距，即所谓的“质量差距”。

①质量感知差距 G1：消费者期望——管理洞察差距。

②质量标准差距 G2：管理者洞察——服务质量规范差距。

③服务传递差距 G3：服务质量规范——服务提供差距。

④市场沟通差距 G4：服务的提供——外部沟通差距。

⑤感知服务质量差距 G5：期望的服务——感受的服务差距。

这些差距是由质量管理过程中的偏差造成的。当然，最终的差距，即游客所期望的服务与所经历的服务之间的差距，是服务过程中出现的其他差距共同作用的结果。游客对一种服务的评价是期望的服务与感受的服务之间差异大小和方向的函数。

G5 是游客对某一服务质量评价的决定因素，也就是感知的服务质量。它的大小是由前四个差距决定的，且 G5 的变化同其余四个差距的变化是同方向的。当前四个差距都增大时，G5 随之增大；相反，当前四个差距都缩小时，G5 也随之缩小。

【复习思考】

1. 旅行社服务质量的评价标准有哪些？

2. 旅行社服务质量管理的内容是什么？如何管理旅行社的服务质量？

3. 如何管理旅行社的产品质量？

4. 旅行社的采购内容是什么？如何确保采购的质量？

5. 旅行社在遇到旅游者投诉时该如何处理？

【参考文献】

[1] 张荣娟，叶晓颖. 旅行社经营与管理［M］. 北京：北京理工大学出版社，2017.

[2] 伍爱. 质量管理学［M］. 3 版. 广州：暨南大学出版社，2006.

[3] 梁智. 旅游投诉与旅游故事案例精选解析［M］. 北京：旅游教育出版社，2009.

[4] 郑锐洪. 服务营销：理论、方法与案例［M］. 北京：机械工业出版社，2019.

[5] 郭国庆. 服务营销［M］. 4 版. 北京：中国人民大学出版社，2017.

[6] 北京市旅行社服务质量监督管理所. 北京旅行社服务质量投诉案例评析［M］. 北京：旅游教育出版社，2013.

第八章 旅行社风险管理

【案例导入】

巴黎当地时间2019年4月15日下午6：30（北京时间16日00：30），法国首都巴黎圣母院大教堂发生重大火灾，浓烟弥漫整个巴黎上空。虽然巴黎圣母院主体结构被“拯救”，但顶部塔尖倒塌，左塔上半部被烧毁，世界著名的玫瑰花窗也被摧毁。

携程旅游网景点门票数据显示，巴黎圣母院是法国排名前三的国人最爱景点。2019年4月，通过携程旅游平台报名跟团游、自由行、定制游等产品前往法国的游客人数同比上升约50%。最受游客欢迎的前三大法国旅游城市依次为巴黎、尼斯和里昂。2019年4月，前往法国旅游的中国前十大客源地为上海、重庆、昆明、北京、济南、西安、成都、武汉、贵阳和广州。从驴妈妈旅游网平台来看，巴黎圣母院、卢浮宫、埃菲尔铁塔等，近年来一直是中国游客赴法国旅游的经典打卡地，尤其是对于初次到法国旅游的客人来说。

北京青年报记者从携程旅行网、众信旅游网、去哪儿网、中青旅遨游网、驴妈妈旅游网等多家旅行社了解到，旅行社正在紧急调整巴黎旅游线路，涉及巴黎圣母院的行程将暂时用其他景点替代，他们主要采取了如下的应急措施：

1. 部分旅游订单可无损取消

携程旅游第一时间启动应急机制，排查当地的团队、自由行游客。据携程巴黎领队反馈，火灾事发当天下午，携程私家团的一批游客安全离开圣母院，成为最后得以参观巴黎圣母院的幸运儿。针对预订巴黎圣母院的自由行游客，携程全球玩乐平台在第一时间联系了参加巴黎一日游的客人，主动告知了情况，并无损取消了订单。

2. 部分线路紧急调整行程

目前巴黎圣母院已经紧急闭园，关于团队游览的行程调整，携程自营欧洲负责人邹雨表示，目前自营跟团游所有涉及巴黎圣母院的线路，都将原来参观圣母院的行程改为参观同样有百年历史的圣心大教堂，这里以视角广阔、景色如画而著称。由于圣心教堂在蒙马特高地，游客爬山前往比较辛苦，携程特意安排了上山缆车。同时，为弥补游客不能参观巴黎圣母院的遗憾，携程团队中包含了塞纳河游船项目，游客在船上可以远观巴黎圣母院。

巴黎圣母院发生火灾后，驴妈妈旅游网第一时间启动预案，经排查，驴妈妈旅游网平台在巴黎的游客已被确认安全。因巴黎圣母院近期一直处于整修和维护中，所以正常行程安排中均未把其列入参观景点。

3. 或将影响未来巴黎旅游行程

中青旅遨游网首席品牌官徐晓磊表示，巴黎圣母院是法国乃至全世界的旅游地标，赴法国旅游行程一般都会安排游览，也有自由行游客专门购票登上塔楼，俯瞰巴黎美景，此次大火是一次重大损失。

众信旅游相关负责人表示，巴黎圣母院是与卢浮宫、埃菲尔铁塔、香榭丽舍大道齐名的旅游圣地，基本上所有的法国团队都会到访。此次大火或将对未来一段时间内慕名到巴黎圣母院的法国游客造成影响。

目前，携程全球玩乐平台的景区页面，已全面接入了景区信息，除了能够就紧急信息提醒游客，还能够显示日常的开园和闭园时间。驴妈妈旅游网在常规线路外，也增加了当地游、自营线路等丰富供给，颇受市场欢迎。驴妈妈旅游网将密切关注巴黎圣母院维修、重建状况，后续视情况许可增加相关线路，以满足国人需求。

虽然巴黎圣母院的火灾令人惋惜，但好在没有人员伤亡，我国旅行社的海外部门更是非常及时地进行了处理，不仅保证了游客的人身安全，而且还及时调整了旅游线路，让游客能够尽可能地减少因不可抗力带来的损失。从此可以看出，目前国内的旅行社，尤其是一些OTA企业，其海外部门的应急措施做得比较好，足以让国内游客在出境游的过程中安心游玩。这次巴黎圣母院的火灾虽说对旅行社而言是一个极大的考验，但在另一方面也让旅行社通过实际行动展现出了自己的应急事件处理能力，这在一定程度上可以加强国内游客未来出境游的信心。

思考：如何评价携程旅游的危机处理？

【任务要求】

1. 了解旅行社风险的概念和特征。
2. 熟悉旅行社风险的类型。
3. 掌握规避旅行社风险的方法。
4. 认识旅行社风险管理的重要性。

第一节　旅行社风险管理概述

一、旅行社风险管理的概念

风险是经营主体在经营过程中发生某种不利事件或损失的各种可能情况的总和。风险管理是指经营主体对威胁其收益的实际损失与潜在损失所进行的识别、测定和控制的活动。

旅行社是沟通旅游者与旅游企业的桥梁，其将食、住、行、游、购、娱等旅游要素组合成一个完整的旅游产品向旅游者销售。旅行社为旅游者提供宣传、咨询、销售旅游产品等直接服务，也为旅游者代订旅游要素的产品服务，代办签证、保险等中介、委托服务。旅行社产品不仅受自身因素的影响，也会受到旅游要素企业及行业经营环境的影响，因而随着旅游业的飞速发展，旅行社面临巨额亏损的机会相应增加，这导致事故损益的范围不断扩大。旅行社风险总是存在于经营与管理活动中，并与旅行社的经济与非经济损益相联系。因此，旅行社风险的内涵可归纳为：旅行社风险的存在是客观的，是与一定的时空条件相联系的；其大小是可以估测或度量的，也是可以防范的；旅行社风险的发生将会影响旅行社的利益，甚至导致旅行社的消亡。本章主要介绍旅行社在经营与管理过程中损失发生的不确定性。旅行社风险管理是指旅行社通过风险识别、风险估测、风险评价等方式，优化组合各种风险管理技术，对风险进行有效控制，并妥善处理风险所致损失的后果，期望达到以最小的成本获得最大安全保障的目标的管理过程。

二、旅行社风险管理的特征

1. 对象的广泛化

旅行社风险管理的对象涉及旅行社面临的所有风险，即各种自然灾害的风险、员工失业与待业风险、企业财务风险、市场风险、谈判风险、广告风险、员工冲突行为与组织风险等。

2. 实施的专业化

旅行社应该设立专门的风险管理部门和风险管理人员，以执行风险管理之职。风险管理部门和人员除了负责购买各种保险之外，还应该负责企业的财务风险分析、计划漏洞风险分析及投资风险评价。

3. 参与的全员化

除了专门负责管理风险的部门和人员外，旅行社的其他部门和人员也应积极参与风险管理。面对日益复杂的发展环境，旅行社必须将专业化与全员化结合起来，树立风险意识，才能减少风险带来的负面影响。

三、旅行社经营风险的类型

企业在经营过程中遇到的难以预料、不可确定的损失就是企业经营中的风险。企业需要进行风险管理以减少损失。

旅行社在经营管理的过程中会遇到很多风险，既包括一般企业会遇到的风险，又包括由于旅游活动的特殊性而产生的一些特有的风险。

1. 财务风险

旅行社饭店、景点等旅游供应商之间，旅行社与旅游者之间，接待社与组团社之间都存在着较为复杂的债权债务关系。很多旅行社应收账款数额相当大，存在很多无法收回的坏账。海外拖欠款、国内三角债都是困扰旅行社的大问题。大量应收账款无法按时顺利回收而构成财务隐患，这就使旅行社的财务风险问题相对突出。

2. 市场风险

旅行社在对市场进行调查研究的基础上开发产品，然后在市场中宣传促销，把产品推向市场。产品开发是否对路，旅行社希望通过销售产品来实现企业利润的目的能否实现，这些都要依靠市场来决定。市场的不确定性是旅行社面临的主要问题。

旅游者的心理是非常复杂的，有时会受政治、经济、社会等各方面的影响，因此旅行社很难控制旅游消费趋势的变化；而旅行社的很多产品易于被模仿，一旦竞争对手掌握了相关信息，就会使市场状况发生很多变化。这些都会影响旅行社对市场的预测，从而有可能导致旅行社在产品开发和促销方面的投入损失。

3. 人身财产风险

与一般的企业相同，旅行社也拥有交通工具、房产和其他经营设施等许多财产，而这些财产都有可能因某种原因遭受损失，从而构成旅行社可能面临的财产风险。

同时，旅游活动具有较大的时间、空间跨度，伴随着大规模、大范围的人员流动，在旅游活动中，旅行社会遇到各种问题。由于社会治安状况以及旅行社工作人员或旅游者的自身失误，旅游者的人身财产安全可能会受到威胁；由于工作人员尤其是一线员工需要外出带团，旅行社员工也有发生人身财产损失的可能性。这些风险构成了旅行社经营过程中的人身财产风险。

4. 责任风险

在旅游者购买旅游产品时，旅游者与旅行社之间会签订合同，规定双方的权利和义务，其中对旅行社接待活动的细节也会有详细规定，如住宿设施的等级、交通工具、用餐标准和景点等。而在旅游过程中，由于旅游活动的综合性与复杂性，旅行社对旅游者的履约情况在很大程度上取决于旅游供应商对旅行社的合同履行情况。同时，旅游活动中随时有可能出现的一些突发状况也会使旅行社的合同履行产生风险。一旦旅行社不能实现对旅游者的承诺，没有很好地履行合同，不论责任在旅行社还是在旅游供应商，旅行社都需要对旅游者进行赔偿或先行赔付。旅行社的责任风险也是旅行社经营中经常面临的一项主要风险。

《旅行社条例》对旅行社及其工作人员违背旅游合同的行为也作了规定。根据该条例第五十九条，有下列情形之一的，对旅行社，由旅游行政管理部门或工商行政管理部门责令改正，处10万元以上50万元以下的罚款；对导游人员、领队人员，由旅游行政管理部门责令改正，处1万元以上5万元以下的罚款；情节严重的，吊销旅行社业务经营许可证、导游证或领队证：拒不履行旅游合同约定的义务的；因非不可抗力改变旅游合同安排行程的；欺骗、胁迫旅游者购物或参加需要另行付费的游览项目的。该条例第61条规定，旅行社违反旅游合同约定，造成旅游者合法权益受到损害，不采取必要的补救措施的，由旅游行政管理部门或工商行政管理部门责令改正，处1万元以上5万元以下的罚款；情节严重的，由旅游行政管理部门吊销旅行社业务经营许可证。

旅游业本身具有相对敏感性，旅行社业务涉及面广、综合性强，因此，旅游业是高风险的行业，旅行社必须把加强风险防范列入管理议事日程，认真对待，并采取一切措施把风险可能造成的损失降到最低。

5. 不可抗力

不可抗力是指不能预见、不能避免、不能克服的客观情况，包括地震、洪灾等自然现象以及战争、政治骚乱和罢工等社会现象。由于不可抗力使旅行社未能完成合同约定的义务的，可以部分或全部免除责任，但迟延履行义务发生不可抗力的，不能免除责任。此外，旅行社还应及时通知对方，并应在合理的时间内取得有关证明。

第二节 旅行社风险管理的步骤和方法

合理有效规避风险是旅行社需要常抓不懈的工作，为了合理地进行风险管理，旅行社需要按照科学的程序采取相关措施。

一、旅行社风险管理的步骤

（一）进行风险识别

风险识别是指根据对企业性质、经营方式、经营过程以及经营环境的分析，找出风险并加以判断、归类和鉴定风险性质的过程。

1. 旅行社风险识别的界定

风险识别是旅行社经营风险管理的重要内容。风险是旅行社经营活动中可能发生的某种损失，因此旅行社经营风险识别应从以下四个方面入手。

（1）损失的对象。损失的对象是旅行社经营风险识别界定的首要内容，它主要解决旅行社风险是什么的问题。一般来讲，旅行社损失的对象主要有财产损失、净收入损失和承担法律责任损失三种情况。

①旅行社财产损失，包括有形财产损失和无形财产损失两大类。有形财产是由动产与不动产两部分组成的；无形财产是指旅行社信息、版权、专利权、许可证权、租赁权等由所有者独占的财产。旅行社的有形财产会因物质损坏或不正当使用而给旅行社带来损失；无形财产则会因非法使用而使旅行社遭受损失。

②旅行社净收入损失是指旅行社销售收入减少或销售费用增加或两者同时发生变化而形成的损失。在旅行社经营活动中，销售收入的减少是造成旅行社净收入损失的主要因素，其最常见的原因是意外事故造成旅行社的经营中断，或者因不能如期收回应收账款使旅行社收入减少。如果旅行社的经营成本不变，收入减少，那么就意味着净收入减少。当意外事故发生后，旅行社或许倒闭，或许减少部分经营，但无论哪种情况出现，都会增加旅行社的经营费用，造成净收入的损失。

③承担法律责任损失是指在旅行社经营过程中，由于意外事故的发生须承担各项法律责任而形成的损失，主要有刑事责任损失和民事责任损失两种形式。刑事责任损失是指因违反国家刑法的犯罪行为所负的责任损失；民事责任损失是指旅行社无正当理由而不履行合同或各项民事义务，对他人造成损害而形成的经济赔偿损失。

（2）损失的原因。损失的原因是旅行社经营风险识别界定的第二项内容，它主要解决旅行社为什么产生风险的问题。一般来讲，造成旅行社损失的原因主要有自然原因、人为原因和经济原因三种情况。

（3）损失的数量。损失的数量是旅行社经营风险识别界定的第三项内容，它主要解决风险的程度问题。损失数量是旅行社识别风险损失严重程度的重要因素。如果某种事故给经营活动带来一定的负面影响，旅行社就要估算这种风险损失的大小，以便采取相应的对策。

（4）损失的单位。损失的单位是旅行社经营风险识别界定的第四项内容，它主要解决谁受损失的问题。因旅行社存在某种风险，故承受损失的可能是个人，也可能是部门和企业。

2. 旅行社风险识别的方法

识别旅行社经营风险的方法主要有以下两种。

（1）风险调查分析法。风险调查分析法是旅行社通过现场观察和请教专家获得各种信息，以识别经营风险的一种方法。

（2）财务报表分析法。财务报表分析法是旅行社通过对资产负债表、损益表和现金流量表的研究与分析，以识别经营风险的一种方法。

（二）风险预测和评价

旅行社的风险预测是指通过对行业与旅行社以往的损失估计、投诉以及赔偿情况的资料进行详细分析，并运用概率论与数理统计的方法来估计和预测风险发生的可能性和损失程度。风险评价则是指对旅行社风险的预期损失程度和控制效果，以及对处理风险可能发生的成本费用的大小进行衡量，从而决定旅行社应对哪些风险进行处理以及处理的程度。

对旅行社经营风险的评价，应从质和量两个方面进行。这是因为风险有两个基本要素：一是旅行社经营风险的负面性评价，二是旅行社经营风险的可能性评价。负面性评价，涉及的是经营风险质的问题；而可能性评价，涉及的是经营风险量的问题，可以用数学方法加以评价。

1. 旅行社经营风险的负面性评价

旅行社经营范围不同，其风险的负面性也是不同的。风险负面性的多元化是由旅行社经营活动的多样性所决定的。负面性的特征、范围及时间，是评价旅行社经营风险的三个主要因素。

（1）风险负面性的特征。这是指旅行社经营活动中的不利事件或经营损失的性质特点。它从本质上说明了负面性是什么类型的损失。例如，旅行社经营活动中可能面临收入的损失、市场占有率的损失、企业市场形象的损失、企业信誉的损失等。由于旅行社产生的损失各不相同，风险负面性的特点也是不同的。

（2）风险负面性的范围。这是指旅行社经营活动中的不利事件或经营损失发生的程度及其分布情况。旅行社经营风险负面性的程度按收入、市场和声誉等经营损失的大小，可以分成轻微、中等和严重三个等级，其中每个等级还可以进一步划分为不同的级别。经营管理者从而可以对旅行社经营风险负面性发生的程度进行评价。同时，旅行社还要分析负面性分布的状态，即旅行社经营活动不利事件发生的范围，其涉及旅行社经营领域、经营部门和市场范围。

（3）风险负面性的时间。这是指旅行社经营活动中的不利事件或经营损失发生的时间类型及时间幅度。从经营损失发生的时间类型来分析，有即时发生、间断发生和很少发生三种类型；从经营损失发生的时间幅度来分析，相同的损失会有不同的时间幅度。有的旅行社一次经营活动所造成的损失，会与另一家旅行社一年发生的经营损失相同。

在旅行社经营活动中，要评价和比较不同经营风险的负面性，就必须测量这些负面性的性质、范围及时间，以此确定风险负面性对旅行社经营活动的破坏程度。但是在对旅行社经营风险负面性的测量过程中，由于负面性是对旅行社经营风险质的反映，不是对风险量的反映，我们难以测量各种经营风险负面性的大小。虽然旅行社经营风险的负面性缺乏客观的评价标准，但是人们可以从主观上对各种经营风险的负面性进行评价。对负面性的主观评价，是人们对旅行社一种经营风险的负面性与另一种经营风险的负面性进行比较。这种通过比较确定的负面性的大小与数量，并不是经营风险的现实数量，而是人们的主观判断或决定所产生的结果。负面性评价的主体可以是个人，也可以是集体。在评价过程中，个人与团体之间会产生较大的差异。因此，旅行社应对各种结论的合理性与科学性进行评价，这种评价可以通过统计方法和民主过程进行。

2. 旅行社经营风险的可能性评价

旅行社经营风险的可能性评价，实质上是从风险量的关系上来研究风险发生的概率问题。

（1）风险概率评估法。旅行社风险发生的概率是指在旅行社经营过程中，某种对经营不利的事件可能发生的机会。一般来说，旅行社经营风险概率分析的依据主要有三个，即统计数据、理论分析和主观估计。旅行社对风险发生的概率、概率值与概率分布进行分析确定是十分必要的。

概率值在0~1之间变动，数值越高，某种经营风险发生的可能性就越大，相反就越小。旅行社如果将所有可能产生经营损失的时间或结果都列举出来，并确定其发生的概率值，便可以得知概率分布情况。

（2）期望值分析法。用期望值分析法来评估旅行社经营风险。首先，应根据各种信息资料确定不同方案的自然状态（市场状态或经营状态）、发生的概率以及损益值（经营收益或经营成本），列出比较分析表；其次，根据比较分析表计算各种方案的期望值；最后，根据风险控制目标，比较各个方案经营风险的大小，选取较优的经营方案。

（3）敏感性分析法。在敏感性分析法中，首先，确定敏感性分析的评价指标，确定将什么因素作为敏感性分析的主要不确定因素；其次，将选定的不确定因素按一定幅度变化（如10%或20%），计算出相应的评价指标变动结果，并将各种评价结果进行排列，得出对旅行社经营风险情况的大致估计。

（三）风险控制与处理

旅行社合理评估风险之后，就可以控制和处理风险了。可以说，这是旅行社风险管理的最终目的，旅行社的一系列风险管理措施，都要靠控制与管理来实现。对于不同类型的风险，控制与处理的方法也不相同。

1. 财务风险

旅行社财务是指旅行社经营中所发生的资金流动及其相关的经济关系。旅行社应力求使企业资金的收支在数量和时间上保持动态平衡，在财务管理中寻找最优的资金解决方案，防患于未然。

为降低旅行社的财务风险，旅行社要经常分析财务报表，及时发现问题；制定有效的信用制度；坚持“先付款，后接待”，减少应收账款数额；提取合理的坏账准备金；准备适度的流动资金，防止财务危机；采用合理的定价及催款制度，有效规避外汇风险。

2. 市场风险

市场风险比较难以控制，旅行社可以通过以下方法来分散或降低风险：在市场开发时进行科学的可行性分析；采用产品多样化和市场多样化的方法来分散风险；新产品在投入市场前可以在目标市场中进行试产试销；保守商业机密，尽量增加产品特色，降低产品的可模仿性；打造产品品牌或旅行社品牌，培养一批忠诚度高的顾客群体，提升企业的市场美誉度和知名度，以企业的核心竞争力应对市场环境等。

3. 人身财产风险

旅行社的财产风险可以通过投保和财产监察加以转移或控制；控制雇员和旅游者人身财产风险的基本方法是为其制订有效的保险计划。

4. 责任风险

旅行社的责任风险也是旅行社应该着力降低的一种经营风险。为减少旅游活动中出现问题的概率，旅行社首先要对员工，尤其是导游人员开展相关培训，强化其遵照合同约定以及按国家和行业标准提供服务的意识，提高他们处理突发事件的能力与技巧；其次，旅行社要慎重选择合作伙伴，建立信誉登记制度，健全与旅游供应商之间的合同化管理，在因供应商的原因而发生损失时，可以行使追索权，追究供应商的连带责任；最后，在与旅游者签订合同时，尽量争取比较大的缓冲余地，对于不确定性强的事项适当降低承诺。针对旅游过程中可能出现的人身、财产损失以及旅行社责任风险，旅游社可以向保险公司购买相关保险。

5. 不可抗力的风险

由于不可抗力是旅行社无法控制的风险，旅行社只能通过制订适宜的保险计划和预警机制加以防范，以将损失降至最低。

二、旅行社风险管理的方法

（一）树立风险意识

在旅游业比较发达的国家，旅行社一般都会设立专人或专业机构来分析、控制旅行社经营中可能出现的风险。在我国，风险管理的重要性目前尚未引起足够重视，多数旅行社中没有设置专门负责风险管理的部门，人员配置上也没有设置风险经理和风险顾问等专业职位。同时，由旅行社自身原因造成的接待事故、财务风险等高风险事件频频发生，这也暴露了旅行社不够重视风险管理的现状。

我国旅行社存在这种现象的原因是比较复杂的。

（1）与西方发达国家相比，我国的旅行社发展存在差距。我国旅行社行业发展历史较短，行业制度发展不健全，经营管理水平不高；管理者与服务者仍或多或少地存在着保守、片面的思想观念；行业内相互合作、制约的经济与法律关系尚未完全建立，很多时候还存在着人情交易等不合乎市场经济规律的现象。可以说，我国旅行社行业仍处在发展的初级阶段，在这种行业背景下，旅行社管理者在风险管理上存在某些局限就是必然的了。

（2）以前很多旅行社是行政机关的附属物，而不是独立的经济实体，这就使得旅行社的利益、责任很难明确。我国长期以来对旅行社行业进行资格管制，使得原有的国际旅行社几乎都是全民所有制性质，且多为行政机关的附属物，旅行社在性质上并不是完全自主经营、自负盈亏的企业。旅行社的某些经营风险事实上大多是由上级机关承担的，这在客观上造成了旅行社对风险管理漠不关心。随着改革开放的深入，旅行社的所有制结构日益多样化，全民所有制企业经过企业制度改革也真正转变为企业化运作的独立经济法人。旅行社必须要自担风险，这样才会使其管理者日益重视风险管理的重要性。

（3）我国保险业等社会服务行业发展滞后。保险业发展的相对滞后使我国旅行社的风险管理缺少一个成熟行业的支持，很多风险管理思想也就难以得到贯彻。

（4）旅游者的消费观念不够成熟。旅行社不重视风险管理的其中一个原因是我国旅游者不够成熟，缺乏相关知识来保护自己的合法权益。很多旅游者即使遇到问题也只是抱着“多一事不如少事”的态度，不愿采用法律武器维护自己的权益。这种思想为侵犯旅游者权益的行为提供了滋生的土壤，也是旅行社忽视某些责任风险的又一原因。随着国内旅游活动的普及与旅游者权益意识的觉醒，越来越多的旅游者在权益受到侵害后会主动采取措施维护自身权益，这也迫使旅行社重视服务质量，以减少或避免责任风险的发生。

（5）我国旅行社行业的相关法律法规制度还不够健全，管理力度较弱。在很长一段时间里，我国旅行社行业管理法律法规不够健全，使得行政管理部门对旅行社缺乏足够的约束手段，导致旅游过程中发生的某些风险事故无法得到及时处理，责任人也有可能逃脱应有的惩罚。随着相关法律法规的健全，政府管理的力度将不断加大。

综上所述，我国旅行社风险管理的意识淡薄是由多方面的原因造成的。随着时代的进步和环境的改变，旅行社风险管理的必要性与可能性都大大增强，旅行社必须转变观念，树立风险意识。

（二）建立风险管理组织

在一些旅游业比较发达的国家，较大规模的旅游经营商一般都设立了专门的机构来开展风险管理工作，如风险事故委员会等。这些机构的工作内容涉及旅行社的风险预测、预防、控制和风险事故的处理等。有一些旅行社还专门聘请了风险经理或风险顾问，还有一些国家设立了专门组织来处理旅游意外事故，如日本的“紧急事故委员会”。

处理旅游意外事件需要专业的知识与技巧，同时，很多问题的解决也有赖于旅行社内部各部门的配合。设立风险管理组织可以使该组织既具备相关知识、掌握处理方法，还可以让旅行社在第一时间迅速作出反应，并召集相关部门解决问题。而如果在问题发生后，负责人层层上报情况，由总经理作出决策后再指定某一部门负责协调和解决，则往往会浪费宝贵的时间。

因此，有条件的旅行社都应该设立专门机构或人员来负责风险管理事宜，协调各部门开展工作。旅行社管理者要赋予风险管理部门在处理问题时协调各部门工作的权力，这样才能够统筹解决问题。

（三）分散经营风险

旅行社是高风险行业，因此必须在经营中尽量降低和分散风险，通常可以采用几种方法。

1. 约束供应商

旅行社的很多责任风险是由旅游供应商的失误造成的。针对这种情况，旅行社在与旅游供应商签订合同时可专门订立保证条款，一旦发生问题，就可以对供应商的过失进行责任追索，以降低责任风险。

2. 多元化经营

旅游业具有季节性、敏感性等特点，而旅行社可以通过投资其他行业或地区，分散经营风险，提高抗风险能力。很多时候，在其他产业中的发展也可以为旅行社带来客源，并在一定程度上缓解市场风险所带来的经济压力。

旅行社经营的多元化主要分为股权多元化、产品多元化和地域多元化。

（1）股权多元化。股权多元化是指一个企业的股权分散化，由多人以多种方式持有。一个所有权过于集中的企业处于产业繁荣期时，可能会享有更多的资产收益，但进入产业衰退期后则非常有可能陷入经营困难的境地，而股权多元化能够给企业带来相对稳定的风险承担能力。

（2）产品多元化。目前，我国旅行社的观光旅游产品和全包价旅游产品约占全部产品的 81%，这种产品结构既不利于旅行社参与市场竞争，也不利于旅行社分散经营风险。旅行社需要开发出多样化的旅游产品，实现产品的多元化。

（3）地域多元化。从经营模式上来说，在全国范围内建立一个网络体系，形成地域多元化的经营模式也是分散风险的有效方法。

3. 集团化经营

集团化经营是增加企业经营稳定性、降低风险与波动的有效途径。通过集团化经营、横向一体化、纵向一体化、跨行业联营等策略，企业可以将经营风险化整为零，增加旅行社抗风险能力。同时，集团化使一部分旅行社的外部风险内部化，这有利于对部分财务风险、市场风险和责任风险进行控制与管理。

我国旅行社行业可以通过建立和发展外向型企业集团，以兼并、收购和连锁经营等多种形式使原来分散的单个企业向企业集团集结，使分散的对外经营向集团化的外向经营、规模经营转化，从而避免企业的恶性竞争。

（四）积极参加保险

保险公司等外部化组织可以为旅行社提供专业服务，旅行社应该充分利用这些市场化的、成熟的服务，减少意外损失。国内的很多旅行社为控制成本而不愿主动为旅游者投保，这种现象在国内旅游业中尤为突出。

针对旅游活动中责任风险较多的问题，原国家旅游局为逐步建立合理、完善的旅游保险体系，于 2001 年 5 月 15 日颁布了《旅行社投保旅行社责任保险规定》（以下简称“规定”）。根据这一规定，自 2001 年 9 月 1 日起，旅行社从事旅游业务经营活动，必须投保旅行社责任保险。旅行社根据保险合同的约定，向保险公司支付保险费，保险公司对旅行社在从事旅游业务经营活动中，致使旅游者人身、财产遭受损害应由旅行社承担的责任，承担赔偿保险金责任的行为。

该规定只对保险金额的最低标准进行了规定，各旅行社可以根据以往经验、组织接待量、自身管理水平和抗风险能力等决定投保数额。意外事故发生后，旅行社可以依据有关规定，按照程序向保险公司索赔，保险公司将按照双方的合同，对合同约定范围内的责任进行赔偿。我国于2009年颁布的《旅行社条例》规定，旅行社应当投保旅行社责任险。旅行社责任险理顺了保险各方的法律关系，有效地保障了旅游者与旅行社双方的合法权益，降低了旅行社的经营风险。

（五）培育企业与产品品牌

相对于一般企业而言，旅行社更需要也更适合实施品牌策略。首先，旅行社产品是一种服务，具有无形性，其生产与消费具有同步性，旅游者通常是“先预订，后消费”，无法在消费之前考察旅行社产品的质量、效用等方面。因此，旅行社企业就需要利用品牌，在旅游者心中树立起良好的信誉，将旅游者购买产品转化为购买信任。其次，相对于其他行业而言，旅行社员工具有高流动性，业务操作长期以来也形成了“看人办事”的惯例，因此一个员工的跳槽有可能给企业带来巨大损失。如果进行品牌塑造，旅行社就可以依靠自身信誉建立稳固的客户关系，提高旅游者忠诚度，进而避免旅行社企业行为的个人化。最后，相较于有形产品品牌，知名旅游品牌带来的经济效益更为可观。旅行社如果科学地建立了产品或企业品牌，其他旅行社就很难仿造，从而保证了该旅行社的高额利润和竞争优势。

（六）进行危机预案管理

旅行社危机预案管理的目的就是通过建立一套有效的危机预案以及应对机制来帮助旅行社顺利度过危机。在危机管理过程中，预案、信息、人和沟通被称为危机预案管理的四大要素。其中，预案是危机管理机制的基础，没有危机预案，危机管理就无从谈起。

旅行社应在其年度预算中设立危机基金，以备在危机出现时启用。旅行社很多经营方面的危机可以从财务上得到反映，所以应从财务管理的角度出发建立一种预警系统，动态、系统地预测危机。另外，由于多数危机都会造成旅行社盈利的减少，这就要求旅行社在危机出现后加强财务管理，通过财务手段辅助旅行社度过危机。

危机公关和企业形象管理是旅行社危机预案管理的又一重要内容。危机公关和企业形象管理的作用都是维护旅行社的企业形象。在这一过程中，旅行社要学会与媒体打交道，并且要善于利用媒体建立自身良好的社会形象。在危机发生后，旅行社应该统一舆论，避免因说法不一而造成企业的内部混乱和公众的不信任。最好由公关人员作为企业的独家发言人，通过媒体率先坦率地公开危机的影响以及旅行社对危机的处理等。危机发生后，不管责任在谁，旅行社都必须要把握住事发后的“黄金24小时”，及时、主动地与媒体沟通，抢在其他人之前公开报道危机事件。沟通在整个过程中都起着重要的作用，员工、媒体以及顾客之间都需要保持畅通的沟通渠道。

危机过后，一方面，旅行社还需要对原有市场进行恢复，对原有产品和业务进行调整，依靠强大的营销攻势去争取市场；另一方面，旅行社应该对危机事件进行系统认真的总结，完善危机预案系统。应该说，危机预案是一个开放的系统，旅行社的管理人员应该努力将每次危机对旅行社造成的损失降至最小，最好能使危机成为企业成长的转机。

【拓展阅读】

风险的由来

远古时期，以捕捞为生的渔民在长期的捕捞实践中深深地体会到“风”能够给他们带来平安与满载而归，同时也能带来无法预测的和无法确定的危险。出海捕捞，“风”即意味着“险”，因此有了“风险”一词。在早期的运用中，“风险”也被意为客观的危险，体现在自然现象或航海遇到礁石、风暴等事件。现代意义上的“风险”越来越被概念化，理解为“遇到破坏或损失的机会或危险”，并随着人类活动的复杂性和深刻性而逐步深化，被赋予了哲学、经济学、社会学、统计学甚至文化艺术领域的更深层次的含义，且与人类的决策和行为后果联系越来越紧密，“风险”一词也成为人们生活中出现频率很高的词汇。

【复习思考】

1. 旅行社风险的含义是什么？
2. 旅行社风险管理的特征有哪些？
3. 旅行社风险管理的类型有哪些？
4. 旅行社风险管理的步骤有哪些？

【参考文献】

[1] 杨宏伟，孔繁嵩. 旅行社经营与管理［M］. 广州：广东旅游出版社，2013.

[2] 叶娅丽，王瑷琳. 旅行社经营与管理［M］. 北京：北京理工大学出版社，2010.

[3] 李兴荣. 旅行社经营与管理［M］. 成都：西南财经大学出版社，2009.

[4] 陈锋仪，王莉霞，库瑞，等. 旅行社经营与管理案例分析［M］. 天津：南开大学出版社，2004.

第九章 在线电商发展与经营

【案例导入】

"鼠标+水泥"的携程旅行网

携程旅行网是中国领先的在线旅行服务公司，创立于1999年，总部设在中国上海。旅游者通过携程旅行网，只需要轻轻点击鼠标就可以在网上预订酒店和机票。目前，携程旅行网拥有的国内外五千余家会员酒店可供预订，是中国领先的酒店预订服务中心，其每月酒店预订量达到五十余万间。在机票预订方面，携程旅行网是中国领先的机票预订服务平台，覆盖国内外所有航线，并在四十五个大中城市提供免费送机票服务，其每月出票量四十余万张。作为中国领先的在线旅行服务公司，携程旅行网成功整合了高科技产业与传统旅行业，被誉为互联网和传统旅游无缝结合的典范。

"携程模式"就是中介模式，其主要的服务是帮助客人查询和预订酒店客房、机票。用户只要办理一张携程卡就可以享受团购价格。携程旅行网一方面发展庞大的会员体系抢占客户资源，另一方面借助庞大的用户群向酒店、航空公司等要求折扣，赚取佣金，反过来吸引更多的用户群，形成一个良性循环。携程旅行网会在各种有效的渠道免费派发给目标受众携程会员卡和会员手册，介绍公司的优势产品以及使用方法等，吸引其加入公司的会员，并适时促成销售。

出于企业发展阶段的战略考量，携程旅行网与旅游企业长久以来的合作较为顺利，双方借力颇多。但当前上游企业降低成本的努力与携程旅行网的"高投入、高收费、高利润"的做法产生矛盾。尽管携程旅行网依旧牢牢占据行业头把交椅，但其也面临着成本与盈利上的困境。

【任务要求】

1. 掌握旅游电子商务的概念和现状。
2. 了解并熟悉旅游电子商务的特征、功能及分类。

3. 熟悉并掌握旅行社电子商务的概念。
4. 了解旅行社电子商务的发展历程。
5. 熟悉并掌握旅行社电子商务的运营模式。
6. 理解并掌握旅行社电子商务的不同营销模式。

第一节 旅游电子商务概述

一、旅游电子商务的概念

旅游电子商务是指以网络为主体，以旅游信息库、电子化商务银行为基础，利用最先进的电子手段运作旅游业及其分销系统的商务体系。它集合了客户心理学、消费者心理学、商户心理学、计算机网络等多门学科，展现和提升了“网络”和“旅游”的价值，具有营运成本低、用户范围广、无时空限制以及能同用户直接交流等特点，提供了更加个性化、人性化的服务。

二、旅游电子商务的现状

近几年，我国一些主要的旅游电子商务企业在互联网、移动互联网及大数据日益得到重视的情况下，经历了快速的试探性营销模式和经营模式的发展，网络和大数据的出现打破了企业与消费者供需两端的信息不对称，电子商务企业的竞争重心转为对消费者需求的把握。中国的旅游电子商务企业很多，拥有自己的官方网站的旅游电商就有几千家，并且旅游电商中包括不同的经营模式类型、不同的产品类型。例如，有普通的旅游产品预订企业、搜索比价平台、地图导航等企业类型。经历市场的大浪淘沙后，中国旅游电子商务企业目前出现了携程旅行网、去哪儿网、艺龙旅行网、途牛旅游网（简称途牛网）四大巨头。各大旅游电商在经历了“口水战”“技术战”“价格战”几轮角逐后，正在以更加激烈的方式进入竞争市场。当前，我国旅游电子商务的现状主要分为四个方面。

1. 吸引消费者——价格战

旅游电商雨后春笋般出现，众多旅游电商为抢占市场份额、吸引消费者，纷纷打出价格战，如秒杀、团购、特价、限时促销等。旅游电商的繁多，再加上互联网用户可在短时间内成为某旅游电商的消费者的特性，以及各路电商抢占市场、争夺消费者的欲望，使得价格战越演越烈。对于产品的价格打压、佣金返还、低于市场价出售等，反而成了旅游电商的常态。打好价格战须有经济财政的支持，猛烈的价格战造成的结果就是旅游电商的“入不敷出”或负盈利。携程旅行网和去哪儿网从成立之初至2015年第一季度，都处于亏损状态；已经上市的途牛旅游网和艺龙旅行网也处于亏损状态；同程旅游网并未发布其具体的运营数据，但据称其目前保持盈亏平衡。发展了十余年的旅游电子商务企业依旧处在烧钱和负盈利的困境中，接受持续不断的高额补贴和投入。2015年上半年，携程旅行网、去哪儿网和途牛旅游网先后公布了巨额融资方案，规模相对较小的同程旅游网、驴妈妈旅游网等获得了来自国内外的投资。

2. 投资新渠道——资本整合

价格战吸引了大量的旅游消费者，但如果产品和服务做不好也是很难留住消费者或客户的。在经历了2014年的跑马圈似的吸引消费者之后，同程旅游网、途牛旅游网这样的后来者必须通过服务和品牌增加用户黏性，同时，多数旅游电商产品同质化也激励着旅游电商在旅游产品上进一步创新和改善。因此，进入2015年的旅游电子商务企业不再只是进行单纯的价格战，而是在此基础上更加关注如何提升服务和品牌，其中资本的整合就是主要战略之一。如2013年去哪儿网、2014年途牛旅游网在纳斯达克上市等，上市能给旅游电商的融资带来一定的优势条件；携程旅游网继2014年连续投资和追投了同程旅游网、途牛旅游网后，2015年又将艺龙收入麾下，随后2015年10月26日，携程旅游网与去哪儿网合并，合并后携程旅游网将拥有去哪儿网的45%的股份；2015年京东入股途牛，成为其第一大股东。旅游电商之间的并购、收购不仅是企业规模的整合，而在一定程度上对于旅游电商之间的价格战也有缓解作用。同时，对于众多旅游电商的现状改善也有很大帮助，未来很可能在旅游电商巨头间再次出现并购。

3. 品牌和服务——产业升级

一方面，“互联网+旅游”能够存储庞大的数据，而通过数据的分析能够帮助旅游电子商务企业更好地抓住旅游消费者的需求，更加有针对性地服务于用户。另一方面，用户可以通过“互联网+旅游”的方式更好地满足自己的个性化需求。因此，“互联网+”的提出对于旅游电商来说，再一次扩大了其营销范围及产业的发展范围。不论是价格战还是资本整合，都是营销战略的一种，而“互联网+”则推动了在互联网大数据条件下的产业升级。到了每年的暑期，旅游行业进入旺季，同程网络科技股份有限公司（简称同程旅游）的“快乐童年”活动也正式拉开了暑期促销大幕，但相比往年不断释放价格优势的策略，同程旅游从2015年开始重视服务和品牌。同程旅游将明星代言人请到现场，并与《爸爸去哪儿》第二季现场签约，通过代言人和电视节目塑造品牌；同时，同程旅游面向全国招募“首席吐槽师”，旨在建立以用户口碑为核心的服务闭环的重要一节，让用户来告诉企业哪些做得不够好，哪些地方还需要改进，以用户体验为指针，检查同程旅游的产品和服务。用户不仅可对产品的预订流程、界面、交互效果进行吐槽，还可以对线路编排、价格合理程度、客服服务热忱度进行评价，更能对同程旅游目前没有的产品或服务给出自己最具想象力的点子。这是一个由价格战向服务转变的案例。价格战的目的只是抢占市场、抢占用户，但在互联网时代，决胜的关键并不在于能够抢占市场，而在于用户黏性度和顾客忠诚度。要达到维系顾客的目的，对企业来说最重要的就是做好服务，打响品牌，将自己的品牌与高质量挂钩。

4. 红海变蓝海——移动终端

当前旅游市场的消费主体正在向“90后”“00后”转移，由于从小受到互联网消费环境的影响，这部分群体倾向于利用互联网去搜寻相关旅游信息。因此，越来越多的旅游消费者从线下平台转移到线上交易，一些互联网巨头及众多门户网站已纷纷加入旅游电商这片红海，并试图从中寻得自身发展的蓝海，如百度投资携程网、万达投资同程旅游网、独立出来的阿里旅行等。另外，移动端的发展也是目前中国旅游电商竞争的重中之重。

移动端对中国旅游电商市场整体交易规模的贡献率逐渐提高，已逐渐超越个人计算机（personal computer，简称 PC）端成为更重要的预订渠道。与 PC 端相比，移动端旅游 App 以简洁实用和方便为主，更符合现代都市的快节奏生活，为旅游电商开拓了一片新蓝海。传统的四大巨头也在加速向移动端转型。携程网 2013 年年初启动“拇指+水泥”战略（意为互联网计算机与传统旅游业的结合），将资源向无线领域倾斜，开启移动端在线旅行社的转变之路。在线旅游是线上、线下结合最紧密的行业，移动互联网在为其带来了巨大发展机会的同时，也隐藏着不可预知的风险。如何让用户在便捷顺畅地完成线上操作后，获得满意的线下服务，是在线旅游企业必须要做的思考题，这也是通向“蓝海”的必经之路。

三、旅游电子商务的特征

1. 时空无界性

电子商务在旅游业的应用使得旅游业发展突破了时间和空间的限制，实现了时空无界性。不同于传统的实体企业坐店经营模式，旅游电子商务企业能够利用网络 24 小时进行订单的处理、及时更新旅游产品的信息、进行网络营销、接受客户投诉与建议等。对于消费者来说，旅游电子商务也突破了空间距离的束缚，消费者可以足不出户就了解到距离较远的旅游目的地信息，从而更好地规划旅游行程，购买适合的旅游产品。

2. 聚合性

不同于单一的景点、航空公司、饭店等传统旅游企业，很多旅游电子商务企业本身并不生产旅游产品，而是通过网络平台把供应商所提供的旅游产品进行整合。它们按照旅游活动中的各个环节，把机票、景点门票、饭店等进行重组或单独出售，满足消费者的旅游需求。

3. 交互性

旅游产品的生产和消费具有同一性。消费者在购买旅游产品之前，由于信息不对称、自身认知受限等原因，不能很好地识别旅游产品是否符合自己的需求。随着旅游电子商务的发展，平台上能提供较为充足的及时信息，多媒体的发展更能给消费者带来视觉、听觉等全方位的体验，使消费者对旅游产品有较为直观深入的了解，不但满足现时消费者的需求，还能培养潜在的消费群体。网络消费者乐于在论坛等平台分享自己的旅游经验，对消费过的旅游产品进行评价，从而影响潜在消费者对旅游产品的判断。

4. 高效性

电子商务的优点之一是使得交易变得更有效率。传统旅游业交易涉及众多分散的环节，消费者要在不同的企业订购机票、门票、住宿等，而在旅游电子商务中，消费者可以更有效率地完成全部交易。消费者通过旅游电子商务获取旅游信息也是更有效率的。旅游电子商务的发展提高了旅游业的运营效率，给旅游业发展带来了活力。

5. 优惠性

旅游电子商务与传统的硬件商务操作模式不同，宣传促销、中间商倒卖等因素会使得经营成本难以降低，为了保证利益，旅游产品的最终销售价格很难下调。而旅游电子商务平台可以直接把信息传递给旅游者，绕过一些花费较高的中间环节，极大地降低了各种经营成本。于是，商家可以根据自身的实际情况和市场的需求变动，推出各种优惠的旅游产品供旅游者选择。

6. 个性化

不同的商家可以设置并拥有自己独具特色的网络交易平台，或突出地方文化特色，或侧重当地品质景点，抑或根据旅游者的喜好打造时尚潮流，使得旅游电子商务平台展现出鲜明的个性化。

四、旅游电子商务的功能

1. 发布旅游信息

随着网络的普及，旅游者越来越多地通过网络搜寻并了解自己需要的旅游信息，而旅游电子商务最基本的功能是经营者可以通过网络平台发布自己的旅游产品信息，这在很大程度上扩大了产品信息的覆盖范围，加之人们消费观念的变化，传统的报纸、电视、宣传册等传播信息的渠道已经黯然失色。另外，经营者还可以在产品信息中附加旅游者的评价记录、产品质量和信誉保证等有利于产品促销的相关信息，更能体现商家的经营品质。

2. 电子数据交换

旅游电子商务其实是一个庞大的电子数据交换系统，与实体商店不同，其从生产到销售的各个环节都需要实现数据化，并通过网络渠道进行数据的信息化流通转换。这样一来，经营者与经营者之间、经营者与消费者之间便可通过网络，频繁地进行电子数据交换，最终使各个客户终端都能获取自己需要的数据信息，并根据交换数据处理各种经营业务。

3. 网上订购

网上订购是电子商务的重要功能之一，这创造了新的产品销售平台与方法，其不仅可以极大地为客户提供方便，而且在一定程度上还更有利于促成交易的实现，对于买卖双方都有好处。为了确保收到确实可靠的订购信息，商家需要专门的数据管理系统，对客户的订购数据进行确认和管理，并负责保证信息数据的安全性。

4. 电子账户与网上支付

电子商务开拓出了新的网上市场流通渠道，通过数据终端处理，经营者可以与每一位客户建立起专门的数据交换通道。这一通道需要买卖双方提供身份辨认、密码等必需的条件数据，使得网上支付功能得以实现。

5. 意见征询与咨询洽谈

旅游经营者还可以开设专门的端口，进行客户意见征询和旅游咨询洽谈，例如通过在线一对一交流或论坛社区交流等多种方式，广泛征询旅游者的意见和建议，这不仅可以帮助企业改进产品质量、了解市场需求，还可以树立企业的诚信形象。

6. 交易管理

借助电子信息技术，经营管理者可以有效地进行资金、账目等交易管理。通过网络平台进行交易管理，不仅可以提高管理的效率，还可以获得更加真实的信息。例如，经营者可以通过后台操作，记录产品信息的网上点击量，从而了解市场需求状况、网络建设情况以及产品的吸引程度等，为经营交易决策提供可靠的市场信息。

五、旅游电子商务的分类

关于电子商务的分类方式有很多种，例如按交易对象划分，电子商务可以分为有形商品电子商务、数字商品电子商务和服务商品电子商务；按交易方式划分，电子商务可以分为间接电子商务和直接电子商务。业界比较广泛使用的分类标准是按照交易对象主体分类，把电子商务分为企业间电子商务（Business-to-Business，简称 B2B）、企业对消费者电子商务（Business-to-Customer，简称 B2C）、消费者间电子商务（Customer-to-Customer，简称 C2C）、消费者到企业的电子商务（Customer-to-Business，简称 C2B），即根据电子商务的分类方式，可以将旅游电子商务分为 B2B、B2C、C2C、C2B 等四类模式。

1. B2B 旅游电子商务

这种模式是旅游企业之间进行交易的模式。旅游业涉及多个产业，只有保证各个产业之间协调配合，旅游业才能健康稳定发展。消费者旅游需求扩大，旅游市场竞争日趋激烈，旅游企业之间必须通过加强沟通与合作，才能获得共同发展。旅游电子商务企业和传统的旅行社、旅游景区、航空公司等通过互联网进行信息互换、网上谈判、商品交易等活动就属于 B2B 旅游电子商务，如星级饭店的床位、折扣信息等可以实时反映在旅游电子商务企业的数据库中。

在旅游电子商务中，B2B 交易形式主要包括以下四种情况：①旅游企业之间的产品代理，如旅行社代订机票与饭店客房，旅游代理商代售旅游批发商组织的旅游线路产品；②组团社之间相互拼团，也就是当两家或多家组团旅行社经营同一条旅游线路，并且出团时间相近，而每家旅行社只拉到为数较少的客人，这时，旅行社征得游客同意后可将客源合并，交给其中一家旅行社操作，以实现规模运作降低成本；③旅游地接社批量订购当地旅游饭店客房、景区门票；④客源地组团社与目的地地接社之间的委托、支付关系等。B2B 模式减少了交易的成本，加强了企业间信息沟通，提高了企业间交易的效率，有利于产业的发展。

2. B2C 旅游电子商务

B2C 旅游电子商务企业交易的双方分别是旅游者和旅游企业。B2C 旅游电子商务可以看作是在线旅游产品零售业务。借助于电子商务平台，旅游企业展示可提供各类旅游产品，主要包括机票、饭店、旅游路线、景区门票等，其类似传统交易中的柜台。有旅游需求的消费者可以在旅游电子商务平台上根据实际情况挑选购买旅游产品，在线完成交易。

对旅游业这样一个旅客高度地域分散的行业来说，旅游 B2C 电子商务方便旅游者远程搜寻、预订旅游产品，克服距离带来的信息不对称问题。B2C 模式的旅游电子商务系统使旅游者足不出户就能获得网站为不同旅游者提供的种种服务。通过旅游电子商务网站订房、订票，是当今世界应用最为广泛的电子商务形式之一。另外，旅游 B2C 电子商务还包括旅游企业对旅游者拍卖旅游产品，由旅游电子商务网站提供中介服务等。

3. C2C 旅游电子商务

C2C 交易的双方为旅游消费者。借助于电子商务平台，有着相同旅游需求的旅游者可以自行组团，共同商定出行时间、旅游路线、出行方式、住宿条件、花费等，共同商议出一个满意的旅行方案并实施。随着个性化时代的到来，C2C 旅游电子商务越来越被年轻人所接受，“驴友”结伴出行成为新的旅游方式。

4. C2B 旅游电子商务

C2B 模式与 B2C 模式交易双方相同，但交易方向相反。在 C2B 模式下，旅游消费者提出自己的需求并向企业公布，旅游企业根据消费者需求提供产品和报价，双方达成共识后自愿交易。这种模式能更好地满足旅游者的个性化需求，增加旅游消费者与旅游企业议价能力。

六、旅游电子商务的发展历程

旅游电子商务是旅游业发展到一定阶段后的产物，更好地适应了社会发展的浪潮。旅游电子商务企业的出现让整个旅游行业发生了翻天覆地的变化。尤其是对传统旅游行业来讲，旅游电子商务产品的优势和便利性迅速吸引并抢占了很大一批旅游消费者。又基于互联网的大浪潮，一些传统旅游行业纷纷通过转型和收购的方式进行经营模式及产业的改革。我国国家旅游局于 2002 年启动的“金旅工程”，就有很重要的一部分是关于旅游电子商务的发展，旅游电子商务逐渐成为网络时代中国进行国内外宣传、促销和服务的重要方式。本书将旅游电子商务的发展历程分为旅游电子商务的出现、旅游电子商务的发展及旅游电子商务的进一步发展三个阶段进行梳理介绍，其中将旅游电子商务的发展阶段分为两部分介绍，即快速发展阶段和变革阶段。

1. 旅游电子商务的出现——起步阶段

旅游电子商务的概念始于 20 世纪 90 年代，最初由瑞佛·卡兰克塔（Ravi Kalakota）提出。作为信息时代旅游交易的新模式，旅游电子商务对传统旅游业产生了很大的影响。国内旅游电子商务企业起步较晚，最早出现的旅游网站是国旅于 1996 年参与投资创办的华夏旅游网，之后出现了一系列的旅游预订网站，其主要形式是进行旅游预订，主要功能是作为预订的参考。1996—2000 年是中国旅游电子商务的起步阶段。虽然电子商务运用于旅游业仅有数年的时间，但是其发展势头十分强劲。1999 年，在全球互联网大发展的浪潮下，携程旅行网和中青旅在线等中国第一批旅游网站开始出现。进入 2000 年后，单纯线上的在线旅游企业意识到自身发展的瓶颈，开始通过一系列收购行为实现业务向线下的拓展。其中，携程旅行网完成对国内当时最大的订房中心——现代运通订房网络的整体收购，艺龙旅行网收购酒店预订电子商务网站，在线旅游服务商通过资本收购与传统的分销商逐步融合。旅游电子商务的核心是信息的匹配与产品自由选择，而电子商务恰恰满足了这一点，旅游电子商务从一出现就有着很大的机会优势，但也有着很大的竞争对象，毕竟刚刚兴起的旅游业还没有从传统旅行社的惯性中全身而退。

2. 旅游电子商务的发展——快速发展阶段

2001—2010 年是国内旅游电商市场快速发展阶段，其旅游业务从单纯的机票、酒店预订服务逐渐转向多元化和差异化的服务，行业垂直产业链初步形成，各种旅游垂直媒介开始出现。起步阶段的旅游电子商务经历了炒作式的发展之后回归冷静，开始思考并尝试新的营销策略。2001 年之后，我国旅游电子商务经过整合调整，吸取国外发达国家较为成熟的旅游电子商务发展经验，改进经营策略，至此，我国电子商务旅游企业进入了发展成熟阶段。雨后春笋般的旅游电子商务企业已初具规模，几个代表性企业通过企业间的并购收购，使得一些规模较小的旅游电子商务企业得以在竞争大浪潮中幸存。此外，2003 年携程旅行网在纳斯达克上市，这不仅开创了旅游企业海外上市的先河，而且带动了旅游电子商务海外上市的浪潮，如 2004 年艺龙旅游网赴美上市，2007 年游易旅行网在伦敦证券交易所上市等。

3. 旅游电子商务的进一步发展——变革阶段

2010 年至今是我国旅游电子商务发展的第三个阶段，消费升级带来旅游形态升级，原有的 OTA 运营模式受到挑战，传统细分市场竞争日益激烈，企业相继探索新的发展路径，以期开拓新的增长空间。互联网旅游企业在延续传统的机票、酒店、咨询等业务的同时，应运而生的微博营销、团购业务、微信营销等热点越来越受到各企业的垂青与信赖。移动互联网催生行业变局，地图和攻略成为 App 入口抢夺的胜负手。互联网三巨头 BAT（百度集团、阿里巴巴、腾讯）凭借资本优势频频跑马圈地，几大战略阵营初步成型，行业进入“战国时代”。而以众信旅游、中青旅和中国国旅为代表的传统旅行社则通过自建门户的方式积极触网，加速了线上线下的纵向融合。从产品类型来看，标准化产品的线上普及较快。在线旅游市场的核心是信息匹配效率的提升。为适应渠道线上化的需求转变，线下企业开始触网，产业融合趋势明显。随着在线旅游市场规模日益庞大，线上成为不可忽视的渠道。但对于线上服务商而言，服务的线下落地及对于上游资源的掌控力始终是痛点所在。于是，线下企业通过和线上运营商的合作来获得流量，线上企业则通过线下企业来获取上游资源，产业纵向融合趋势明显。

第二节　旅行社电子商务运营模式

旅行社电子商务是旅游电子商务中的一个小分支，以下所描述的旅游电子商务均指旅行社电子商务。旅行社电子商务是指旅行社运用电子手段对生产服务过程中的市场调查、产品开发、采购、信息发布、成品销售、接待与客户关系、财务等进行电子化管理，并运用电子商务理论来指导旅行社经营管理的过程。在旅行社电子商务中，运用电子商务理论来指导旅行社经营管理与采用电子化手段来完善旅行社各环节操作是同等重要、缺一不可的。

前文中已经讲过，国内现有的旅游电子商务企业数量和种类都很多，且一些电商在成立之初的业务核心会随着企业的发展慢慢发生转移，一些企业的业务在经营过程中不断增加和丰富，另有一些企业在创立初期以某一项产品的提供为主营业务，但在后期的发展过程中转变为提供一站式旅游产品代理服务，这在旅游电子商务中是很常见的。关于旅游电子商务的分类目前没有一个统一的标准，本书在介绍旅游电子商务的时候，根据本书的研究特点，对电商的经营模式、营销特点及主要核心业务进行种类的划分，其主要分为 OTA（在线旅游代理商）、垂直搜索平台和 O2O（线上线下配合）、旅游社交网站四类。本节将简单介绍此类旅游电子商务的经营特点，如盈利模式、产品特征等，然后介绍主要代表性企业，加以案例分析，让读者深入理解此类旅游电子商务的特点。

一、OTA

OTA 是 Online Travel Agent 的缩写，指在线旅游代理商，目前国内的 OTA 通常都是直接在网上经营旅游业务、进行营销活动、销售旅游产品。国内发展比较完善的 OTA 以携程旅行网、艺龙旅行网、途牛旅游网为代表。它们提供一站式服务，包括酒店、机票、自由行、度假产品等旅游相关产品。国内专业类型的 OTA 旅游电子商务也有很多，如主要制作旅游独家产品的优生优游网，专门做酒店业务的住哪儿网等。另外，OTA 中还有部分属于用户生成内容板块的旅游电子商务，其盈利模式是靠广告，经营特点及吸引消费者是靠旅游游记和攻略等，如马蜂窝旅游网（简称马蜂窝）、猫途鹰旅游网、驴妈妈旅游网、穷游网、面包旅行网、我趣旅行网等，携程旅行网也在这方面努力完善，增加了攻略游记的内容，还有名为“携程攻略”的 App。本节以介绍驴妈妈旅游网的模式，向读者阐述 OTA。

驴妈妈旅游网创立于2008 年，企业理念是“诚信、激情、创新、多赢”，宣传口号是“自助游天下，就找驴妈妈”。其总部设在上海，并在宁波、苏州、无锡设立门店，驴妈妈旅游网是中国第一家以景区分销和精确营销为主的旅游电子商务网站。成立之初，驴妈妈旅游网就以自助游服务商定位于市场，经过数年发展，形成了以打折门票、自由行、度假酒店为核心，同时兼顾跟团游的巴士自由行、长线游、出境游、旅游团购等业务，为游客出行提供一站式旅游服务，最终打造成为以“自助游”为核心特色的综合型旅游网站。

（一）盈利模式

当各大旅游景点都争先在“旅”上做功课时，驴妈妈旅游网却定位在“游”，单单一个字眼的变化，却改变了传统旅游市场的游戏规则。以前跟团游的人数占旅游市场的 80%，自助游的人数仅占旅游市场的 20%。随着旅游市场的转变，现在刚好来个大反转，自助游的人数占旅游市场的 80%，跟团游仅占旅游市场的 20%。运营上，其他旅游景区提供的是标准化服务，收的是标准化服务费用，像机票、酒店等标准化的服务，用户的可选性较小，被动式消费无法满足游客的需求。驴妈妈旅游网改变了这种被旅游、被消费、被住宿、被购物的观念，变被动为主动服务游客，用门票+高铁、门票+住宿、门票+机票、门票+巴士等产品组合的营销方式，满足客户需求。

驴妈妈旅游网的盈利模式主要体现在以下三个方面。

（1）景区门票分销佣金收入。驴妈妈旅游网为散客提供了便利，通过与上游旅游产品供应商的战略合作，驴妈妈旅游网可以获得景区四到八折的折扣，然后以六到九折的折扣出售给客户，从中提取一定的佣金。通过电子商务平台向自助游旅客出售打折门票，不仅使游客感觉到实惠，而且也成为驴妈妈旅游网与途牛旅游网等众多旅游类网站最大的区别。

此外，驴妈妈旅游网的这种营销模式，还引导了自助游客实现景区内更多价值消费，实现景区内各类娱乐项目、住宿、餐饮等一揽子消费，打造出多元化的盈利点组合。这样，景区可以有效利用散客客源，合理分配淡旺季客流。而在当今的散客时代，景区与驴妈妈旅游网的这种深层次的战略合作，使得驴妈妈旅游网相对于其他网站更有竞争力。

（2）广告费。驴妈妈旅游网的第二种盈利模式，是实现从“中介型网站”向“服务型网站”的转型。驴妈妈旅游网凭借其多样化的产品及服务渠道为客户提供个性化的营销方案：提供横幅、按钮、文字链、视窗、对联和宽屏、电子邮件营销等多种形式的网站广告；在旅游巴士车上进行广告宣传；旅游类客户可选择功能型频道或者进行活动推广策划；品牌类客户可选择多样的创意包装组合，即以栏目冠名、旅游产品冠名、活动设计或者结合景点、度假产品主题进行广告宣传。驴妈妈旅游网的这种精准营销推广，不仅推销了自己，同时也获取了一部分广告费。

（3）会员费及其他费用。景区在成为驴妈妈旅游网会员后，每年只需付一定数额的会员费，驴妈妈旅游网就会为其提供系列电子商务支持服务，辅助景区做精准营销推广。景区的后台系统交由其自行管理，驴妈妈旅游网只需要输送客源，这时收取会员费就成为其主要收入。驴妈妈旅游网现在采用了 Hishop 公司的易分销系统，利用第三方的资源进行分销，像保险公司也会找到驴妈妈旅游网等以第三方的身份为游客外出提供保险等。此外，公司实施了“预付费”形式，又一次让游客体验到新鲜。目前，国内大部分旅游公司实行“后付费”的形式，一般都是游客到了酒店门口或景区门口排队付费；驴妈妈旅游网实施的是国际运作方式，即“先付费再旅游”的模式，从而为游客节省了排队和等待的时间，然后再与签约的旅游景点（产品提供商）进行月结等后续的操作。

（二）核心能力

驴妈妈旅游网不仅仅是一个旅游产品的网购平台，还是目前国内最丰富的旅游目的地地理信息提供平台和国内人气最旺的旅游社区，是国内最好的自由行产品设计和自助游服务平台及景区整合营销平台。驴妈妈旅游网站之所以做得这么成功，主要表现在以下三个方面。

（1）多板块的互动。多板块的互动，已成为驴妈妈旅游网的核心竞争力之一。多板块的良性互动，促使驴妈妈旅游网具有竞争优势。驴妈妈旅游网属于景域集团，公司还有奇创和《携程自由行》杂志，整个景域集团的业务模式是不可复制的。三个板块相互支持、互通互融互动。奇创是景域集团首先创立的一家旅游景观设计有限公司，长期致力于景区规划和景区咨询，同时在驴妈妈旅游网创立之初，帮助其顺利获得各景区的门票让利；《携程自由行》是定期出版的旅游杂志，介绍各种最新旅游资讯，驴妈妈旅游网专注于景区电子商务，在景区和游客间搭建沟通的桥梁。此外，驴妈妈旅游网将最具竞争力的景区门票同特色酒店进行组合，使其成为吸引自助游客最大的亮点。

（2）“专注”和“专业”。驴妈妈旅游网尽管网站的业务越做越大，但始终还是围绕“专注”和“专业”这两个主题。专注是指其所有服务都只面向自助游散客；专业是指其业务团队里都是在旅游行业奋斗了多年的经验丰富的从业者。

（3）资源整合能力。驴妈妈旅游网成功地开创了一种全新的在线旅游模式，全力一站解决自助游散客人群的门票、住宿及其他消费问题。它目前的商务模式并非是简单地提供一个帮助景区售票的平台，其运作是基于诸多专业的管理系统，如客户关系管理系统、实时信息对接系统、订购与支付系统等，这是驴妈妈旅游网在发展过程中不断完善的结晶。

二、垂直搜索平台

旅游电子商务中的垂直搜索平台是指企业提供各种商品的搜索平台，供旅游消费者进行产品信息的比对和筛选，根据个人需要对不同提供商的产品或服务的选择。其又称搜索引擎类旅游电子商务。旅游电子商务的盈利模式是靠流量和成交额收取佣金或返利，其主要盈利靠流量。国内搜索比价类的电子商务企业有一淘网，搜索比价类的旅游电子商务有去哪儿网、酷讯网、阿里旅行·去啊、乐途旅游网、欣欣旅游等。国外有卡雅（Kayak）等。本书将通过介绍去哪儿网来阐述垂直搜索平台。

主张“自由、自主、自在”旅游方式，秉承“聪明你的旅行”品牌理念的去哪儿网，是全球最大的中文在线旅行平台和中国首创的旅游搜索引擎，它于2005年5月成立，总部设于北京。去哪儿网通过网站及移动客户端为旅游消费者提供机票、签证、酒店，以及独家自营、团购等深度搜索。在中立、智能、全面的比较平台上，消费者可根据自身需要找到个人认为性价比最好的产品或服务。

（一）盈利模式

（1）主营业务。一个成功的商业模式必须是盈利的，除了要有独特的价值定位、满足客户需求的产品、合理的资源系统，还要能够获得价值。去哪儿网把客户价值最大化作为服务的第一宗旨，那么盈利自然就成了其经营的必然结果。其收入来源主要有机票预计业务、酒店预订业务和广告业务。

总体来看，目前去哪儿网的业务结构面临很大的市场竞争，特别是与在线旅游巨头携程旅行网的竞争。两者业务结构非常相似。此处重点讲述去哪儿网的广告业务。

广告是去哪儿网公司的主要收入来源，目前在各产品与服务页面上提供的广告包括四点。

①首页广告，包括旗帜广告、文字广告，适用于品牌宣传或促销。图片广告按显示次数收费，文字广告按点击收费。

②机票搜索结果页面广告，包括旗帜广告、文字广告、图片广告三种形式。机票报价网站推广，可以提供实时价格信息的机票预订网站，按点击收费。

③酒店页面广告，包括旗帜广告和文字广告，适合酒店相关品牌宣传或促销推广。图片广告按显示次数收费，文字广告按点击收费。

④酒店搜索结果页广告，包括旗帜广告、文字广告、图片广告三种形式。首推酒店广告，其有针对性，是订单转换率较高的图片广告。

（2）其他收入来源。

①竞价排名服务。去哪儿网在搜索结果中提供排名服务，按照用户点击率收费。

②企业客户。为航空公司、酒店、签证服务代理机构、旅游景点、度假村等提供广告服务。

③去哪儿网开拓了新的收费方式——酒店预订电话费。当消费者搜索到“酒店直通车”业务的酒店页面时，可以通过去哪儿网站的400电话与酒店联系和预订。去哪儿网向酒店收取消费者与加盟酒店通话所产生的电话费用，按每分钟2元的标准收取，这样比其他旅游网站收取佣金的模式更为划算。如某酒店直通车获得107个用户电话，实际入住76个房间，按每间房260元计算，共获得收入19 760元。如果按照15%的佣

金来算，该酒店需向传统分销商支付 2 964 元费用，但 107 个电话费仅收 428 元，为酒店节省了很多成本。所以此项业务不仅能让中小规模的酒店从中获益，更能成为去哪儿网的重要收入来源。

（二）核心能力

去哪儿网作为业内知名度极高的在线旅游品牌，拥有着不可复制的能力，主要表现为三个方面。

（1）资源。去哪儿网可实时搜索超过 700 家机票和酒店代理商网站，搜索范围覆盖全球范围内超过 15 万家酒店、1.5 万条航线、12 万条度假线路、2.5 万个旅游景点、8 000 万份游记攻略，并且每日提供逾 1 500 种旅游团购产品。用户可以从中选择出最适合自己的旅游攻略。

（2）竞争力。①超大规模实时数据搜索技术和强大的数据库。去哪儿网实现了三到五秒的时间从数百个数据源获得大量数据，处理并展现给消费者最新的在线旅游产品数据，能够同时提供数十万服务查询并保证服务的速度和效果。②全面的功能。去哪儿网为用户提供旅游的全程服务，方便旅客旅行。去哪儿网开发了移动客户端，以满足广大用户的需求。③准确的自身定位。去哪儿网原总裁庄辰超表示："去哪儿网站的定位就是为用户提供最完善的信息比较，不仅在技术上做到最先进、最专业，也要在服务上不断提高网站的核心竞争力。"④金牌服务体系。去哪儿网对所有代理商都做了 CATA 认证（中国航空运输协会 CATA 证书，俗称"航空铜牌"），以保障消费者不会受到欺诈。去哪儿网开发了机票动态用户跟踪系统，并且提供一系列的工具，让消费者能够在这个过程中间保障自己的消费权益。同时，去哪儿网有点评平台，点评范围覆盖了大部分的酒店，有助于让用户更好地选择酒店。

（3）竞争优势。①最低价吸引消费者。通过实时搜索技术，互联网上所有跟旅游有关的产品，包括机票、酒店、景点等，用户都能在去哪儿网上搜索出最低的价格，还可以进行产品的自由组合。②采用直销模式，减去中间环节。游客可直接与供应商交流，让游客彻底享受"直销一体式"电子商务新服务。③提供有价值的参考信息。诸如提供产品预订的网站是否能参与某项积分、是否支持信用卡延期支付、每一个航班的误点率等信息，或者是某个航班在最近一个季度或月份的价格走势表等。④客户忠诚度高。垂直搜索引擎定位于一个行业，服务于一群特定需求的人群。用户转换搜索引擎的转换成本非常低，几乎为零，但垂直搜索引擎却可以提高用户的转换成本，提高用户忠诚度。

三、O2O

与其他行业相比，旅游电商的线上线下结合更为紧密，是 O2O 最为典型的商业模式。受到新兴旅游电商的冲击，传统旅游行业也通过网络走发展改革之路，将自己的旅游业务通过网络达成线上线下的经营模式。此外，也有旅行社开始投资在线旅游企业，实行资源共享，例如中青旅网、国旅网等。康辉旅游网是国内第一家出境旅游网站（介绍出境旅游报名参团、办理护照、签证、边防、海关等知识）；遨游网是中青旅旗下的专业度假网站，以中青旅品牌为依托和保证；芒果旅行网（简称芒果网）是中国港中旅集团旗下的专业从事在线旅游服务的子品牌；2015 年 7 月 3 日，万达文化集团战略投资同程旅游，这是万达首次投资旅游网络公司，万达旅游产业形成线上平台、线下渠道和大型旅游目的地三位一体的格局，打造全球唯一的旅游产业 O2O 模式。

本书将通过介绍同程旅游的经营状况来阐述旅游产业的 O2O 模式。

同程旅游是中国领先的休闲旅游在线服务商，创立于 2004 年，总部设在中国苏州。同程旅游旗下运营同程旅游网和同程旅游手机客户端。同程旅游从周边游到出境游都处于高速发展中，尤其在中国景点门票预订市场处于绝对领先位置。同程旅游的高速成长和创新的商业模式赢得了业界的广泛认可，连续三年入选“中国旅游集团 20 强”，是中国在线旅游行业三大企业集团之一。新的十年，公司以“休闲旅游第一名”为战略目标。目前公司在中国景点门票预订市场处于绝对领先位置，并积极布局周边游、长线游、邮轮旅游等业务板块。

（一）盈利模式

（1）在线管理软件。同程网是国内最早做在线管理软件 SaaS 平台的企业之一，其软件也成为创业初期最主要的收入来源。

（2）旅游目的地营销。虚拟景观游览系统对旅游目的地起到了实地旅游之前的有形展示作用。在这种营销模式中，虚拟旅游网站可收取大量的广告费用。这也是目前虚拟旅游网站的主要利润点。

（3）植入式广告。虚拟旅游网站在具有较高知名度并达到一定会员规模的时候，可以与旅游目的地的其他企业接洽，将其商业广告内置，以获取广告收入。

（4）与旅行社、酒店结盟。同程旅游网通过注册对方的账号，直接把酒店订单和查询转给旅游供应商，然后按实际成交额来收取提成。

（二）核心能力

（1）独特的 Web2.0 模式。同程旅游网的这种 Web2.0 模式，具有独特的优势。一方面，同程旅游网的信息搜集高速。由于 Web2.0 的信息提供者是分散的个体，而个体数量巨大，这提高了信息收集的速度。另一方面，信息形式个性化。信息传播者的差异性使得不同提供者的信息形式也存在一些差异，而这种差异会满足信息获取者的个性化需求。

（2）优势资源。同程旅游网经过长期酝酿，利用拥有 4 万旅游产品供应商的资源优势，于 2005 年 1 月推出面向普通游客的 B2C 平台，游客可以通过旅游点评、旅游提问、旅游询价、旅游博客等互动形式参与到网站中，并可直接与旅行社、酒店、景区、交通等旅游供应商进行沟通，进行旅游采购。同程旅游网的这种做法，降低了旅游者的采购风险与采购成本。随着 B2C 平台的推出与完善，同程旅游网亦成为目前中国唯一拥有双平台，即 B2B 旅游企业间平台和 B2C 大众旅游平台的旅游电子商务平台。

（3）网络优势。同程旅游网利用网络优势，将流行的“最后一分钟”（last minute）概念加以推广，整合酒店中突然取消的团队房、散客房等瞬间积压的资源，用超低价的优势在极短的时间内为它们寻找新的买家。其虽然看起来是偶然性的资源，但是当这种偶然资源积累到一定数量，达到相当的规模时，偶然就变成了必然。而只有网络这种工具，才能让这种瞬间资源的规模化变成现实。

四、旅游社交网站

旅游社交网站（tourism social network site）或社交旅游网站（social travel site）是社交网站细分出来的一种类别，同时具备旅游出行与旅游社区交往的特征，既有基于旅游活动的异地性，也有基于人际交往关系的聚合性，很容易达成目的地与出发地之间的文化交流。随着旅游业的不断发展以及互联网应用的普及，在线旅游市场成为兵家必争之地。在线旅游运营商紧跟 Web2.0 技术应用浪潮，旅游社交网站相继成立，希望通过 Social + Travel 吸引用户。旅游社交的基础是旅游，SNS（social networking services）、游记、攻略、点评等都是凝聚用户的方式。通过这些方式，吸引并留住用户，试图将旅游这种低频需求转化成相对频度稍高的需求，给用户提供消费决策支持，是旅游和社交的结合点。

事实上的旅游社交网站是起源于 2001 年，随着当时户外旅游逐步开始兴盛，专业的旅游人群开始形成，同时对于个体旅游中所遇到的各种问题，均需要频繁的交流，以达成经验的传承和知识的传递，由此旅游社交网站应运而生。2011 年来，马蜂窝旅游网、途客圈等旅游咨询网站广受追捧。它们通过交流、分享旅游经验、出行计划，展示旅游照片等方式，建立了很多忠实的用户群。它们虽然区别于传统意义上的社交网站，但兼具了社交网站 SNS 机制和旅游社区的基因。如果说在线旅游代理（OTA）的宗旨是帮助用户更方便、更便宜地买到机票、订到酒店，那么旅游社交网站的宗旨就是帮助用户找到对的旅行决策。

本书将通过介绍马蜂窝旅游网的经营状况来阐述旅游社交网站的模式。

马蜂窝是中国最大的旅行分享网站，广受中国年轻一代追捧，被誉为中国的旅行圣经。马蜂窝以“自由行”为核心，提供全球超过 60 000 个旅游目的地的旅游攻略、旅游问答、旅游点评等资讯，以及酒店、交通、当地游等自由行产品及综合服务。马蜂窝自 2006 年上线以来，注册用户持续攀高，经过长年积累，凝聚了一个高质量的旅游爱好者群体。马蜂窝正凭借自身优势，吸引着更多的网友源源不断地加入马蜂窝旅游社区。马蜂窝旅游网发布自由行战略以来，逐渐探索出一条与传统 OTA 截然不同的营运模式——基于个性化旅游攻略信息构建的自由行交易与服务平台。

（一）盈利模式

马蜂窝拥有清晰的盈利模式，即品牌广告与效果广告。

（1）品牌广告。品牌广告依托了马蜂窝庞大的用户资源，为客户提供直接有效的宣传。马蜂窝机构认证主页是专门为旅游局等旅游行业机构提供宣传服务的平台，旅游机构能够依托马蜂窝的优质平台向用户展示旅游资源。

（2）效果广告。所谓效果广告，就是撮合交易。以酒店平台为例，一方面用户可以找到性价比高的优质特色酒店，另一方面马蜂窝能为全球的优质酒店带去真实有效的客源，从而形成用户、商户、网站三方面共赢的局面。随着马蜂窝对行业整合能力的不断增强，马蜂窝的盈利模式将迈向纵深化和多元化发展的方向。

（二）核心能力

马蜂窝的核心能力为旅游攻略、产品线长度、个性化服务三个方面。

（1）旅游攻略。旅游攻略是马蜂窝的核心产品，它以中立客观的定位赢得用户信任，完全靠用户生成内容（User Generated Content，UGC）去帮助用户做旅游决策。只不过以前用户看完攻略后还需要去搜索引擎中寻找相应服务，而现在通过马蜂窝就能找到服务预订的平台和渠道，这其实是提升用户体验的手段之一。马蜂窝非常看重旅游攻略，马蜂窝内部有一套攻略引擎算法，通过语义分析和数据挖掘，识别出真实可靠、有价值的信息。然后工作人员再将这些照片、贴士和点评进行整理归类，得到一篇包含食、住、行、游、购的一站式旅游攻略。当平台上的信息发生变化，到达一个临界点的时候，就会触发攻略信息的改变，使得旅游攻略能够得到及时的更新。一些热门旅游地也会保持更加频繁的更新。马蜂窝在一些地区还设立了“分舵”，这是一批熟悉当地环境的旅游爱好者，一些内容也由他们更新和维护。

（2）产品线长度。马蜂窝目前推出的 App 有“旅行翻译官”“旅游攻略”“旅行家游记”“嗡嗡”（类微博产品）“旅游点评”五款，覆盖了用户游前、游中、游后三个环节。其产品线看似拉得很长，但其实很聚焦：公司不会涉及一切线下业务，比如机票酒店预订和景点门票销售；其任何产品的推出，围绕的核心都是收集用户在旅游活动中产生的所有数据信息，并以此为基础打造更加完善的“攻略体系”。用 UGC 的方式帮用户做旅游消费决策，这是马蜂窝“旅游攻略”的真正价值和本质所在。

（3）个性化服务。为满足用户特定的需要，马蜂窝的攻略除了按照目的地分类之外，还按照主题分类，例如“购物”“历史”“蜜月”“亲子”和“夕阳红”等。通过这些关键词，旅游爱好者就可以组合不同的人，怀揣不同的心情上路，找到适合自己的旅游目的地。如果以上这些旅游攻略都不能满足用户的需求，那么用户甚至可以上马蜂窝“定制”自己的旅游攻略。为了进一步满足用户的个性化需求，马蜂窝早在2011 年就推出了自己的第一款客户端——“旅行翻译官”。这款 App 为旅行者提供世界上主要语种和国内常见方言的衣、食、住、行常用语发音。

第三节　旅行社电子商务营销模式

一、传统营销模式

（一）媒体营销

媒体营销是指企业和社会组织运用媒体传播来提升知名度，进行企业品牌推广的行为。旅游电商的传统营销媒介包括电视广播媒体营销、报纸杂志营销以及网站营销等。我国的传媒数量与规模不断壮大，中国传媒业成为一个庞大的群体。因此，旅游电商应抓住机遇利用媒体进行营销。

1. 电视广播媒体营销

电视广播媒体的迅速发展，数量之多、规模之大，使得总体的受众人群范围扩大。

企业期望通过受众群广泛的电视广播来提升自己的知名度，电视广播则从企业投放广告中受益。在这种情况下，在电视广播媒体投放广告成为众多旅游电商企业的选择。

2. 报纸杂志营销

报纸杂志作为一种媒体也成为企业进行营销的手段，在报纸杂志上发表与企业业务相关的文章、投放相关的广告等都可以促进业务增长以及提升企业的品牌知名度。报纸杂志的发行量较大，因此受众也比较广泛。不同地区有不同的报纸类别，因此当地的企业在当地报纸上进行品牌推广更容易获得当地人的青睐。企业不仅可以选择普通的报纸杂志，而且可以在专门的旅行杂志、旅游报上推广自身的品牌与业务。《中国旅游报》《旅游纵览》《时尚旅游》等报纸杂志成为旅游电商企业进行营销的载体，旅游类的报纸杂志受众群体具备更高的针对性。

3. 网站营销

网络的发展使得网民数量不断增加，网站营销成为旅游电商不可或缺的营销方式。网站广告、企业官网以及视频新闻成为旅游电商使用最广泛的网站营销方式。

（1）网络广告。网络广告的对象是与互联网相连的所有计算机终端用户，通过互联网将产品、服务等信息传送到世界各地，其世界性广告覆盖范围使其他广告媒介望尘莫及。企业利用网络广告进行宣传，网络广告主要包括网站推广、搜索引擎、电子邮件推广等。

（2）企业官网。旅游电商的成交主要是靠企业的官方网站来完成的，因此企业官网在企业的营销方式上占有重要作用。企业官网营销的成功直接促进成交量的上涨，在企业官网采取的广告促销方式会拉动业务量的增长。价格促销是企业官网经常使用的营销手段。浏览企业官网的消费者都是有消费需求或消费欲望的，并且这种需求与欲望是非常强烈的，因此企业在官网进行营销活动的推广易取得良好的效果。

（3）视频新闻。视频新闻是企业营销的主要手段之一，即通过网络视频的播放吸引网民的关注，从而达到品牌的宣传目的。视频广告主要选择在电视媒体上播放，一些用时稍长的视频广告宣传片则多在网络上播放推广。新闻对企业的影响力是不可忽视的，旅游电商通过发布企业自身一些重大的事件以及取得的成绩等来赢得消费者的信任，从而使自身的知名度提高。总体而言，视频新闻类的网站营销是指企业和社会组织利用媒体的传播来提高知名度，进行品牌推广的行为，其主要包括社会化媒体、移动媒体、多媒体、平面媒体等。

（二）关系营销

关系营销是20世纪80年代末90年代初在西方企业界兴起的一种新型营销观念。那么关系营销究竟是什么？从广义上来讲，关系营销是指企业通过识别、获得、建立、维护和增进与客户及其利益相关人的关系，通过诚实的交换和可信赖的服务，与包括客户、供应商、分销商、竞争对手、银行、政府及内部员工的各种部门和组织建立起一种长期稳定、相互信任、互惠互利的关系，以确保各方的目标在关系营销中得以实现。而狭义的关系营销是指企业和客户之间的关系营销。其本质特征是企业与顾客、企业与企业间的双向信息交流，是以企业与顾客、企业与企业间合作协同为基础的战略过程，是关系双方以互惠互利为目标的营销活动，是利用控制反馈的手段不断完善产品和服务的管理系统。

1. 关系营销的运作基本模式

关系营销的运作基本模式主要有顾客忠诚与梯度推进。

（1）顾客忠诚。顾客忠诚主要分为三步，即发现需求、满足需求并保证顾客满意、营造顾客忠诚，这就构成了关系营销三部曲。①企业要分析顾客需求以及顾客满意度，高的顾客满意度会为企业带来有形和无形的好处。有形的好处主要是顾客的高重复购买率，无形的好处则是顾客的口碑效应。营销学者提出了让顾客全面满意的七个因素，即欲望、感知绩效、期望、欲望一致、期望一致、属性满意、信息满意。其中，欲望和感知绩效生成欲望一致，期望和感知绩效生成期望一致，然后生成属性满意和信息满意，最后导致全面满意。②期望和欲望与感知绩效的差异程度是产生满意感的来源，因此，企业可以通过提供令顾客满意的产品和服务、附加利益、信息通道来提高顾客满意度。③顾客的维系。市场竞争的实质是争夺顾客资源，维系原有顾客要比争取新顾客更为有效。维系顾客不仅需要维持顾客的满意度，还必须分析顾客产生满意程度的最终原因，并采取针对性的措施维系顾客。

（2）梯度推进。贝瑞和帕拉苏拉曼归纳了三种建立顾客价值的方法：一级关系营销、二级关系营销、三级关系营销。一级关系营销也是频繁市场营销或频率营销，其维持关系的重要手段是利用价格刺激对目标公众增加财务利益；二级关系营销在建立关系方面由于价格刺激，增加社会利益，同时也增加财务利益，其主要形式是建立顾客组织，包括顾客档案和正式的、非正式的俱乐部以及顾客协会等；三级关系营销是增加结构纽带，同时附加财务利益和社会利益。与客户建立结构性关系，它对关系客户有价值，但不能通过其他来源得到。其可以提高客户转向竞争者的机会成本，同时也将增加客户脱离竞争者而转向本企业的收益。

2. 关系营销的类别

（1）会员制营销。会员制营销是企业通过发展会员，提供差别化的服务和精准的营销来提高顾客的忠诚度，从而达到长期增加企业利润的目的。会员制营销也称俱乐部营销，旅游电子商务企业以某项服务或是某种高附加值的产品为主题，将目前现有的高价值客户组成一个俱乐部形式的群体，通过针对该群体进行宣传、销售、促销等营销活动，提供差别化的服务和精准的产品营销，从而提高既有的高价值客户的顾客忠诚度，增加旅游电子商务企业的长期利润。会员制营销可以为企业培养众多忠实的顾客，建立起一个长期稳定的市场，提高企业的竞争力。对于一些提供旅游信息查询和产品预订服务的综合性专业旅游电子商务网站，即B2B、B2C类型的企业，以及传统旅游企业，如旅游景点、旅行社、酒店、旅游客运、交通票务等自行创办并具有在线商务功能的网站，即B2C类型的企业，会员制营销是其营销的重要方式。

（2）互惠营销。互惠营销是指旅游电子商务企业通过为已有的客户提供大规模的优惠和短时的促销活动，促使其既有客户获得自身的良好体验，并将这种体验与旅游电子商务网站一起影响其他消费者在同一服务产品上消费的营销模式。这是一种双赢的营销方式，许多旅游电子商务企业利用这种方式来进行营销。

（三）品牌营销

品牌营销，一般认为是指企业通过塑造特定的企业形象及品牌形象，创造品牌价值，提高品牌竞争力，从而影响、培养和满足特定消费需求的市场营销活动。品牌营销是以产品营销为目的，以品牌魅力为手段，将二者紧密结合的营销方式。这种营销活动既注重产品的销售，又致力于品牌的建立和品牌的塑造，一方面利用品牌价值提高营销效益，另一方面在营销过程中积累品牌价值。

1. 品牌营销的策略

品牌营销的策略包括品牌个性、品牌传播、品牌销售、品牌管理。

（1）品牌个性，包括品牌命名、包装设计、产品价格、品牌概念、品牌代言人、形象风格、品牌适用对象等。

（2）品牌传播，包括广告风格、传播对象、媒体策略、广告活动、公关活动、口碑形象、终端展示等。品牌传播与整合营销传播所不同的是，品牌传播的媒体可以是单一媒体，也可以是几种媒体组合，是完全根据市场需要决定等。

（3）品牌销售，包括通路策略、人员推销、店员促销、广告促销、事件行销、优惠酬宾等。

（4）品牌管理，包括队伍建设、营销制度建立、品牌维护、终端建设、士气激励、渠道管理、经销商管理等。

从一般意义上讲，产品竞争会经历从产量竞争、质量竞争、价格竞争、服务竞争到品牌竞争，前四个方面的竞争其实就是品牌营销的前期过程，当然也是品牌竞争的基础。

品牌是符号，是浓缩着企业各种重要信息的符号。把企业的信誉、文化、产品、质量、科技、潜力等重要信息凝练成一个品牌符号，着力塑造其广泛的社会知名度和美誉度，烙印在公众心里，使产品随品牌符号走进消费者心里。这个过程就是打造品牌。品牌附加值不是按照其投资额推算的。强势品牌投入低，收入高，所带来的利润多倍超出市场平均水平。品牌是形象，是信誉，是资产。品牌是衡量企业及其产品社会公信度的尺度。品牌竞争力是企业的核心竞争力。随着全球经济一体化，市场竞争取决于品牌竞争。

2. 品牌营销的步骤

第一步：分析行业环境，寻找区隔概念。企业树立品牌，得从市场上的竞争者开始，弄清竞争者在消费者心中的大概位置，以及竞争者的优势和弱点，寻找一个概念，使自己与竞争者区别开来。

第二步：卓越的品质支持，必须以质量为根本树立形象。这里所指的质量，是一个综合性品质的概念，包括工程质量、文化质量，还有物业管理质量等。

第三步：整合、持续地传播与应用。企业要靠传播才能将品牌植入消费者心里，并在每一方面的传播活动中，都尽力体现出品牌的概念。

3. 品牌营销的要素

广告大师对品牌的解释是：“品牌是一种错综复杂的象征，它是品牌属性，由名称、包装、价格、历史声誉、广告方式、使用印象，以及自身的经验而有所界定。”品牌营销是通过市场营销使客户形成对企业品牌和产品的认知过程。企业产品竞争一般要经历产量竞争、价格竞争、服务竞争和品牌竞争，想做好品牌营销，有五个因素不可忽视。

（1）质量第一。产品持久的生命力必须要有可靠的质量作保证。消费者对产品质量的满意程度直接影响其对该品牌的忠诚度，只有好的质量才会有高的顾客忠诚度与满意度。

（2）诚信至上。人无信而不立，一个品牌失去诚信，也终将会被市场淘汰。企业的发展离不开诚信，一个品牌只有具备诚信才会得到消费者的信赖。

（3）定位准确。市场定位是市场营销的灵魂，成功的品牌都具备一个特征，就是以始终如一的形式将品牌的功能与消费者的心理需要连接起来，并能将品牌定位的信息准确传达给消费者。

（4）个性鲜明。企业的品牌要具备自己的个性，突出自己的特点，给顾客留下深刻的印象。个性鲜明会赢得目标群体较为稳定的忠诚度和专一偏爱，同样能够提升品牌的诚信度。

（5）巧妙传播。在同质化的市场竞争中，唯有传播能够创造出差异化的品牌竞争优势。在20世纪80年代，简单的广告传播便足以树起一个品牌；到20世纪90年代，铺天盖地的广告投入也可以撑起一个品牌；时至今日，品牌的创立就远没有那么简单了，除了需要前述四个方面作为坚实基础外，独特的产品设计、优秀的广告创意、合理的表现形式、恰当的传播媒体、最佳的投入时机、完美的促销组合等诸多方面都是密不可分的。

二、创新营销模式

（一）兴奋点营销的创新

兴奋点是指人在潜意识里所具有受到刺激极易引起兴奋的敏感区域，兴奋点营销将消费者期望、终端的利益目标和制造商的经济使命联合在一起，促进不同行业间的互动与合作，在不同领域、不同行业、不同层面里进行跨界与联合，释放出巨大的能量。在目标人群、品牌属性、产品特征上找到共同点或互补点，实现优势叠加、优势互补，促进共赢并放大优势。众所周知，企业的产品和服务是否能够博得消费者的钟爱，就取决于企业是否对消费者进行了细致的分析和研究。企业对消费者了解多少？消费者对某种商品做出购买决策的真正原因是什么？揭开谜团的关键在于必须有效地运用“恰当并且出人意料”的利益定位的方法，在消费者脑海中寻找他们对于企业的产品期望益处的核心要点。

1. 综艺影视

在媒体营销中，我们提到旅游电商与电视平台的结合，即通过节目效果达到营销目的，可谓是成功的兴奋点营销。一档档真人秀节目的出现使得拍摄的线路与地点成为火热的旅游目的地，旅游电商抓住消费者的心理，适时推出同款旅游服务，从而提升销售收入。大部分年轻人在出国旅游之前，都会上旅游论坛和攻略网站查找目的地的旅游攻略。马蜂窝相关数据显示，《奔跑吧兄弟》第一季韩国专场播出后，两天时间内40多万人浏览了首尔、济州岛的攻略，至今自由行产品仍是各大旅游机构的热卖产品。“五一”假期赴韩国的自由行和半自由行都十分受欢迎。优酷视频与阿里巴巴集团合作推出边看边买的功能，观众在观看节目的同时扫描二维码即可完成旅游产品的购买。如今，明星同款已经成为企业营销热点，伴随着综艺节目、影视剧的热播，边看边买成为新的营销点。另外一种方式是旅游电商借助电视剧以及电影的拍摄地进行宣传，或者借助电视剧与电影的某些触动消费者的因素进行营销。例如，2014年的热播韩剧《来自星星的你》一经播出，火热无比，“啤酒炸鸡”成为网络热词，旅游电商纷纷借助此次机会推出韩国游。电影《天机富春山居图》自上映时就话题不断，尽管网友对电影的褒贬不一，但是其票房依然取得了不俗的成绩，凯撒旅游借助电影这一热门话题，成功助力迪拜游。

2. 价格刺激

价格因素一直是影响消费者旅游的重要因素，消费者对价格十分敏感，价格方面的优惠与促销是引起消费者兴奋的敏感区域。除了在上一章我们提到的旅游电商的价格促销以外，如今旅游电商的促销方式更加多样化。经过2010年团购的千团大战，美团成功坐上团购网站的第一把交椅。美团凭借自身的三大优势进军旅游行业：遥遥领先的线上酒店团购市场份额，强大的地面资源整合团队以及食、宿、住、行一站式的服务平台性质。2011年1月，去哪儿网推出团购频道，提供高品质的产品与服务，团购成为旅游业的又一新形势。同时，限时打折、一元秒杀、新用户专享优惠、红包等价格营销方式层出不穷，随着红包热，旅游电商纷纷利用红包做文章，通过抢红包吸引大批的消费者，分享红包则有更多的优惠，在朋友圈里分享红包相当于用户为企业免费做了一次宣传。旅游电商利用用户对价格的敏感度推出多样化的价格促销方式，利用大数据对访客进行记录追踪，在价格促销时进行实时提醒，从而吸引大批用户的抢购。

3. 跨界营销

跨界合作对于品牌的最大益处，是让原本毫不相干的元素相互渗透、相互融合，从而给品牌打造一种立体感和纵深感。跨界营销的作用是实现多个品牌从不同角度诠释同一个用户特征。2014年，华为携手旅游社交网站马蜂窝，共同启动了“华为麦芒C199新品手机发布暨环青海湖骑行”活动，这是双方首次开展深度营销合作。作为华为麦芒手机第三代的新品，麦芒C199的目标群体定义为年轻一族。骑行活动是对年轻人激情、成长的主张，同样也是品牌理念的最好诠释。华为与马蜂窝旅游网一拍即合，很快进行了团队对接，围绕“青春”主题，共同进行旅游营销。在活动开始前一个月，华为联合马蜂窝旅游网，通过彼此的微博、微信共同发布了招募10名骑行者的活动通知。由于最终入选的10名骑行者能够享受“全包”的优厚待遇（全国往返西宁的免费机票、全程的免费食宿、免费车辆接送、主办方提供的专业骑行单车），该活动被口口相传，在全国的骑行爱好者中引发了强烈反响。马蜂窝推出的“青海湖”“环青海湖骑行”等相关旅游攻略下载量很快突破了400万次。

（二）精准营销

精准营销是在精准定位的基础上，依托现代信息技术手段建立个性化的顾客沟通服务体系，实现企业可度量的低成本扩张之路。企业需要更精准、可衡量和高投资回报的营销沟通，需要更注重结果和行动的营销传播计划，还要更注重对直接销售沟通的投资。消费者需求日益多样化，市场不断细分，大众传播的到达率越来越低。在信息化时代，顾客是企业最重要的资产，企业要确保顾客资产的保值与增值，就必须比竞争对手更快更好地满足顾客的需求。精准地了解顾客需求、锁定目标顾客、精准沟通是企业提供个性化、定制化服务的前提，是维系顾客忠诚及提高企业盈利能力的基础。精准营销的理论基础是4C理论（消费者、成本、便利、沟通），精准营销真正贯彻了消费者导向的基本原则，降低了消费者的满足成本，方便了顾客购买，同时实现了与顾客的双向互动沟通。实现精准营销的核心是客户关系管理，它是面向客户、关心客户、一切以围绕客户为中心来运作的管理体系，并通过一套软件来实现企业的管理思路和管理模式。企业凭借强大的数据库，详细地了解每个有价值顾客的信息，定制其市场供应品、服务、项目、信息和媒体。企业建立以消费者数据为中心的电子商务精准营销体系，包括六个方面。

1. 建立完善的消费者数据库

对消费者网络消费行为进行分析，并将从消费者寻找产品和服务到售后服务等一系列网络消费行为全程数字化，对其进行分析。

2. 精准细分与定位市场

根据消费者行为相关理论和相关统计工具对收集到的消费者网络行为数据进行分析，据此对企业提供产品和服务的市场进行细分。

3. 精准广告投放传播

在进行精准的市场定位后，要精准地投放广告，即根据消费者的喜好推荐相应的广告，使产品和服务信息准确无误地传达给消费者。

4. 提供产品与服务的个性化

企业根据自己提供产品的情况尽可能提供有效的个性化产品，满足消费者的有效需求。

5. 实行一对一的营销服务

这方面内容主要指企业在交易过程中及交易结束后为消费者提供一对一的满意沟通服务，其目的是使潜在的目标消费者成为企业顾客，并提高现有顾客的忠实程度。

6. 建立精准完善的消费者增值服务体系

开发新消费者要比留住现有消费者的成本高得多，因此，留住现有消费者，提高其忠诚度和重复购买率成为电子商务精准营销至关重要的因素，也将是未来继电子商务规模效应之后的必然发展方向。

大数据的发展为电子商务精准营销提供了支持，旅游电商纷纷探索大数据技术，利用大数据实行更精准的营销。去哪儿网与百度地图合作，成为百度地图独家酒店供应商，由于能够准确地获得消费者的地理位置，从而可以推荐更加精准的产品与服务。去哪儿网与 SOSO 街景地图达成战略合作，实现了酒店预订与街景地图的无缝对接，使用户在预订酒店时不但可以看到酒店的位置，还可以通过街景地图直观地了解到酒店的外部环境以及周边的街道布局，有利于用户在选择酒店时做出更恰当的判断。旅游电商推出的 App 都带有自动定位系统，能够自动识别消费者的地理位置变化，一旦客户需要搜索时，系统就会根据用户需求显示对应的产品与服务。另外，针对不同的目标顾客群，旅游电商进行了市场细分，推出亲子游、探险游、老年游、情侣游等。例如，十六番旅游社区根据不同的人群及地区划分提供不同的产品与服务，穷游网专注于出境游，马蜂窝旅游网则看准了自助游市场。通过市场细分与精准定位，企业可以实施更加精准的营销。

（三）体验式营销

体验式营销是通过看、听、用、参与的手段，充分刺激和调动消费者的感官、情感、思考、行动、联想等因素，重新定义和设计一种思考方式的营销方法。

1. 感官式体验营销

感官式营销是通过视觉、听觉、触觉与嗅觉建立感官上的体验。它的主要目的是创造知觉体验的体验。感官式营销可以加强公司和产品的识别度，激发消费者购买动机、增加产品的附加值等。以宝洁公司的汰渍洗衣粉为例，其广告突出“山野清新”的感觉：新型山泉汰渍带给你野外的清爽幽香。公司为创造这种清新的感觉做了大量工作，后来取得了很好的效果。

2. 情感式体验营销

情感式营销是在营销过程中触动消费者的内心情感，创造情感体验，其范围可以从一个温和、柔情的正面心情，到欢乐、自豪甚至是激情的、强烈的激动情绪。情感式营销需要真正了解什么刺激可以引起某种情绪，以及能使消费者自然地受到感染，并融入这种情景中来。在“水晶之恋”果冻广告中，我们可以看到一位清纯、可爱、脸上写满幸福的女孩，依靠在男朋友的肩膀上，品尝着他送给她的“水晶之恋”果冻，就连旁观者也会感觉到这种“甜蜜爱情”的体验。

3. 思考式体验营销

思考式营销是启发人们的智力，创造性地让消费者获得认识和解决问题的体验。它运用惊奇、计谋和诱惑，引发消费者产生统一或各异的想法。在高科技产品宣传中，思考式营销被广泛使用。1998 年苹果公司的 iMac 计算机上市仅六个星期，就销售了 27.8 万台，被《商业周刊》评为 1998 年最佳产品。iMac 的成功很大程度上得益于一个思考式营销方案。该方案将“与众不同的思考”的标语，结合许多不同领域的创意天才，包括爱因斯坦、甘地和拳王阿里等人的黑白照片。在各种大型广告路牌、墙体广告和公交车身上，随处可见该方案的平面广告。当这个广告刺激消费者去思考苹果计算机的与众不同时，也同时促使他们思考自己的与众不同，以及通过使用苹果计算机而使他们成为创意天才的感觉。

4. 行动式体验营销

行动式营销是通过偶像角色，如影视歌星或著名运动明星，来激发消费者，使其生活形态予以改变，从而实现产品的销售。在这一方面耐克可谓经典，该公司成功的主要原因之一是有出色的“JUST DO IT”广告，其经常地描述运动中的著名篮球运动员迈克尔·乔丹，从而升华身体运动的体验。

5. 关联式体验营销

关联式营销是包含感官、情感、思考和行动式营销的综合。关联式营销战略特别适用于化妆品、日常用品、私人交通工具等领域。美国市场上的“哈雷牌”摩托车，车主们经常把它的标志纹在自己的胳膊上，乃至全身。他们每个周末去全国参加各种竞赛，可见哈雷品牌的影响力不凡。体验营销是指企业营造一种氛围，设计一系列事件，促使顾客变成其中的两个角色尽情“表演”。顾客在“表演”过程中将会因为主动参与而产生深刻难忘的体验，从而为获得的体验向企业让渡价值。体验营销以向顾客提供有价值的体验为主旨，力图通过满足消费者的体验需要而达到吸引和保留顾客以获取利润的目的。

（四）病毒式营销

病毒式营销是一种常用的网络营销方法，常用于进行网站推广、品牌推广等。其信息传递策略是通过公众将信息廉价复制，告诉给其他受众，从而迅速扩大自己的影响。病毒式营销利用的是用户口碑传播的原理，在互联网上，这种口碑传播更为方便，是一种高效的信息传播方式。通过引导人们发送信息给他人或吸收朋友加入某个程序来增加企业知名度或销售产品与服务，可以通过发送电子邮件、在聊天室交谈、在网络新闻组或消费者论坛发布消息推销。由于这种传播方式是用户之间自发进行的，因此费用低廉。

美国著名的电子商务顾问拉尔夫·威尔逊（Ralph F. Wilson）博士将有效的病毒式营销战略归纳为六项基本要素，并指出病毒式营销战略不一定要包含所有要素，但是，包含的要素越多，营销效果可能越好。六个基本要素主要包括：提供有价值的产品或服务；提供便捷地向他人传递信息的方式；信息传递范围很容易从小规模向大规模扩散；利用公共的积极性和行为；利用现有的通信网络；利用别人的资源。

1. 论坛发帖推广

论坛发帖推广关键在于分析各种论坛的特性，投其所好，区别对待。例如，同样是摄影论坛，有的适合发布简单信息，而有的适合深度沟通。旅游度假、风光摄影、小区论坛、驴友俱乐部、汽车俱乐部等都适合旅游主题，即可以制作有针对性的帖子，且帖子标题都会暗含官网的关键词，这样便于搜索引擎抓取，形成相互借势。

2. 社交网站推广

社交网络如今也已经成为不少品牌推广自己的平台，例如，微信红包是微信生态布局中的一环，但是作为一个产品的营销，微信红包占据了天时（如春节）、地利（如微信平台）、人和（如大众对微信的青睐），在聚集了数亿用户之后，微信开始了其资源商业变现的道路。抢了红包之后，需要将银行卡与微信进行绑定，无疑会进一步增强微信用户的黏性。除夕至大年初一下午 4 点，两天内参与抢微信红包的用户超过 500 万，总计抢红包 7 500 万次以上。可见，此次营销互动的成功，让大家都对“珍珠港偷袭”表示惊叹。

（五）一对一营销

一对一营销（one-to-one marketing），亦称“121 营销”或“1 对 1 营销”等，是一种客户关系管理（CRM）战略，它为公司和个人间的互动沟通提供具有针对性的个性化方案。一对一营销的目标是提高短期商业推广活动及终身客户关系的投资回报率（ROI），最终目标是提升整体的客户忠诚度，并使客户的终生价值达到最大化。一对一营销战略的核心是建立“关系品质”，即与每一位顾客建立学习的关系，记得每一位顾客的喜好。营销策略有非常重要的四步：识别客户、对客户进行差异分析、与客户保持积极接触、调整产品或服务以满足每位顾客的需要。网络营销带来了营销策略组合的变革，为旅游企业有效开展一对一营销另辟蹊径，主要包括三个方面。

1. 个性化服务

网络营销使旅游企业以较低的成本建立基于互联网的全球信息传播管道，通过网页接触潜在的新顾客。通过网络反馈的大量信息经过计算机的处理和加工，反映出消费者的不同需求，从而使面向消费者的服务和营销更趋于个性化。随着信息产业的发展，旅游企业已有能力对越来越小的细分市场提供产品和服务，一对一营销成为可能。

2. 交互式服务

网络与大数据的发展使得旅游者不仅可以接收旅游企业发出的信息，而且可以通过聊天室、电子广告牌等提出自己的问题，以征得企业的解答，并可以和其他旅游者交流旅游体会和经验，这种一对一互动沟通对旅游者所产生的促销效果会更好。潜在的旅游者还可以借助网络与旅游企业人员对话，了解自己感兴趣的产品和服务并提出问题。旅游企业可根据旅游者的要求改进已有的产品或定制新产品。这种双向互动的沟通方式提高了旅游者的参与性和积极性，更重要的是它能使企业的营销决策有的放矢，从根本上提高旅游者满意度。例如，携程旅行网、艺龙旅行网、同程旅行网等利用网络营销整合了旅游服务资源，它们通过提供旅游咨询、在线交流，在一定程度上较好地整合了技术服务资源，为更广大的旅游者（包括各类商务、公务旅游者）提供了很好的网上互动交流平台。

3. 定制化服务

定制化服务是一对一营销的最后一步。网络营销不仅能使旅游企业提供满足旅游者的个性化服务和交互式服务，而且能使旅游企业的营销部门进行以定制服务为目标的新流程。它们通过网络收集到的潜在游客信息，并和其他部门互动再造进行以定制服务为目标的新流程，运用复杂的数据存储和分析技术来分析旅游者信息，找到能为旅游企业带来最大利益的旅游者群体，然后针对他们各自的特点提供定制化的旅游信息，并利用定制化的产品和服务留住最有价值的顾客。

【拓展阅读】

途牛旅游网的企业文化

途牛网是由其现任首席执行官（CEO）于敦德和现任首席运营官（COO）严海峰在2006年10月创建的，是南京途牛科技有限公司旗下的网站，以“让旅游更简单”为使命。途牛网利用互联网优势，整合旅游产业链，通过呼叫中心与业务运营系统服务客户，开辟了创新的在线旅游预订模式。目前，途牛旅游网提供8万余种旅游产品供消费者选择，涵盖跟团、自助、自驾、邮轮、酒店、签证、景区门票以及公司旅游等，已成功服务累计超过400万人次出游。同时，途牛旅游网基于自己的全球中文景点目录以及中文旅游社区，可以更好地帮助游客了解目的地信息，妥善制订好出游计划，并方便地预订旅程中的服务项目。途牛旅游网之所以如此成功，离不开其独特的企业文化。

1. 注重细节，“没有惊讶”

一些公司往往过于关注战略，很少去关心细节问题。内部办公一般都是用邮件来沟通，大家收到后总会回复一下，如“收到”“好的”之类。但是这些无实际意义的邮件往往会对工作造成一定的干扰，所以途牛网就规定，如果回复邮件里面仅有类似感情用语或表示得知，则不需要发送。默认所有人都会阅读收到的邮件，如果因为没有阅读而出现问题，默认是收件人的责任。这虽是个小细节但保证了邮件沟通的高效性。其企业文化细节不仅体现在公司内部管理上，对业务也同样发挥很大的作用。途牛网有一个重要的文化叫“没有惊讶”，即要求所有途牛人在与同事、客户的沟通方面做到细致入微，多从他人的角度去思考问题和解决问题，不要造成相互之间的“惊讶”。公司一直强调，所有行程线路细节要尽量全部呈现给会员，不能让会员在行程中产生“惊讶”。

2. 牛人堂：企业的学校，员工的课堂

途牛网在新员工培训的时候，会向每位新员工传输一个理念：“每一位途牛人都是牛人！”牛人堂是员工学习的课堂，同时也是进行自我提升的一个优化空间。在这里，有系统的新员工入职培训、有专业的培训讲师授课、有老员工的业务交流、有专业技能的学习课堂、有相关培训专家开设开座。在各项培训中，培训部还会在培训中开展很多符合年轻人口味的趣味性活动，以达到良好消化知识的目的。同时，每位员工入职一个月内就会有和公司高层直接对话的机会，即新员工沟通会。新人可以和公司高层面对面沟通，主动提出疑问和见解。

3. 员工 TOP 排行榜，提升内部竞争力

企业的发展源于员工的创造力和竞争力，需要员工的集体力量来推动，员工的个人发展则需要企业提供机遇和发展空间。对于企业而言，有效的绩效考核机制会提高整个公司的员工业务能力；对于企业员工而言，有竞争才会有进步。途牛网在每个业务部门办公区域设置了一个本部门的 TOP 排行榜，定期表彰工作积极的员工；同时对其他员工也起到激励作用，形成良性的内部竞争机制，从而使员工不断进步，带动整个企业的发展，提高企业的综合竞争力。

4. 门牌取名：团队最真实的自我写照

为了给员工创造一个轻松、活跃的工作氛围，以利于员工最大限度地发挥自己的创造力和工作潜能，途牛产品部的每个团队都有自己的团队名字和精神面貌口号，或是反映团队的工作职能，或是对自己团队的真实写照，或是团队自己立下的工作目标等。

“牛人专线”小组负责主打产品线路，“钢七连”“拼命三郎”是团队的工作精神面貌和态度，“东方明珠”是团队负责的旅游方向。这是每个团队员工集思广益，结合团队的各方面特色去总结的，是团队最真实的自我写照。

途牛网的会议室、会客室等命名也是结合公司的特色来命名的，不是用“大”“小”会议室等来区分，而是用“巴厘岛”“可可西里”“马来西亚”等名称，这让我们进入公司一看就多少能猜到该公司所处行业了。

【复习思考】

1. 请简述旅游电子商务的概念、特征和分类。
2. 旅游电子商务的发展现状、功能是什么？旅行社电子商务的发展历程？
3. 旅行社电子商务有哪些运营模式？
4. 旅行社电子商务的传统营销模式和创新营销模式有哪些？
5. 以 5~6 名同学为一组，网络访问国内外至少 6 家专业旅游网站及旅行社网站，总结它们的盈利模式与电子商务模式，选择一家熟悉的旅行社，为它模拟制作（设计）一个电子商务营销方案。

【参考文献】

[1] 欧海鹰. 旅游电子商务企业案例分析［M］. 北京：旅游教育出版社，2015.

[2] 郑红. 大数据背景下北京旅游电商营销模式创新研究［M］. 北京：旅游教育出版社，2017.

第十章 旅行社发展战略与趋势

【案例导入】

未来几年中国旅游业发展趋势展望

展望1：中国国内游市场将持续强劲增长。

中国经济持续近30年的高速增长，增加了中国居民的人均收入，人们在满足最基本的生活需求的同时追求高品质生活已经发展为一种趋势，外出旅游是提高生活品质的有效方式。“90后”已经逐步成长为旅游产品的核心消费群体，他们倾向于付出其可支配收入的更大比例用于诸如旅游这类休闲产品的消费。个性和潮流的需求，偏感性的消费观和可以获得丰富的资讯是这类人群的特点。随着“90后”经济支付能力的进一步提升，其对国内游市场消费的拉动能力将显著增加。

展望2：外国人士入境会展旅游产品市场将持续增长。

外国人士入境的商务旅行，特别是会议和展览产品市场将高速发展。金融危机打压了传统西方发达国家市场的消费能力，中国正在经历着一个由“世界工厂”向“世界市场”的转型过程，各大跨国企业纷纷将其销售业绩的增长寄托于其在中国市场份额的提升，它们入境进行商务和产品宣传的动机强烈，与此相对应的会展旅游产品必将热销。但是，值得行业关注的是，中国差旅管理领域专业性程度较低，特别是品牌知名度不高，缺乏像美国运通这种世界级的会展旅游产品提供商。

展望3：传统大型旅行社市场地位将持续稳固。

随着中国新旅行社管理条例的出台，进军旅行社特别是传统大型旅行社的门槛进一步提升，这将有利于国内旅游市场的正规化发展和更深入的整合。OTA、团购旅游、旅游搜索引擎等新分销渠道的出现势必会抢占一部分市场份额，但是传统大型旅行社的资源和经验是不可能在短时间被复制的。针对体验型游客设计的旅游产品，传统旅行社优势仍然明显，市场地位稳固。特别是部分网络旅游产品采购纠纷和可靠性不足案例的频繁出现，传统的门店销售模式对消费者的吸引力效果优势依旧显著。

展望4：个性化专业产品小型供应商将出现。

目前，旅游产品的分销是小型分销商向大型供应商的单向采购模式。随着自由行市场专业化程度的不断提升，一些小型分销商将跳过大型供应商建立自己的区域性甚至景点极富个性化的自由行产品。产品个性化体现越大，目标群体就越小，出于规模效应，个性化专业产品只能支持小型供应商的生存。比如，亚马逊热带雨林精品游、非洲大草原精品游、北极地区深度精品游、勇攀高峰精品体验游等个性化专业产品将由小型供应商设计并推出，最后形成一种大型和小型供应商双向采购产品的新模式。

展望5：短期综合旅游保险产品将热销。

当旅游成为一种人们提升生活品质的必需品时，如何确保旅游的品质、降低旅游的不稳定性风险将成为旅游行业进一步思考的问题。短期综合旅游保险将成为应对这一难题的有效解决方案。一些大型供应商可以联合保险公司设计一些短期综合旅游保险产品，提高保障力度的同时降低产品价格，最终实现全面提升消费者的旅游品质。保险产品可以同时降低旅行社和游客的风险，为整个旅游行业的全面提升提供保障。

【任务要求】

1. 掌握旅行社经营的战略思想。
2. 了解旅行社面临的竞争环境。
3. 了解旅行社经营战略的制定与实施过程。
4. 思考在世界旅行社发展的大环境中，中国旅行社发展的新元素和新趋势。

第一节　旅行社经营的战略思想

经济全球化，技术发展日新月异，新的经营方式不断涌现，信息交流过程发生根本性变革，在这种竞争环境下，越来越多的企业逐渐认识到战略管理的重要性。战略管理关系到企业的全局发展、企业重大谋划的实施状况以及作为当代企业管理的最主要特征，其思想方法已得到广泛应用。当企业处于外部环境急速变动或面临重大转折之际，企业更需要从战略的角度来调整经营。战略管理是指企业根据战略目标，对战略对策的制定和战略方案实施的整个过程进行计划、组织、指挥、协调、控制的活动。它大致可以分为战略规划和战略实施两个阶段。战略管理作为当代企业管理最重要的特征，其思想方法已得到广泛应用。旅行社作为企业的一种形式，也应该选择适合自身的发展战略。一般而言，旅行社的总体经营战略思想有发展战略、稳定战略、紧缩战略、混合战略等。

一、旅行社发展战略

发展战略，是国内外企业普遍采用的一种总体战略。它强调的是企业如何充分利用外界环境中的机会，避开威胁，充分发掘和运用企业内部的资源，以求得企业的发展。其特点是：投入大量资源，扩大产销规模，提高竞争地位，提高现有产品的市场占有率或用新产品开辟新市场，这是一种从战略起点向更高水平、更大规模发动进攻的战略态势。

处于竞争环境中的企业，为了求生存，必须发展，否则就会在激烈的竞争中被现有的和日益成长起来的竞争对手所击溃，甚至可能被市场淘汰。企业如果实施有效的发展战略，形成强大的竞争合力，则可以在强化市场竞争地位的同时，不断开拓市场，扩大市场占有率，也为企业的进一步发展创造条件。

旅行社可以根据所处外部环境和所拥有的内部资源条件的差异，选择不同的战略来实现其发展目标。旅行社发展战略的基本类型如表 10.1 所示。

表 10.1　旅行社发展战略的基本类型

密集型发展战略	一体化发展战略	多元化发展战略
市场渗透战略	后向一体化	同心多元化
产品发展战略	前向一体化	水平多元化
市场开发战略	水平一体化	混合多元化

（一）密集型发展战略

旅行社的密集型发展战略是指旅行社现有产品与市场尚有发展潜力，通过充分挖掘自身潜力，实现自我发展的战略。其主要形式有市场渗透战略、产品发展战略、市场开发战略三种战略。

1. 市场渗透战略

它是由旅行社现有产品和现有市场组织而产生的战略。此战略强调决策者应系统地考虑市场、产品及营销组合的策略，以促进市场渗透。一般而言，采用这种策略，表明市场竞争比较激烈。旅行社应在产品质量、价格、服务和企业声誉等方面下功夫，不仅需要巩固原有市场的老客户，而且还要积极设法刺激潜在顾客，利用原有市场创造新的客户，同时还要努力争取将顾客从竞争者手中夺过来，以此来增强企业在市场竞争中的优势，促进企业发展。扩展企业现有产品市场，是促进企业成长发展的一个重要途径，企业可以采用加强广告宣传、创新推销方法和运用定价策略等营销手段提高市场占有率。

市场渗透战略需要的投资较少，实施成本低。如与改变现有设施，或增加服务（产品开发策略），或开拓新的细分市场（市场开拓战略）相比，市场渗透战略需要较少的组织资源和技巧，对现有市场和顾客比较熟悉。但其也存在一些局限性：①风险低，回报也低；②现有市场拓展的可能性有限，一旦市场成熟，市场渗透的机会就消失了；③市场渗透战略易引起竞争者报复，竞争者很容易通过增加推销预算或降低价格等措施来增加市场份额；④市场渗透战略比较适合一个新的或正在成长的市场，因为成熟的市场销售量相对稳定，从竞争者那里夺取市场份额时花费比较大。

2. 产品发展战略

它是由旅行社原有市场和旅行社的新产品组合而产生的战略，指对旅行社现有市场投放新产品或增加产品种类，以扩大市场占有率和增加销售额的企业发展战略。从某种意义上讲，这一战略是企业发展战略的核心。因为对企业而言，市场是不可控的，而产品开发则是通过努力可以控制的。旅行社采用这种策略，就要积极创造条件，不断进行产品开发工作，以求保持自己的产品在质量、价格等方面的优势。针对现有市场，不断开发适销对路的新产品，以满足顾客不断增长与变化的需要，是企业成长发展的另一重要途径。

采用此战略的旅行社必须对它原有顾客有彻底的了解，能够提供满足顾客需要的其他产品。这种战略具有一定的创新开拓性，但由于仍在原有市场的顾客群中寻找机会，可能会损失其他市场的机会。因此，产品发展战略也可以是使新产品进入别的企业已成熟的市场，这就要求这种新产品必须是全新的，是市场上从未有过的产品。这种产品具有高风险、高收益的特征。其风险来自两方面，一是新产品不一定能满足该市场顾客群的需要；二是企业缺乏别的企业已成熟的市场的资料和经验。

3. 市场开发战略

它是由现有产品和新的市场组合而产生的战略。此战略为现有产品开发新市场，是使企业成长的最常用战略。实行这种战略的方法有三种：①市场开发，即将现有产品打入别的市场上去，如旅行社可以将某条成熟的旅游线路销售给新的顾客群；②在新市场寻找潜在顾客，如旅行社可以组织小学生进行夏令营式的旅游，以此来培养其在家所得不到的锻炼；③增加新的销售渠道，采用新的促销手段。

此战略适用于企业的产品在原有市场的需求量已趋于饱和的情况，开拓新的市场，打开新的销路，能使企业进一步得到发展。但是旅行社要开拓某一个市场，必须掌握新市场的特点和要求，选择适合的销售渠道，采用正确的营销手段和方法；否则，就会面临很大的风险和损失。

（二）一体化发展战略

一体化发展战略是指旅行社充分利用自己在产品、技术、市场上的优势，使企业不断地向深度和广度发展的一种战略。其形式主要有水平一体化和纵向一体化两种。

（1）水平一体化战略，即旅行社将性质相同或生产同类型产品的企业合并起来，发展成专业化公司的战略。这种战略选择是我国目前组织企业集团的主要途径，它有利于深化专业分工协作，提高资源的深度利用和综合利用效率。

（2）纵向一体化战略，即旅行社将生产与旅游服务供应或生产与产品销售联结在一起的战略。它包括前向一体化和后向一体化两种形式。前向一体化战略是旅行社根据市场需求和生产技术的可能性，将自己原有的成品进行深加工的战略，以获得高附加值。后向一体化经营战略是旅行社利用自己的产品优势，将原来外购的旅游服务改为自己生产的战略。纵向一体化战略可以通过以下三种形式实现：①壮大企业内部从而进入新的经营领域；②与其他经营领域的企业实现契约联合；③合并其他经营领域的企业。水平一体化战略可以通过契约式联合、合并同行业企业的形式实现，这种策略已成为我国组建旅行社企业集团的最主要的途径。

（三）多元化发展战略

社会经济的不断发展，促进了市场需求和企业生产经营结构的变化。企业为了更多地占领市场和开拓新市场，或避免经营单一事业的风险，往往会选择进入新的事业领域。多元化发展战略是指旅行社通过增加不同的产品或事业部而发展的战略。多元化发展战略已成为世界上大企业普遍采用的战略，包括同心多元化、水平多元化、混合多元化三种形式。

1. 同心多元化发展

它是指旅行社充分利用自己在技术上的优势及生产潜力，以生产某一项主要产品为圆心，积极地去发展工艺技术相近的不同产品，使企业的产品种类不断地向外扩展，向多品种方向发展。旅行社的经营类型具有以某种方式相互联系的"共同路线"，如相似的技术、销售渠道、管理技能等。

2. 水平多元化发展

它是指旅行社充分利用自己在市场上的优势及较高的声誉，根据客户的需要去生产不同技术的产品。

3. 混合多元化发展

它是指旅行社为了减少未来可能出现的风险，积极发展与原有的产品、技术、市场都没有直接联系的事业，生产和销售不同行业的产品。在国外，一个企业同时经营彼此无关的几项甚至十几项事业的现象非常普遍。选择这一战略，一般有三个出发点：①避免风险，混合型多元化发展，可使企业在遭受某一经营领域的挫折时，通过在其他领域的成功经营来弥补亏损；②获取更高的投资报酬，当企业发现从事其他行业的经营可能比原有行业获得更高的投资利润率后，它就有可能去涉足一个新的行业；③利用原有的资源优势，采用混合型多元化发展战略的企业高层领导主要关心的不是保持公司的"共同路线"，而是怎样提高投资收益率。

实行多元化发展战略，常常通过联合、兼并等方式进行。但联合与兼并不一定能够带来预期收益，或是因利益重新分配不当导致冲突，矛盾加剧，或是因风险突然增大，管理能力欠缺等而失败。因此决策者必须谨慎实施。当企业不采用多元化经营战略仍能达到经营目标时，则不宜进行多元化经营，因为企业采用多元化经营需要较大的投资，也要冒较大的风险。如旅行社对新进入的经营领域预测有误，就会产生负面效应，使得旅行社不仅在新的经营领域内无法成长，而且还会对旅行社原有的经营领域产生干扰。

二、旅行社稳定战略

稳定战略又称为维持战略，是指旅行社遵循与过去相同的经营目标，保持一贯的发展速度，同时不改变基本产品或经营范围。它是企业对产品、市场等方面保持以守为攻、以安全经营为宗旨，不愿冒较大风险的一种战略。但是，实际上，企业采取稳定战略是一种短期的行为。如果长期采用此战略，企业发展缓慢，会影响旅行社的实力和竞争力。如果没有这样一个巩固调整的稳定时期，长期的不稳定状态可能会使企业出现致命漏洞。另外，由于外部环境的变化，企业不断面临变革、创新的压力，"不进则退"。稳定型战略是指企业在维持现状的时期内，培育资源优势，积蓄力量，创造发展条件，一旦机遇降临，则迅速把握机遇，追求企业的更大发展。稳定型战略主要有无变化战略、盈利战略、停顿战略、谨慎前进战略等形式。

（1）无变化战略。无变化战略即旅行社一切工作都按照原有方针办，努力使企业战略地位保持不变，使企业的各项指标停留在原有水平上。旅行社内部和外部环境不发生变化是无变化战略成功的依据。

（2）盈利战略。盈利战略即旅行社为了目前的盈利而牺牲未来发展的战略。这种战略的结果常常会使企业在短期内获得成功，而长期却处于停滞状态。盈利战略只能帮企业渡过暂时的难关，企业若长期采用此战略，将会导致破产。

（3）停顿战略。旅行社经过一段快速发展之后，可能变得缺乏效率，或者难以管理。停顿战略就是降低目标水准，放慢快速发展的步伐，使旅行社能够将各种资源合并在一起使用。所以它也是旅行社进行内部整顿的一种方法，是暂时性的。

（4）谨慎前进战略。谨慎前进战略是由于外部环境出现一些重要因素而放慢前进步伐的一种专门决策。

三、旅行社紧缩战略

紧缩战略又称为防御战略，是当旅行社面临艰难的经营局面或经营状况不佳时，采用发展战略、稳定战略都无法达到企业目标的状况下采取的战略。紧缩战略共有三种类型，即转变战略、撤退战略和清理战略。

（一）转变战略

转变战略的实施对象是陷入危机境地而又值得挽救的经营事业。实现经营转变有三种战略可供选择。

（1）修订现行战略。如果经营战略的结论是原有战略不适宜，则可通过以下途径改变现行战略：①采取新的竞争方法，重建旅行社的市场地位；②改变旅行社内部的职能层和操作层的策略，为企业的整体战略提供良好的基础；③同该经营领域内的其他企业合并；④与企业能力相匹配，将企业经营的范围压缩为某一个主导产品、某一个核心市场。具体选择何种途径取决于行业状态、与竞争对手相比企业的独特优势与劣势以及危机的严重程度。

（2）提高收入战略。收入提高的战略目标自然是要增加销售总量，为此有以下方法可供选择：①价格削减；②改进促销手段；③增加销售力量，如人员、资金的增加；④增加为顾客服务的项目；⑤迅速实现产品的干劲。如果需求没有价格弹性，也可通过提价来提高收入。

（3）减低成本战略。由于企业的成本优势是多种竞争优势的集中反映，成本优势决定了价格优势，因此当企业的成本结构具有弹性、企业经营接近于盈亏平衡点时，减低成本也就成为危难企业转变战略的最佳选择。

（二）撤退战略

撤退战略能让企业保存实力，等待时机再进攻。当旅行社现金流量日趋紧张时，企业可以从整体战略出发，选择撤退战略。其方法主要包括出卖部分资产，削减费用支出，催收应收账款，削减管理人员等。撤退战略包括两种类型：一是放弃策略。当旅行社遇到很大困难，预计难以通过转变战略扭转局面或当采用转变战略失败后，企业可以采用放弃策略，将经营资源从这一经营领域中抽出。该策略以尽快回收现金为目的，最后放弃这一领域。二是分离策略。分离策略有两种情况，一种情况是旅行社将某一经营单位从企业中分离出去，此单位在财务和管理上有其独立性，旅行社只保留部分所有权或完全没有所有权；另一种情况就是找到愿意进入该经营领域的买主，将这一经营单位出卖。企业采取分离策略的原因多种多样，首先可能是经营单位的经营内容或经营状况与旅行社整体经营的内容状况不协调，不适合企业战略发展的需要，尽管这些单位的经营还能盈利；其次可能是旅行社财务的需要，如筹集资金、保证旅行社财务稳定和主导产品经营的优势，因此牺牲某个经营领域以便增加企业的现金流量。

采取撤退战略对经营者来说是个困难的决定，他会遇到经济上和管理上的障碍，经营者应当审时度势，果断决策。

（三）清理战略

清理战略也称为清算战略，即旅行社由于无力清偿债务，通过出售或转让企业的全部资产以偿还债务，或者停止全部经营业务，而结束企业的生命。清理可分自动清理和强制清理，前者一般由股东决定，后者须由法庭决定。清理战略是所有战略选择中最为痛苦的决策，通常情况下这是所有战略全部失灵时采用的一个战略。当企业资产不足以清偿债务时，则只有宣告破产。在毫无希望再恢复经营时，早期清理比被迫破产更有利于股东的利益，否则一味地在该领域内继续经营，只能耗尽企业的资源，而不会得到任何好处。

四、旅行社混合战略

混合战略是指旅行社交互使用发展、稳定、紧缩三种战略，用不同的战略配合不同的环境，或者在不同时期使用不同的战略。按照使用战略的先后顺序不同，大致有先稳定再成长、先成长再稳定、先紧缩再稳定、先成长再紧缩四种情况。一般而言，当企业面对的环境中，各组成要素的变化速度不同，或者旅行社各事业部的业绩及发展潜力不平衡时，采用混合战略对企业最为有利。

第二节　旅行社竞争环境分析

旅行社竞争环境是指旅行社营销的外部环境，是旅行社经营的外部环境因素的总和。旅行社是一个开放的经济系统，其经营和管理必然受到来自企业外部客观环境的影响。同时，企业的经营行为也对其竞争环境产生一定的影响。就同生物体与自然环境的关系一样，旅行社对竞争环境的影响较之竞争环境对其影响是较小的，即使在产业中处于垄断地位的企业对于诸如政治、法律环境的影响也是微不足道的。因此，旅行社所处的竞争环境多表现为旅行社不可控制的一些因素或力量。由于研究市场竞争环境的目的、任务和要求各不相同，因此对环境的分类也不尽相同。

一、旅行社竞争环境因素分析

制定竞争战略的本质在于把某家旅行社与其所处的竞争环境联系起来。虽然旅游市场竞争环境的内容非常广泛（包括社会、经济、法律、技术等因素），但旅行社竞争环境最关键的因素是旅行社的行业环境，行业结构强烈地影响着竞争规律的确立以及相应的公司战略的形成。当然，产业外部一些相关的势力也影响着产业内部竞争。迈克尔·波特将这些势力称为影响一个产业竞争状态的“五种基本竞争力量”——进入威胁（潜在竞争者）、被替代的威胁（替代物）、买方的议价能力（买方）、供方的议价能力（供应方）、现有竞争对手的竞争（产业竞争者），如图 10.1 所示。它所反映出的事实是：一个产业的竞争大大超过了现有竞争对手的范围。

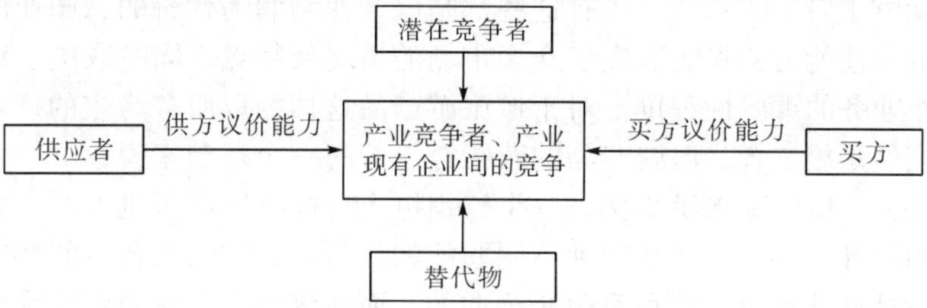

图 10.1　产业竞争结构

（一）进入威胁

新进入的旅行社都带有获取市场份额的欲望，同时也常常带有充裕的资源，因而会使原有的市场进一步被分割，价格可能被买方压低或原材料因供方提价导致成本上升，从而使整个行业的利润率下降。旅行社行业所发生的激烈的价格竞争就是由于新进入者的迅速扩张导致的，其结果造成行业的平均利润逐年下降。侵入威胁对一个行业的竞争程度和利润率的影响是巨大的。同时，侵入威胁的大小又取决于行业本身的结构和产业内现有企业的报复程度。行业本身的特点对潜在的入侵者形成了进入壁垒，这些壁垒包括规模经济、产品差别、资金需求、转行成本、销售渠道以及政府政策。

潜在的入侵者对原产业中竞争对手的反击预想也将影响对入侵策略的选择。如果入侵者认为现有竞争对手会有力地反击从而使之在产业中处于不能令人满意的境地，那么入侵者极可能受到威胁。在旅行社行业中，对新进入的旅行社来说，原有竞争对手的报复可能表现在两个方面，一是在旅游市场上签订长期交易合同，防止新进入者入侵；二是动用其他未使用的资源，如剩余现金未用满的借贷能力等。我们应看到，旅行社数量众多，导致这种反击很难达成一致的行为。总的来说，旅行社行业的进入壁垒是较低的。

（二）替代产品的压力

替代产品是指与现有产品功能或效用相近的产品。一个产业的所有企业都与生产替代产品的产业进行竞争，替代产品设置了产业中企业逐利时的上限价格，从而限制了一个产业的潜在收益。旅行社行业的替代产品大多来自休闲业，当一个包价旅游产品的价格过高时，人们出外旅游打发闲暇时间的欲望就会受到抑制，从而转向通过消费本地的休闲业来满足这一需求。

如果我们把一个市场分成多个细分市场时，这些细分市场也存在相互替代的竞争关系。如旅行社产业中的度假观光市场、特种旅游市场、会议旅游市场、修学旅游市场等。由于这些细分市场存在替代关系，每一个细分市场的产品和服务的价格不但受到这一细分市场内企业数量、规模的影响，还要受到与该细分市场相似的细分市场中企业的数量和规模的影响，因此竞争环境中必须考虑可替代细分市场的影响。

（三）买方的议价能力

买方参与产业竞争的手法是压低价格，要求较高的产品质量或索取更多的服务项目，并且置卖方于对立的状态。所有这些都是以产业利润为代价的，产业的每一个主要买方集团的上述能力的强弱取决于众多市场的情况及特点，同时取决于购买此产品对于买主整个业务的重要性程度。对于像旅游产品这样的以服务为主的产业来说，最终的购买者当然是旅游者，但就产品的营销链上的每一个环节来说，下一个环节就是这一环节的买方。以国际旅游为例，一个营销链上可能有客源国批发商、客源国零售商、接待国组团社、地方接待社四种不同职能的旅行社，它们在各自的环节上与其他相同职能旅行社展开竞争，这种竞争是横向的，而在纵向上，它们则承受着来自买方和供方的压力。

（四）供方的议价能力

供应者们可以通过提价或降低所购产品的质量或服务的威胁，来向某个产业从业者施加压力。供应者施加的压力可以迫使一个产业因无法使价格跟上成本的增长而失去利润。旅行社行业是一个中介性的产业，其销售的产品几乎全部来源于供应商，其本身只起到组合、挑选的作用，只是在销售过程中加入了自身提供的导游、咨询等服务，因而其供方对这一产业的压力是不容忽视的。一般说来，卖方的压力是与买方压力相互消长的。

（五）现有竞争对手间竞争的激烈程度

对于单个旅行社企业来说，更关心行业竞争程度，即旅行社与主要竞争者之间的敌对程度。一个企业的竞争行动会对其竞争对手产生显著影响，因而可能激起竞争对手对该行动进行报复或设法应付，即各个企业是相互依存的。

激烈的竞争是大量市场结构上的因素相互作用的结果，如行业内竞争者的均衡程度、市场成熟度、产品的差异化程度、退出壁垒等因素都是产业竞争程度的影响因素。几种竞争力决定了产业竞争的性质和行业的吸引力或该产业蕴藏的利润潜力。它们影响着行业内的价格、成本和企业所需要的投资，即影响着投资收益率。但是，企业对行业结构也并非无所作为。如果企业能够改变其行业结构，就能从根本上改善或破坏行业吸引力。

二、旅行社竞争对手分析

（一）旅行社与竞争对手的竞争关系

在垄断竞争市场中存在着为数众多的企业，由于它们销售了具有替代性的产品和服务，争夺着销售市场和资源，它们之间的关系就是竞争性的。企业与竞争者存在着两种主要竞争关系。一方面是相互争夺市场和资源的关系。竞争的双方或多方为了自己的生存和发展，都设法在全部资源中力争占有更大的份额，不仅要争夺对方占有的市场，还要积极争夺潜在市场；不仅争夺现有的资源（如资金、人才和旅游热线），还要积极争夺新的资源（如开发新的旅游线路）。在存在政策性垄断的情况下，如特许经营某一线路或承办某一会议旅游，负责的政府官员也会成为竞争者争夺的对象。在法制不健全的情况下，激烈的竞争会导致行贿、受贿等不正当竞争，出现所谓“关系就是第一生产力”的非市场失灵现象——谁占有了市场、占有了资源，谁就有了长远发展的良好关系。当然在政企不分的市场，“关系”和“后台”也成为某种“非生产性的要素”而投入市场中参与分配，这只能人为地阻断竞争，使市场失效。另一方面是相互削弱经营能力的关系。这是一种使对方丧失经营独立性及对方努力维护其经营独立性的斗争。这种斗争在经济学中被称为“博弈”，即个人或团队面对一定环境，遵守一定规则，从可选的策略选项中选择并实施适合自身的策略，并从中各自取得相应结果。这种斗争就如同下围棋，一方的每一步策略都是为了向对方施加最大的压力或取得己方最大的利益。在市场竞争中为了设法削弱对手与自己争夺市场及资源的能力，进而扩大自己的争夺能力，因而需要控制对手的动机和行为。而对手也必然采取反控制的手段，即采取“针锋相对”的策略。因此在分析竞争对手时，企业必须分析采取对策可能会引起的对方的回应。

因此，企业应了解和研究竞争对手的情况，了解其经营思想、经营战略、经营计划、经营特点及作风等，从而找出本企业在产品特色、经营管理、市场应变能力等方面的相对优势与劣势，把握本企业发展的机会。

从旅行社的角度出发，竞争关系表现在下列几个方面：①从争夺市场来看，竞争者是那些生产相同或相似功能产品的企业（包括生产代用品的企业）；②从争夺资源来看，竞争者除生产相同或相似功能的产品的企业外，还包括其他使用相同资源的需求者，如其他旅行社使用同一饭店的客房或同一家航空公司的舱位，作为其包价旅游产品的一个部分；③从企业经营的角度来看，竞争对手可分为直接的竞争对手和间接的竞争对手，现实的竞争对手和潜在的竞争对手。

（二）旅行社与竞争对手的合作关系

虽然大多数企业都把竞争对手视作威胁。但许多合适的竞争对手能够加强而不是削弱企业的竞争地位。即使竞争对手有相当的实力，只要它的目标和战略合适，就可以成为“合作伙伴”。它有助于增加企业的竞争优势，改善当前产业结构，有助于开发市场，遏制不规范企业的进入。旅行社与好的竞争对手竞争，可以获得稳固有力的产业均衡而不必陷入持久的冲突。如一些规模大的旅行社，它们有稳定的长期增长计划和利润目标，因此会积极开拓市场，把“蛋糕”做大，注重质量，提高产品差异能力，它们就是好的竞争对手，是有利于企业长期、稳定、健康发展壮大的。常见的合作战略主要有四种。

1. 战略联盟

战略联盟的概念，首先由美国 DEC 公司总裁霍普·兰德和管理学泰斗罗杰·内格尔提出，随即越来越多的实业界人士表示赞同。美国、日本和欧洲一些大公司已经或正在利用这一概念来发展自己，且取得了较大的商业性成功。战略联盟是指两个或两个以上的企业或特定事业和职能部门，为实现某种共同的目标，通过公司协议或联合组织等方式而结成的一种网络式的联合体。广义的战略联盟还包括合资等股权参与形式在内的任何形式的企业之间正式和非正式的协议。这种协议既超出正常交易，又达不到合并的程度。战略联盟通常有合资、参股、非股权三种形式。

2. 并购和重组战略

在公司层次的战略中，企业通过产品多样化能够建立核心能力，多样化战略最占主导性的形式是并购。企业的并购是一种吸纳式的企业重组方式。企业并购是指企业的收购兼并，特指企业间的产权交易行为，其结果是一个企业获得对另一个企业的控制权。收购是指一个企业用现金或该企业的股票购买另一个企业的股票或股权，以获取目标企业控制权的行为。在现实中大多数企业是采取收购形式进行的并购。

从财务管理角度来讲，大多数并购的动机是借协同效应提高联合企业的价值。协同效应有四个来源：①在管理、生产和分配等经营活动中的规模经济性；②财务经济，即有一个更低的债务成本或更大的借债能力，更高的价格和收益率；③管理效率上的差异，即一个公司在管理无效时选择通过兼并提高管理的效率：④由于削弱了竞争，市场力得到了增强。

3. 连锁店

连锁店是在核心企业或总公司的领导下，由分散的、经营同类产品或服务的零售企业，通过规范化经营，实现规模效益的经济联合体组织形式，也称为公司联号。其中的核心企业称总部或本部，各分散经营的企业叫作分店或成员店。连锁店是一种新的组织形式，它把现代化大生产的规模经济原理应用于零售业，遵循简单化、专业化和标准化的原则，追求具有规模经济性的经济效益。基于本部与分部的权利关系，连锁店分为正规连锁店、自愿连锁店和连锁加盟店三种类型。

4. 虚拟公司

虚拟公司是指在信息社会中，企业在开发生产、销售新产品时通过信息网络在世界范围内形成的由最佳合作伙伴组成的临时集团。一些企业围绕某个市场目标，借助高度发达的信息技术和通信技术，将技术能力、生产能力、销售能力主动组合到一起，进行分散的互利合作。一旦合作的目的达到，联合体即解散。这个联合体就是虚拟公司或虚拟企业。在美国，由两个以上的独立公司组成临时网络共享技术、分担费用、联合开发，并建立在信息网络基础上的组织形式称为虚拟企业。

因为虚拟企业“没有有形的办公场所、固定资产、雇员等，因此说它是虚拟的”。虚拟企业不再由确定的结构和明确的界限来界定，而是用相互渗透和持续变化的结构来代替。其运作打破了经济交往的地理界线，突破了传统的长期、固定、集团式的合作关系，代之以临时、动态的伙伴式合作关系，能最大限度地实现优化组合。虚拟企业具备极强的竞争力和应变能力，是知识经济时代一种极具有生命力的经济合作方式。

第三节　旅行社经营战略制定与实施

一、旅行社经营战略制定的基本原则

旅行社经营战略的制定，要求战略制定者要根据变化发展的形势来及时修改原有不符合新形势的经营战略和策略，从而使经营战略永远迎合变化着的形势。旅行社在制定企业经营战略时，必须坚持科学的原则。

1. 综合性原则

旅行社战略制定涉及企业内的各部门和外部各方面，是一个总体性的计划，具有综合性的特点。在计划制订与实施过程中，所有旅行社都要牢固把握这一基本方针，时时注意各部门、各环节之间的协调与配合，形成向企业战略目标前进的合力。

2. 灵活性原则

现代社会是一个充满了变革的社会。科学技术的发展、市场需求的改变、竞争条件的变化，甚至很多突发事件，都会对旅行社的战略制定产生影响。虽然在制订战略计划时，我们要尽量预见到未来发展趋势，但人的智慧终究有限，面对众多的不确定性，再高明的管理者也无法估计到所有变化因素。为了使战略计划具有长期指导意义，旅行社必须在制定战略时就遵循灵活性原则，预留出一定的调整空间。

3. 前瞻性原则

战略管理计划是对未来发展的一种指导与规划。它是相当一段时间内企业发展的根本性计划，因此只有对未来进行的合理预测，才会对企业发展具有真正的指导意义。

4. 长期性原则

战略计划规定的是长期的发展计划。战略计划的实现绝不是一蹴而就的，而是需要旅行社全体员工长期努力的。战略管理的结果也不会像日常管理一样马上见效，而是在长期显效。在这一过程中，由于时间较长，很多旅行社的领导人可能发生变化，战略制定者与战略实施者不是同样的一些人。战略实施需要一批企业管理者持续的努力。

二、旅行社经营战略制定的基本程序

旅行社经营战略的制定是一个复杂的过程。一个企业要及时有效地制定出正确的经营战略，必须对战略制定的所有工作进行科学有序的管理。

1. 环境审视

环境审视是企业日益重要的职能，它是对旅行社经营环境的分析，包括对组织内部优势和劣势（strengths and weaknesses），外部环境机遇和威胁（opportunities and threats）的分析，即SWOT分析。它可以提供旅行社决策和行动的必要信息，发现未来的机遇，避免威胁，从而使旅行社确定自己的使命，进行战略选择以实现企业目标。旅行社的外部环境包括一般环境和经营环境。外部一般环境包括政治、经济、社会、技术、法律等因素。经营环境是指对企业经营有更多直接影响和作用的环境变量，企业管理行为通常会影响这些因素，其主要包括消费者行为、行业竞争结构、竞争者、政府、供应商等。

2. 制定企业使命

企业使命是指企业所从事的事业及其目的与方向。它贯穿于企业各种活动的主线，说明企业存在的理由，为员工、顾客以及其他有关的组织和个人提供一个认同的形象，使之了解企业的发展方向。战略形成过程就是企业确定其基本使命的过程，也就是企业确定试图实现的目标和决定如何使用企业资源，实现其目标的主要战略和政策的过程。旅行社使命的制定应该解决以下四个问题：①旅行社的营业内容是什么？②谁是旅行社的顾客？③产品对顾客的价值是什么？④旅行社的经营方向和将来怎样发展？因此，旅行社的一切行为应以实现企业使命为目标，旅行社行为的评估应以企业使命为标准。当环境条件变化时，旅行社需要改变或重新确定其使命。旅行社必须定期评估其使命，以确保其合理性。

3. 制定经营方针

经营方针是指导旅行社组织行为的准则。它概述了建立目标、选择战略、实施战略的框架结构。经营方针有助于确保旅行社内部的一切单位按相同的基本准则来行动，也有助于组织内部各单位之间的协调和信息沟通。经营方针应该比较明确，不能模棱两可，但一般不涉及具体内容，通常只阐述一般性原则。经营方针应该是旅行社经过努力可以实现的，而不是空想。经营方针的制定受到若干因素的影响，如政府法规，竞争对手的方针等。环境状况和组织目标的变化会导致企业重新评价其经营方针，以确定它们是否仍然可以使用。

4. 确立经营目标

经营目标是指旅行社在一定时期内，预期要达到的理想经营结果。旅行社的使命和方针必须转换为具体、详细的量化目标。经营目标必须明确“完成什么”和“何时完成”。基本的指标有利润、销售收入的增长，以及市场份额的扩大和风险的分散等内容。无论制定怎样的目标，它必须是可衡量、可达到的，与企业整体使命相一致的。旅行社经营目标的主要指标有：①接待人数，即旅行社接待的过夜人数的总和；②接待天数，即旅行社接待旅行者的过夜天数的总和；③人均过夜天数，即总天数除以总人数；④平均日流量，即以月为单位计算实际平均日流量和预计平均日流量；⑤营业额，即一定时期营业收入的总额；⑥成本，即旅行社和部门在营业指标确定的情况下，一定时期须支出的成本总额之和再加上旅行社的企业管理费；⑦利润和税金；⑧劳动生产率，用人均营业收入或人均接待人数表示；⑨资金利润，分为固定资金利润率，流动资金利润率和全部资金利润率；⑩使命和目标的审评。

在战略方案形成和评价之前，旅行社必须重新审查其现有的使命和目标。旅行社在经营中遇到的问题可能来自未能适当说明的企业使命，即可能对企业使命限制太窄，或者规定过宽。如果旅行社使命没有为企业经营提供共同的路线，管理人员就不清楚企业的发展方向，各种目标和战略就可能相互冲突，事业部之间就会互相竞争，结果使旅游企业整体受到损害。

三、旅行社经营战略的实施原则

霍尼韦尔的CEO拉里博西迪曾经说过：“战略常常招致失败是因为它们没有被很好地执行。”一旦管理者做出了战略决策，那么战略管理的重点就转移到了对战略决策的实施上。把战略放在恰当的位置并使组织很好地实施它是需要管理技巧的。制定战略在很大程度上是一种市场驱动的行为，而执行战略却主要是一种经营驱动的行为，包括对人和业务的管理。成功的战略实施依赖于好的团队合作、竞争能力的建立和加强、激励、奖励员工。

旅行社的经营战略使其在竞争中有了明确的方向，这可以更好地将企业行为置于规范性的运行中，但是由于战略实施中会遇到在制定战略时未估计到或不可能完全估计到的问题，因此，企业经营战略必须在正确的原则指导下才能顺利实施。

1. 适度的合理性原则

在经营目标和企业经营战略的制定过程中，受到信息、决策时限以及认识能力等因素的局限，旅行社对未来的预测不可能完全准确，所制定的企业经营战略也不可能是最优的，而且在战略实施过程中由于企业外部环境及内部条件的变化较大，情况比较复杂，因此只要旅行社在主要的战略目标上基本达到了战略预定的目标，我们就应当认为这一战略的制定及实施是成功的。战略实施过程，也可以是对战略的创造过程。在战略实施中，战略的某些内容或特征有可能改变，但只要不妨碍总体目标及战略的实现，就是合理的。

2. 统一领导、统一指挥的原则

对企业经营战略了解最深刻的，应当是企业最高层管理人员。一般来说，他们要比企业中下层管理人员及一般员工掌握的信息更多，对企业战略的各个方面要求及相互关系的了解更全面，对战略意图体会最深。因此，战略的实施应当在企业高层管理人员统一领导、指挥下进行，只有这样其资源的分配、组织机构的调整、企业文化的建设、信息的沟通及控制、激励制度的建立等事宜才能相互协调达到平衡，才能使企业为实现战略目标而卓有成效地运转。

3. 权变原则

企业经营战略的制定是给予一定环境条件假设的，在战略实施中，事情的发展与预想的态势有所偏离是不可避免的。战略实施过程本身就是解决问题的过程。如果企业内外环境发生重大变化，以致原定战略不可能实现，显然原定的战略需要进行重大调整，这就是战略实施的权变问题，其关键在于如何掌握环境变化的程度。如果当环境发生并不重要的变化就修改了原定战略，这容易造成人心浮动，带来消极的后果，缺少坚韧毅力，最终只会导致一事无成。但如果环境确实发生了很大变化，而企业又不能及时做出反应，仍坚持实施既定战略，将最终导致企业破产。因此，权变的关键在于如何衡量企业环境的变化。

四、旅行社战略实施过程

1. 构建战略实施框架

实施战略需要明确具体的措施，然后把这些措施应用到具体的行动中，并取得好的结果。战略实施的目的是使行动发生，并使行动在既定的轨道上运行。实施战略的具体措施，一般要根据旅行社的具体情况而定，以企业的自身条件和环境战略执行者的判断能力以及战略执行者有效地运用组织变革技术的能力为基础。虽然企业战略的执行过程必须与该企业的具体情况相适应，但是一般情况下，企业实施战略过程包含八个基本管理任务。

（1）建立一个拥有成功实施战略所需要的竞争力和资源力量的组织。

（2）为关键战略活动配置足够的资源。

（3）确保政策和程序促进而非妨碍战略实施。

（4）制定进行价值链活动的最佳形式，并促进其不断改进。

（5）对完成了战略目标的行为给予奖励。

（6）使用信息系统和执行系统，使公司员工能更好地执行战略。

（7）塑造适合战略执行的工作环境和公司文化。

（8）发挥内部领导职能以推动战略的顺利实施。

管理者执行上述八个任务的水平，可以在战略实施结果中反映出来。管理者对实施战略的行动日程进行计划时，必须基于组织所要完成工作的不同情况，将更好地执行战略作为制定战略的出发点。

2. 建立适合的组织

战略实施的好坏在很大程度上取决于竞争力的强弱、组织本身的有效性程度以及员工能力的大小。因此，在战略执行中，构建一个合适的组织通常是企业首要考虑的问题。在组织建设的过程中，以下三个方面是十分重要的（如图 10.2 所示）。一是组织人员的配备，组建一支强大的管理团队，招聘和留住有经验、技术和智力资本的员工；二是建立核心竞争力和竞争能力，这将有助于更好地实施战略，并在战略和外部环境发生变化时及时做出相应改变；三是建立组织结构并使其有效运作，设计业务流程并决定下放给下级管理人员和普通员工的权力。

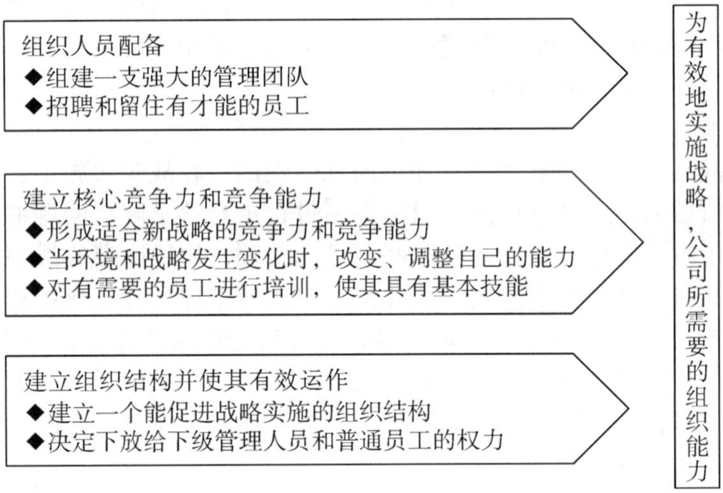

图 10.2　组织能力框架

3. 构建核心竞争力和竞争能力

在战略实施过程中，组织设计最首要的问题是构建和加强具有竞争价值的核心竞争力和竞争能力。一旦管理者在制定战略的过程中明确了他们想要的竞争力和竞争能力，那么就要把这些竞争力和竞争能力摆在正确的位置上，并在需要的时候提高它们，随着环境的变化而改变它们，这是战略得以实施的需要。有时候企业认为已经拥有了所需要的竞争力和竞争能力，在这种情况下，管理者就可以集中精力培育它们，从而促使战略得以有效实施。但是在竞争越来越激烈的旅行社行业中，企业管理者需要增加新的竞争力和竞争能力，开发和提供更多符合旅游者需求的旅游线路和服务，来主动实施战略，并提升其战略实施能力，实现从竞争力和竞争能力到竞争优势的转变。

4. 整合资源

在战略实施的早期阶段，管理者在实施新战略或与以往不同的战略时需要确定新的战略执行所需要的资源，然后要考虑各项资源和预算在各个部门的分配是否合理。组织的各个部门必须有效地按照预算来使用所需要的资源，从而完成战略所赋予的任务。制定一个战略导向的预算，要求最高管理者确定进行新的战略实施或组织竞争能力的提升需要哪些资源（人员、设备和设施等）。管理者应对那些有效执行战略的部门予以鼓励；相反，对在战略实施过程中浪费过多资源的部门给予批评。如果内部现金流不足以支持战略计划的实施，那么企业就必须通过其他方式来筹集额外资金。在为战略实施筹集和分配资源的过程中，企业整合资源的能力具有非常重要的作用。

5. 制定政策和程序

战略的改变通常需要对企业的内部运作做出一些相应的改变。让员工去改变已经制定的程序通常会打乱事物原有的秩序，在实施过程中遇到阻力，员工也会紧张，担心这些改变会影响他们，这都是很正常的，特别是这种改变可能会让他们失去工作。解决这个问题的关键就在于，明确哪些活动必须进行严格规定，而哪些可以灵活一些，不受约束。制定和设计有利于战略实施的政策和操作流程，有助于安排好各项活动和企业员工的行为，限制个体行为的范围并克服变革中的阻力；有助于使地理上分散的各个组织单元在执行关键性的战略活动时保持一致；有助于促进富有创造性的工作思维习惯的形成，促进战略充分实施。因此，公司的管理层在制定公司政策和程序方面需要极富创造性，因为他们可以为战略的实施提供重要的支持。

6. 采取最优策略

企业管理层通过推动组织部门、员工识别和采用最优策略来实施活动，不断改进内部运作管理，可以显著地推动竞争战略实施的进程。在评估企业实施各项战略的效果时，应用最广泛也是最有效的一种方法，就是以行业中和世界上最好的企业为标准来评价其实施效果。如果处于企业内部不同位置的不同组织单元执行着同样的功能，那么向这些内部最好的单元看齐是很有用的。识别、分析和理解最好的企业和个人是如何执行其特定的活动和业务流程，这能给我们提供一个有用的标杆，帮助判断内部运作效果和效率，从而制定组织单位须达到或突破的绩效标准。正如图 10.3 所示，采用标杆法来识别、学习和推行最优策略，可以提高企业活动的有效性和效率，给企业带来利润的大幅度上升。

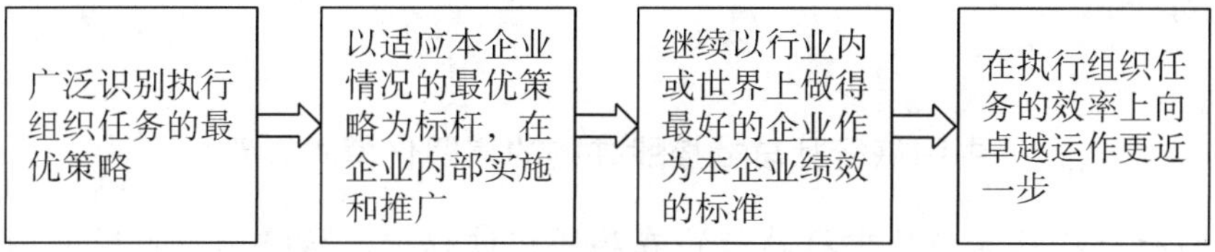

图 10.3　从识别标杆到寻求卓越

7. 建立信息和操作系统

如果在企业经营运作中没有建立大量基于信息技术的内部操作系统，企业战略就不能实施或不能被很好地实施。信息技术的应用对旅游产生了极为重大的影响，它使旅游能更加迅速、便捷地为人们提供信息，为出游做好准备。此外，信息技术的普遍应用对旅行社在现代社会的生存方式又提出了质疑，促使旅行社改变自身经营方式，利用高新技术为自身服务。与旅行社经营密切相关的一般性信息技术有计算机预订系统（CRS）、旅游目的地信息系统（destination information system）、开账与结算计划（bank settlement plan）、旅游网络和电子商务等。旅行社采用计算机，运用现代化的管理思想和方法，对企业管理和决策工作中的信息进行收集、存储、加工、分析，以辅助日常业务处理、决策方案的制定和优选等工作，跟踪、监督、控制、调节整个管理过程的人机系统。

8. 建立与绩效挂钩的激励机制

通过合适的激励机制推动战略的实施和取得预期的经营业绩是非常重要的。企业管理者经常使用各种各样的激励方法来推动全体组织成员执行战略计划。除了强调每个员工的行为和业绩目标对于组织实现战略具有重要意义外，为了得到员工的支持与热情的承诺，管理者必须足智多谋地设计并运用各种激励措施。如果管理者能从满足组织需要的角度激发下属，那么员工对执行企业战略计划的承诺和贡献也就更多。激励机制可以分为两大类，第一类是以人的自利动机为激励物的物质型激励机制；第二类是以人的精神动机为激励物的精神型激励机制。激励机制的制定遵循公平原则、激励有效原则、经济可行原则、全面平衡原则、竞争优势原则和遵纪守法原则等。

第四节　旅行社的发展趋势

一、集团化趋势

中国的旅行社行业将出现集团化的趋势，一批具有一定规模并且覆盖一定区域的旅行社集团将出现在中国的大地上，成为中国旅行社行业的一道亮丽风景线。这种集团化的趋势既适应中国旅行社行业的发展需要，也符合国际上旅行社行业的发展进程。中国的旅行社行业集团化，既有利于旅行社发挥其在采购、预订、营销、资金、人才等方面的优势，实现规模经营和获得规模经济效益，也可以引导和稳定市场，克服旅行社市场因过度分散和紊乱造成的问题。

【案例一】

中国旅行社总社控股并购的集团化模式思路

中国旅行社总社（简称中旅总社）在集团化过程中，始终坚持控股并购原则，即无论对所属旅行社进行改造还是对地方旅行社进行重组，都必须做到中旅掌握控制力，形成资产纽带关系，按照中旅统一的思路发展，从而保证了在集团化形成后企业总体市场规模和盈利能力迅速提高。中旅总社首先通过改制，规范了集团公司（中旅总社）与所属企业的母子公司体制，明确了集团公司（中旅总社）受托代表国家作为出资人、所属企业作为经营者的定位和责任；成功完成了对所属中旅首都旅行社的股份制改造，实行由总社控股、经营者持股的新型产权结构；在与地方旅行社的重组中，中旅总社采取了“资产组合+业务组合”的方式，成功地控股了13家地方旅行社，收购经营状况良好的瑞典中国旅行社，为跨国经营做准备；与德国TUI旅游集团合作，建立合资旅行社，借助外力提升规模，实现产品、管理、服务的升级换代。

二、专业化趋势

随着中国旅游市场的不断发展和旅行社行业的逐渐成熟，中国旅行社行业将会出现专业化的发展趋势。旅行社行业的专业化，是指旅行社为了最大限度地满足特定细分市场旅游者的需求，适当调整其经营方向，针对某些细分市场，对某些产品进行深度开发，形成特色产品或特色服务。专业化经营将主要出现在中国中型规模的旅行社群体中，它们为了避开在经营标准化产品方面的比较劣势，集成本优势与产品专业化优势于一身，中型旅行社应该实现专业化开发和专业化经营，使产品更加多样化，从而增强其产品的总体吸引力。

【案例二】

冬夏令营的“专家”

旅行社应该考虑专业化扩张发展，即在某一领域或某一细分市场做大做强，在准备成熟后也可以考虑投资该领域的景区、酒店或拓展更多小型旅行社作为其代理网点，形成专业化的产业链。

大潮研学国旅是中国旅行社协会会员单位、北京市旅游行业协会会员单位、首都精神文明单位标兵、首都窗口行业奥运培训先进单位以及首都文明服务示范窗口单位。大潮研学国旅因成功地把冬夏令营办到中国最北端的漠河北极村、最西端帕米尔高原上的斯姆哈纳边防站、最东端的抚远市东方第一哨、最南端中国南海的西沙群岛，实现了中国地理东、西、南、北冬夏令营之旅，创造了冬夏令营之最，而被教育界人士称为“冬夏令营的专家”。

三、网络化趋势

旅行社的网络化趋势是由旅游需求的特点所决定的。随着社会经济的发展和人们所受教育水平的提高，旅游需求必将日益普及，这会使得旅游需求可能在任何一个地方产生。为了便于消费者的需求和购买，旅行社营业的场所必须广泛设立于消费者便于购买的所有地方，即所谓的网络化布局。

中国的旅行社行业实行网络化，不仅是完全必要的，而且是十分可行的。信息技术的普及和互联网的发展，为旅行社的网络化经营奠定了坚实的技术基础。旅行社通过内部改造或增设经营网点，为旅行社的网络化经营提供了组织基础。因此，旅行社的网络化，必将成为中国旅行社行业的一个发展趋势。

【案例三】

传统旅行社主动谋求互联网转型

2014年9月，中青旅向遨游网投入3亿元人民币，沿袭平台化、网络化、移动化发展战略，支持遨游网为消费者提供高效、便捷、人性化的全方位服务的功能型O2O旅游平台，遨游网也将围绕互联网、移动互联网时代用户需求和交互行为变化，做到产品丰富度高、线上线下服务人性化与智能化、打造良好的PC和移动端的用户体验。

2015年4月，悠哉与众信进行整合，悠哉网将成为众信旅游唯一线上零售品牌和官网，同时悠哉旅游网已经成为众信的在线零售品牌。在悠哉网售卖的旅游产品以众信系为主。

2015年6月港中旅集团宣布，将旗下的中旅总社与芒果网合并，这标志着港中旅集团在线上线下（旅游O2O）的融合跨越实质性的一步。双方合并后，最大的看点将在于线上线下资源和网络的融合。

四、品牌化趋势

中国旅行社行业的竞争已开始从价格竞争逐步转向质量竞争和品牌竞争。随着旅游者对旅游消费需求水平的提高，旅行社所奉行的低价格战略已经不再像过去那样奏效了，必须采用新的竞争战略，因此旅行社打造自己的品牌尤为重要，创造知名品牌已经成为国内外旅行社取胜的法宝，依靠品牌和服务来赢得市场将是未来旅行社发展的主要选择。

中国的旅行社必须大力发展品牌战略，否则将会在日趋激烈的市场竞争中落败。目前，中国旅行社业的一些有识之士已经开始注重建立中国的旅行社品牌，努力争取得到旅游者的认同，产生对其服务的亲近感和信任感，以便在市场上立于不败之地。

【案例四】

苏州青旅"趣普仕"

"趣普仕"是由"SSS"的"三个S"的英文发音音译而来的，代表着苏青股份的企业方针"安全服务造就一流的企业（Safety plus Service make a Superlative enterprise）"。苏州青旅在海外的投资都以"SSS"的形象出现。从2003年起，苏州青旅开始了"趣普仕"品牌的旅游网络化的发展，第一家以"趣普仕"旅游连锁形象面市的门店出现在苏州，随之即迅速展开，发展到目前的70余家，并且规模还在持续扩大。这些门店遍布在苏州大市范围。同时，作为"趣普仕"旅游品牌的重要组成部分，近百辆以"趣普仕"统一形象标识出现的旅游车队在苏州及华东地区都树立了良好的口碑和形象。苏州青旅"趣普仕"的品牌依托广泛的网络，已经深入了市民心中。

2007年，"趣普仕旅游连锁经营"项目获得了苏州市发改委和财政局"苏州市服务业引导资金"的支持，在市政府的大力支持下，趣普仕旅游连锁将迈出更大的发展步伐。

在积极立足发展旅游业的同时，公司已将"趣普仕"品牌业务拓展至其他领域，目前已涉及旅行社、旅游服务业、农副业、体育业及投资发展业等领域。随着游客认牌消费观念的日趋显著，苏州青旅在"趣普仕"品牌带来的效益以及知名度不断提升的同时，也更加注重对品牌的保护。目前，"趣普仕"已经取得了45大类全类商标注册证，并且荣获"苏州市知名商标"。

依托"趣普仕"品牌效应，苏州青旅在集团化的建设方面也取得了实质性的进展，2008年1月正式成立了"苏州趣普仕集团"。

五、一体化趋势

旅行社一体化趋势，就是通过不同区域、不同旅游企业之间在人力、物力、财力方面的相互渗透，通过收购、合并、合资等方式，在区域范围内开展旅行社联营、重组，逐步形成资源和利益共享、多元化投资、跨地区的经营模式。例如，卡尔逊-韦根利特休闲旅游集团拥有的5家大型旅行社，它们在美国、加拿大和欧洲各国经营旅行批发和代理业务，同时还收购了摄政国际旅馆公司、国际乡村旅舍与套房公司、雷迪逊旅馆公司等饭店集团和星期五餐馆联号及雷迪逊七海游船公司，从而建立起一个后向整合的纵向一体化旅游企业集团。

【案例五】

携程旅行网与去哪儿网合并案

携程旅行网与百度控股的去哪儿网于2015年10月26日宣布达成股权置换交易。交易完成后，百度拥有的携程旅行网普通股可代表约25%的携程旅行网总投票权，而携程旅行网将拥有约45%的去哪儿网总投票权。包括携程旅行网董事会主席兼首席执行官梁建章和联合总裁兼首席运营官孙洁在内的四位高管将被任命为去哪儿网董事会董事；百度董事长兼首席执行官李彦宏和百度副总裁及投资并购部负责人叶卓东将被任命为携程旅行网董事会董事。

百度和携程旅行网将在产品和服务领域开展商业合作。同时，百度将继续和去哪儿网开展现有的商业合作。去哪儿网首席执行官庄辰超在内部邮件中表示："去哪儿网独立发展计划不变，我们后续将与携程协商双方公司的协作/竞争机制，各自选定并加强主攻的市场。"

百度方面回应说，对于携程旅行网和去哪儿网来说，作为领先的在线旅游服务提供商，通过百度居中撮合，这一交易将减少双方因竞争产生的资源消耗，降低行业的无序竞争，保证中国在线旅游行业的健康有序发展。而对于百度来说，它将由此占据中国在线旅游市场核心的战略地位，完成百度整体O2O战略的重大布局。

温莎资本合伙人简毅认为，通过此次交易，百度进一步加强了其在百亿美元级旅游O2O市场的战略地位，并能加速实现与百度糯米、百度外卖等其他O2O业务板块的协同。百度在旅游，尤其是在线旅游行业有如此手笔的布局，对其整个O2O战略的落地，都是重大利好。

六、多元化经营趋势

多元化经营是指企业同时生产和提供两种以上基本经济用途不同的产品或劳务的一种经营战略，它属于产品、市场战略，是增加新产品种类和增加新的市场两者同时发生的战略。旅行社应从多元化经营入手，在此基础上培育核心竞争力的多元化经营策略，为旅行社规避经营风险，实现其可持续发展提供一种思路。

【案例六】

万达并购旅行社

2013年10月，万达集团宣布正式涉猎旅行社业务，在2013年10月至12月，万达集团共收购四家旅行社，其范围遍及全国。万达集团一方面在全国范围内并购旅行社，另一方面也在旅行社行业内大规模地高薪挖取人才，企图迅速建立并完善其文化旅游产业项目。万达集团投资标的选择标准有三个。

1. 首选建有万达旅游文化城地区新增万达旅业和并购旅行社

万达集团首先选择已建有万达旅游文化城的地区进行投资标的，比如长白山、西双版纳、大连、哈尔滨、南昌、青岛、合肥等地。

2. 次选主要客源地

即便没有万达旅游文化城，但只要是主要客源地，万达旅业也会考虑在当地新增或并购旅行社。旅行社总体规模在20家左右，此外，还将在5个主要客源地新增或并购旅行社。

3. 投资标的须在当地排名前五

被选择的旅行社需要符合以下条件：在当地排名前五名；资质比较健全、管理比较规范，既有送团服务，也有地接服务，其地接能力、服务标准、服务体系要比较好。上海、北京、广州没有万达文化城，因而，在这些城市主要考核旅行社的组团能力以及网络是否健全。万达旅业的目标除了传统旅行社业务以外，还要看企业的综合效益，即不仅看这家旅行社能带来多少盈利，还要考量它对其他产业的支持力度，万达旅业更看中后一点。总之，万达旅业是计成本的，也是考虑回报的。

【复习思考】

1. 旅行社经营的战略思想有哪些?

2. 结合旅行社产业的实际，简述影响旅行社竞争的外部因素，并说明这些因素是如何影响旅行社竞争的?

3. 简述旅行社战略实施的过程。

4. 中国旅行社发展呈现出哪些趋势？请分别举例。

【参考文献】

[1] 王德刚. 互联网对旅游业创新能力提升的促进作用 [J]. 旅游学刊，2016，31（5）：7-8.

[2] 李纯青，张海丽，马军平，等. 基于战略匹配视角的企业品牌化作用机理研究：以意大利环意国际旅行社为例 [J]. 管理案例研究与评论，2015，8（3）：269-283.

[3] 庞世明，王静. “互联网+”旅行社：商业模式及演变趋势 [J]. 旅游学刊，2016，31（6）：10-12.